LA GÉNÉRATION LYRIQUE

Gabrielle Roy, essai, 1975

Le Prince et la Ténèbre, conte accompagnant des tailles-douces de Lucie Lambert, 1980

L'Incroyable Odyssée, récit, 1981

La Littérature contre elle-même, essais, 1985

Le Québec depuis 1930 (en collaboration avec Paul-André Linteau, René Durocher et Jean-Claude Robert), 1987

François Ricard

LA GÉNÉRATION LYRIQUE
Essai sur la vie et l'œuvre
des premiers-nés du baby-boom

Boréal

Cet ouvrage a été publié avec l'appui du Programme de subvention globale du Conseil des Arts du Canada.

Conception graphique: Gianni Caccia
Illustration de la couverture: Hono Lulu

© Les Éditions du Boréal
Dépôt légal – 3ᵉ trimestre 1992
Bibliothèque nationale du Québec

Diffusion au Canada: Dimedia
Distribution en Europe: Les Éditions du Seuil

Données de catalogage avant publication (Canada)
Ricard, François

   La génération lyrique: essai sur la vie et l'œuvre des premiers-nés du baby-boom

   ISBN 2-89052-462-0

   1. Génération du baby-boom. 2. Génération du baby-boom – Québec (Province). 3. Civilisation – 1950-   . 4. Valeurs (Philosophie). I. Titre.

HN17.5.R52   1992   306'.09'04   C92-09641-3

PRÉSENTATION
D'UN PORTRAIT DE GROUPE

J'ai voulu dessiner ici le portrait des hommes et des femmes qui ont aujourd'hui quarante, quarante-cinq, bientôt cinquante ans. Bien qu'il fasse partie de ce qu'on appelle le baby-boom, ce groupe forme à l'intérieur de celui-ci une cohorte à part, celle des premiers-nés, dont la vie et le visage présentent pour cette raison des traits tout à fait uniques. J'ai donc voulu retracer l'histoire de ces hommes et de ces femmes, évoquer leurs manières d'être, leur sensibilité, leurs instincts, comprendre leurs joies et leurs misères, mesurer leur rôle dans la société et la culture où nous sommes, reconstituer, en un mot, l'univers particulier qui est le leur.

Mais si propre soit-il à ceux de cet âge, cet univers est en même temps l'univers de tous. Car, on le verra, les choses se sont ainsi passées que cette génération, sans jamais perdre sa conscience de génération, a toujours occupé pour ainsi dire le centre de la société, et cela de manière de plus en plus sensible à mesure qu'elle a pris de l'âge. C'est autour d'elle et par rapport à elle que s'est joué et que continue de se jouer le sort de tous les autres groupes, qu'ils soient plus âgés qu'elle ou plus jeunes. Si bien qu'il y a, pourrait-on dire, deux façons d'appartenir à cette génération. Au sens strict, c'est d'être né entre les dernières années de la Deuxième Guerre mondiale et le début des années cinquante. Mais au sens large, au sens écologique, je dirais, c'est, quelle que soit l'année de sa naissance, d'avoir vécu ou de vivre en même temps qu'elle, d'avoir subi son influence, de s'être tenu dans son ombre, d'avoir eu ou d'avoir encore pour monde le monde sur lequel elle a établi son emprise.

Cette génération particulière, j'ai choisi de l'appeler la «génération lyrique», épithète qui s'est imposée à moi dès le début et à laquelle je n'ai pas pu renoncer par la suite tant elle m'était devenue naturelle. Je sais qu'elle manque de précision, qu'elle n'a ni la simplicité ni la clarté d'une définition rigoureuse. Je crois cependant que sa signification apparaîtra peu à peu dans le cours de l'ouvrage. Mais cette signification, je le crains, conservera toujours quelque chose d'inachevé, d'ouvert, puisque le «lyrisme» constitue moins ici une catégorie descriptive à proprement parler qu'une sorte de concept flottant, instable, de type poétique si l'on veut, dont le contenu «opératoire» importe moins à mes yeux que les connotations, les suggestions, les «valences» de pensée et d'émotion dont il est chargé. Aussi ne suis-je pas enclin à le définir trop étroitement. Disons, pour faire court, que le «lyrisme» s'applique ici à la fois au destin et à la conscience particulière de la génération dont je m'occupe. Lyrique, ce destin l'est en ce qu'il n'y survient pour ainsi dire aucun malheur, que tout s'y déroule sous le signe de la beauté, de l'harmonie, de la joie: le mot «lyrique», à cet égard, s'opposerait à «épique». Quant à la conscience qui anime cette génération, le lyrisme y prend la forme d'une vaste innocence caractérisée par un amour éperdu de soi-même, une confiance catégorique en ses propres désirs et ses propres actions, et le sentiment d'un pouvoir illimité sur le monde et sur les conditions de l'existence. Dans cette optique, l'emploi du mot «lyrique» et les sens que je lui attribue doivent beaucoup à des romanciers comme Hermann Broch, Witold Gombrowicz et surtout Milan Kundera.

«Un bon portrait, dit Baudelaire, apparaît toujours comme une biographie dramatisée.» J'ai donc organisé mon portrait des enfants de la guerre et de l'immédiat après-guerre en suivant le déroulement de leur existence, divisée ici en trois grandes périodes. La première débute, comme il se doit, avec leur naissance et s'étend jusqu'à leur prime adolescence, c'est-à-dire jusqu'à la première moitié des années soixante. La seconde, qui recouvre à peu près la décennie suivante, est celle de leur jeunesse et de leur entrée dans le monde; c'est l'époque cruciale, durant laquelle cette génération prend pleinement conscience d'elle-même et où se fixent certains de ses caractères les plus originaux et les plus durables. S'ouvre enfin, à compter de la seconde moitié des années soixante-dix, ce que j'appelle l'âge du réel, qui est le moment où ces garçons et ces filles, désormais émancipés, prennent en main la société dans laquelle ils vivent et tendent à y faire régner partout un climat conforme à leurs aspirations et à leurs valeurs. Aussi l'évocation de cette troisième période exige-t-elle que l'angle de vision s'élargisse, tout comme s'élargit alors le champ d'action de mes protagonistes maintenant devenus adultes; leur portrait devient celui de tout un monde, un tableau de notre temps.

Cette structure chronologique ne doit pas tromper cependant sur la véritable intention de l'ouvrage, qui est moins de raconter une histoire que de représenter un esprit, une mentalité. On ne cherchera donc pas ici la chronique détaillée des faits et gestes qui ont pu marquer la vie de la génération lyrique. Amateurs d'anecdotes et de souvenirs s'abstenir. Ce qui m'importait d'abord quand j'ai entrepris ce livre, c'était de comprendre comment s'est façonné et manifesté le «génie» de cette génération; à travers quelles expériences, grâce à quelles découvertes, à la faveur de quelles circonstances sont apparues et se sont imprimées en elle les convictions, les attentes *et la vision du monde qui font que ses membres, malgré leurs différences, éprouvent une appartenance commune, une sorte de solidarité fondamentale qui les distingue à la fois des générations qui les précèdent et de celles qui les suivent.*

Le portrait que je présente sera donc avant tout celui d'une âme, ce sera une psychologie, au sens le plus large du terme. Je m'intéresserai à des sentiments, à des vibrations, à des façons d'être et de penser, à des tournures mentales, à des conduites spontanées, à ce que certains historiens appellent des «philosophies agies», c'est-à-dire une conscience et ses expressions dans l'existence. Conscience et existence non pas individuelles, bien sûr, mais collectives, générales, telles que les signifient des actions et des attitudes qui me semblent émaner ou recevoir l'assentiment de cette génération comme génération, et non pas nécessairement de chacun de ses membres en particulier. C'est pourquoi on pourra toujours, comme disait Tocqueville, m'opposer des individus, je répondrai que je peins un portrait de groupe et que les phénomènes d'ensemble constituent mon seul sujet.

Ma méthode est éclectique. Elle emprunte des concepts et des données à l'histoire, à la démographie, à la sociologie, à la psychologie, à la philosophie politique, à l'anthropologie. Mais mon propos ne relève d'aucune de ces disciplines, à l'égard desquelles je prends d'ailleurs beaucoup de libertés, osant faire de l'histoire sans faits établis ni recours aux sources, de la démographie sans statistiques ni courbes, de la sociologie sans sondages ni enquêtes. Ma méthode, en somme, si on me forçait à la définir, je dirais que c'est celle, tout simplement, de la littérature. Mes sources, les références auxquelles j'attache le plus de prix, ma manière de réfléchir, le type de connaissance que je recherche ici, tout cela appartient pour moi à l'espace de la littérature, c'est-à-dire à des sentiments et des pensées indissociables de l'écriture, qui naissent dans et par l'écriture et trouvent à travers elle leur seul accomplissement véritable.

Autrement dit, je ne revendique pour ce livre qu'un seul titre: celui d'essai, et je souhaiterais, si j'avais mon mot à dire là-dessus, que ce soit ainsi qu'on le lise.

Essai, c'est-à-dire hypothèse, interprétation possible *et donc toujours provisoire de ce qui s'offre à l'expérience et à l'observation; hypothèse poussée cependant aussi loin que possible, devenue pour ainsi dire idée fixe, et à laquelle l'affirmation hyperbolique, comme figure de style et de pensée, est le mode qui convient le plus naturellement. Mais surtout, hypothèse partiale, intéressée, interprétation toute traversée de subjectivité et de passion. Car l'essai, car la littérature s'applique toujours à des objets et à des situations dans lesquels l'observateur est lui-même compris et compromis. Hésitant, oscillant sans cesse entre le* nous *et le* ils, *il a beau s'efforcer de prendre ses distances, il a beau chercher la neutralité, jamais il ne sait s'il y est parvenu ou s'il n'est pas au contraire en train de dériver, de délirer. Mais cette possibilité du délire est en même temps la seule chance pour l'essai d'atteindre la forme de vérité qui lui est propre.*

Ce portrait d'une génération, en d'autres mots, est aussi un autoportrait. Cette biographie, une autobiographie. Cet essai, des confessions. La génération lyrique n'y est pas tant étudiée que réfléchie, représentée dans l'acte même qui consiste à la prendre pour objet, puisque rien ne caractérise mieux cette génération que la fascination pour soi-même, l'attention portée à sa différence, et surtout le sentiment de sa propre multitude. Aussi les confessions d'un enfant de la génération lyrique ne peuvent-elles être — comme celles-ci — que des confessions collectives.

Mais ce sont surtout des confessions critiques, *comme le sont forcément toutes les confessions. On verra en effet que je n'ai pas usé de complaisance à l'endroit de ma génération. Certains trouveront même que je l'ai dénigrée, ce qui n'est pas impossible. Mais mon intention n'était ni de juger ni de dresser un bilan. Tout ce que je voulais, c'était décrire et comprendre. Analyser à la fois l'esprit particulier de cette génération et les répercussions de cet esprit dans le monde où nous sommes. Souvent j'ai dû pour cela comparer, opposer la génération lyrique à celles qui l'ont précédée, et donc rappeler — à ma manière — ce que pouvaient être le monde et l'existence d'autrefois ou de toujours, c'est-à-dire avant que cette génération y fasse son entrée et s'en empare. J'aimerais (sans toutefois me faire d'illusions à ce sujet) que ces évocations du passé, au lieu d'être interprétées comme une célébration nostalgique des choses et des usages disparus, soient vues pour ce qu'elles sont d'abord et avant tout: des mises en perspective, des moyens de mieux saisir les traits distinctifs de cette génération, qui a d'ailleurs fait elle-même de la rupture — et donc de la confrontation au passé — un de ses mots d'ordre et une des bases de son identité.*

Cela dit, je sais tout ce qu'il peut y avoir de désespérant dans le concept de génération. Parmi toutes les déterminations qui agissent sur nous, il en est peu qui aient un caractère aussi élémentaire et sur quoi nous ayons si peu de prise. On peut changer de classe sociale, de langue, de confession religieuse ou d'état civil, on peut s'exiler de son pays natal, on peut même, à la rigueur, échanger ou transformer la culture que l'on a reçue, mais contre son âge et la date de sa naissance, on ne peut rien.

En ce sens, la génération a bel et bien le caractère d'une détermination lourde, de type biologique, un peu comme le sexe ou la couleur de la peau. Mais à la différence de celles-ci, c'est en même temps une détermination d'ordre historique, gouvernée dans une large mesure par la volonté ou le désir des hommes. La génération dont fait partie un individu ne le lie pas seulement à tel groupe d'âge, à telle «cohorte» au sein de la population, elle lui est aussi un point d'ancrage dans le courant de l'histoire, car les générations humaines naissent des

*générations humaines, et leur suite n'est pas réglée unique-
ment, comme celle des générations animales ou comme la
répartition sexuelle, par les lois de conservation et d'équilibre
de la nature; elle obéit aussi, et se mêle constamment à
l'évolution historique, c'est-à-dire à cette part de leur destin
que les hommes fabriquent eux-mêmes ou héritent de ceux qui
étaient là avant eux.*

*Le plus souvent, l'influence des générations ne se voit
guère, tant l'équilibre démographique paraît stable ou se
modifie si lentement qu'il est impossible d'en percevoir
l'évolution. Tout se passe en effet comme s'il y avait dans les
sociétés une sorte de régulation par laquelle sont tenues
relativement constantes la répartition des différents groupes
d'âge qui les composent et, par conséquent, les relations entre
ces groupes. Dans ces conditions «normales», le facteur démographique n'est plus perçu et n'agit donc plus comme une
détermination significative; il devient pour ainsi dire invi-
sible, ou tout à fait secondaire. Chaque génération suit le
même cheminement que la précédente et traverse à peu près de
la même manière les âges successifs de la vie.*

*Il n'en va plus de même dès que survient une brusque
modification de cet équilibre et que le rapport habituel entre
les diverses générations se trouve perturbé. Alors le facteur
démographique acquiert une importance de tout premier plan,
non seulement dans l'évolution générale de la société mais
jusque dans la vie et la conscience des individus. Ceux-ci, qui
d'ordinaire se définissent par tout autre chose que la génération à laquelle ils appartiennent, se mettent à ressentir comme
fondamental cet aspect de leur identité et par régler au moins
en partie sur lui la conduite ou le sens de leur existence.
L'expérience et le destin de chaque génération se particulari-
sant et s'opposant à ceux des autres, l'âge devient ainsi une
nouvelle base de clivage entre groupes sociaux et détermine en
grande partie la nature et l'évolution de leurs rapports.*

Or nous sommes justement, me semble-t-il, dans une de ces époques, dans une de ces sociétés. Une société qui a vécu — et qui continue de vivre — un bouleversement profond de la structure traditionnelle de sa population, avec l'apparition, pendant et après la Deuxième Guerre mondiale, d'une génération que non seulement sa taille mais aussi son expérience, son éducation et son esprit particuliers ont rendue comme inassimilable au reste de la société, laquelle n'a eu d'autre choix que de se transformer elle-même pour lui faire place et répondre à ses aspirations.

Dans ces époques de perturbation démographique, dont l'effet met une éternité à se dissiper (s'il se dissipe jamais), l'être rencontre donc ce nouveau défi: comprendre sa génération, prendre conscience de sa «condition statistique», comme dit Valéry, et ainsi, peut-être, s'en délivrer.

F.R.

Première partie

LA BONNE ÉTOILE

NAÎTRE AU MATIN DU MONDE

«Vingt ans avant, on n'espérait rien
de l'avenir; maintenant on n'en redoute rien.»

Alexis de Tocqueville
L'Ancien Régime et la Révolution

Appartenir à la génération lyrique, c'est venir au monde dans la joie. Quand j'essaie de me représenter le climat dans lequel nos parents nous ont conçus, l'image qui me vient à l'esprit est pleine de lumière et de fraîcheur: c'est une sorte de matin du monde.

La guerre se termine et les hommes comme les femmes sont enfin démobilisés ou le seront prochainement. Leur pays appartient au camp des vainqueurs. Avec leurs alliés, ils ont réussi à terrasser l'ennemi, à repousser le mal, et leurs valeurs — liberté, tolérance, piété — ont prévalu. Les voici parmi les nouveaux maîtres du monde, du côté de ceux à qui il revient désormais de construire l'avenir. Qui plus est, pour nos parents comme pour tous les citoyens d'Amérique, l'exaltation de la victoire est sans mélange ni amertume. À la différence des Européens, ils n'ont pas subi chez eux l'horreur des combats, leurs morts et leurs blessés sont moins nombreux, et aucune ruine ne les entoure, ni matérielle ni morale: leurs foyers sont intacts, ainsi que leurs consciences, pour l'instant du moins, puisqu'ils n'ont à se reprocher ni les camps de la mort ni la collaboration avec l'ennemi. Le monde peut recommencer sans délai; ce sera leur monde, celui que sans le connaître ils rêvaient et espéraient depuis si longtemps.

Car le climat de soulagement qui marque ces années n'est pas lié uniquement à la victoire et au retour de la paix. Il est dû aussi, et beaucoup plus encore, à la fin de ces dix autres années infiniment plus dures qui ont précédé la guerre: celles de la crise, interminable période de désordre économique et moral, d'espoirs interdits ou refoulés, d'humiliations, de découragement.

En fait, par rapport à cette noirceur, la guerre représentait déjà pour nos parents une forme de salut, ainsi que le montre si bien le *Bonheur d'occasion* de Gabrielle Roy, publié en 1945. Certes, à cause de l'«effort de guerre» tout était rationné, contrôlé, réglementé, si bien que la vie en apparence ne différait guère de ce qu'elle avait été pendant la crise: petit pain, rareté, contrainte. Mais tout en même temps était changé. Grâce à l'industrie militaire et à la production destinée aux pays alliés, chacun trouvait facilement du travail, l'argent circulait à nouveau, que l'on ne pouvait guère dépenser mais qu'on pouvait au moins épargner en vue de l'avenir, ce qui veut dire que l'attente des jours meilleurs était maintenant possible. La vie, en somme, se remettait en branle.

La Deuxième Guerre mondiale offre en effet ce paradoxe: cauchemar pour les peuples qui en subissaient directement les deuils et les dévastations, elle a bel et bien été pour d'autres peuples, chez qui elle mettait fin à la dépression et relançait l'économie à fond de train, une véritable libération. C'est le cas du Canada et du Québec, où les années de guerre, presque à tous points de vue, représentent une période faste, marquée à la fois par le retour de la prospérité et par un bouillonnement social, politique et culturel sans précédent, dont l'intensité est telle et qui rompt à tel point avec la morosité et l'insécurité des années précédentes que des historiens y ont vu une sorte de Révolution tranquille avant la lettre. L'atmosphère est au changement et à l'audace. Les ruraux, que la crise avait retenus sur leurs terres, partent de nouveau s'établir à la ville. Les femmes entrent massivement sur le marché de l'emploi. Les travailleurs s'organisent et revendiquent avec plus de détermination que jamais. Les jeunes découvrent la musique et le cinéma américains. Écrivains et artistes, s'affranchissant des injonctions cléricales, s'ouvrent aux idées et aux styles nouveaux. Partout souffle le goût de la liberté et du renouveau, qui répand jusque dans les consciences l'impression que le monde n'est plus le même et qu'un nouvel âge est en train de commencer.

Bien sûr, cette impression gardait encore quelque chose d'incertain, car le salut apporté par la guerre, si réel qu'il fût sur le moment, demeurait malgré tout aléatoire; il ne durerait peut-être que le temps du conflit. Une fois la paix rétablie, quand les usines n'auraient plus de tanks et de bombes à fabriquer, comment être sûr que tout n'allait pas s'écrouler de nouveau et qu'on ne retomberait pas dans une crise pire encore que celle dont on venait à peine de sortir?

Or voilà que les années qui suivent la fin de la guerre, loin de confirmer ces craintes, se révèlent au contraire, dès le début et de plus en plus sûrement par la suite, comme la continuation, mieux, comme l'intensification du miracle commencé peu de temps auparavant. Non seulement les licenciements redoutés n'ont pas lieu, non seulement ne reviennent ni la misère ni le chômage de naguère, non seulement les rationnements prennent fin, mais peu à peu se confirment, non pas l'abondance encore (il faudra attendre pour cela que quelques années passent et que l'économie achève de se reconvertir), mais du moins les conditions et les signes précurseurs de l'abondance, c'est-à-dire ce dégel, cet allégement de l'existence où le sentiment surgi timidement durant la guerre s'installe cette fois avec une certitude croissante, bientôt définitive.

On n'a plus idée, aujourd'hui, de la force et de la nouveauté de ce sentiment. C'est pourtant lui qui a accompagné et coloré notre naissance. Il faut donc nous efforcer de l'imaginer avec autant de précision que possible.

Pendant des années, la vie avait consisté pour nos parents à tirer le diable par la queue et à refréner leurs désirs, à n'espérer rien d'autre en définitive que la force ou la chance de tenir le coup, de se débrouiller, de ne pas tomber. Les plus jeunes parmi eux, ceux dont l'adolescence s'était passée durant la crise et qui avaient eu vingt ans pendant la guerre, avaient pris l'habitude de ne rien avoir, certes, mais surtout de ne rien attendre, ou si peu; ils n'avaient demandé à la vie que le nécessaire, en somme, et de pouvoir conserver le peu qui leur était accordé. Quant aux plus vieux, qui avaient subi la catastrophe de 1929 alors qu'ils étaient adolescents ou jeunes adultes et dont l'existence ou la carrière en avait été brisée, ils avaient vécu depuis lors tantôt dans le regret, tantôt dans la résignation et l'attente du pire. Pour les uns comme pour les autres, il est facile de concevoir ce que le climat de la fin de la guerre et des premières années de l'après-guerre a pu représenter, quel souffle inattendu, quel surgissement, comme d'immenses volets s'ouvrant tout à coup et laissant entrer des flots d'air et de lumière.

Rien dans leur passé n'a pu leur faire prévoir le bonheur qui maintenant se présente à eux, un bonheur non plus limité à de petits groupes comme avant la crise et la guerre, mais offert à tous, ou du moins à des couches beaucoup plus larges qu'auparavant. Fait de confort, de sécurité, d'aménités de toutes sortes, c'est un bonheur démocratique, auquel chacun, s'il n'y a pas nécessairement accès, peut du moins aspirer de plein droit. Chacun a droit à la *possibilité* du bonheur, à l'espérance d'une vie qui non seulement soit à l'abri des pertes et du besoin, mais surtout qui aille dans le sens d'une ouverture, d'une élévation, d'une amélioration continue et peut-être sans limites. Le monde, qui a été jusque-là une sorte de piège, voici qu'il apparaît à présent comme une vaste promesse.

Il est étrange que les chroniqueurs, au Québec, désignent cette époque sous le nom de «grande noirceur». C'est peut-être parce que seule les préoccupe la politique, ou parce qu'ils sont victimes ou font eux-mêmes partie de la génération lyrique. En fait, si on les examine d'un point de vue à la fois plus radical et plus concret, d'un point de vue, disons, existentiel, les années d'après-guerre apparaissent au contraire inondées de clarté. Une clarté envahissante, conquérante, qui traverse et chasse d'un coup l'obscurité de naguère et transforme entièrement la saveur de l'existence. Or, quand c'est toute la vie qui se met ainsi à changer, que sont, que peuvent un gouvernement et des institutions qui — pour l'instant — ne changent pas?

C'est environnées d'une telle clarté, donc, qu'il faut imaginer la naissance et la première enfance de la génération lyrique. Mieux encore: imaginer que cette génération a été conçue par cette clarté même, que nous sommes, de par le moment historique de notre origine, les fils et les filles de cette lumière matinale qui se répand alors sur le monde.

Revenons encore une fois à nos parents. Le sentiment dont j'ai parlé, cette joie soudaine que leur inspire l'époque

et qu'ils ressentent si fortement, sinon dans leur conscience, du moins dans leur vie d'alors, quelque chose en
même temps leur dit qu'elle ne leur appartient pas. Enfants
de la crise et de la guerre, ils se sentent d'une certaine
manière indignes du monde qui commence, ou mal
préparés, ou trop vieux déjà, bien que beaucoup d'entre
eux n'aient pas encore vingt-cinq ans. L'époque est au
désir, à l'ascension, et eux, au fond, n'ont pas appris comment ni quoi désirer, il ne savent pas bien ce que c'est
qu'une vie gouvernée par le désir et l'attente. Ils n'en sont
ni déçus ni désespérés, loin de là. Le monde qui s'annonce
les comble de ravissement. Mais quelque chose, tout
simplement, leur dit qu'ils ne sont pas véritablement faits
pour ces merveilles-là.

C'est ainsi du moins que j'aime à comprendre cette
logique singulière par laquelle, au lieu de tout garder pour
eux, nos parents ont choisi de nous donner naissance. La
procréation a été leur manière de s'adapter à la conjoncture, d'exprimer le soulagement et la confiance que leur
apportait l'époque. Cette terre de promesses, il leur fallait
la peupler; ce bonheur enfin devenu possible, il leur fallait,
faute de s'en emparer eux-mêmes, ou peut-être afin de s'en
emparer encore plus sûrement, y projeter des êtres nouveaux, issus d'eux-mêmes et cependant différents, des êtres
vierges et capables par conséquent d'y vivre comme dans
leur patrie.

Cette stratégie, ou cette gageure plutôt, prendra en
quelques années une forme éclatante, celle du baby-boom,
sur la nature et le déroulement duquel je reviendrai dans les
chapitres suivants. Pour l'instant, je veux m'en tenir au
déclenchement du phénomène, puisque c'est là qu'apparaît
la génération lyrique proprement dite, flux initial, premier
bataillon de ce qui va devenir peu à peu cette armée gigantesque du baby-boom.

Or je pense qu'on ne saurait se faire une juste idée des origines de cette génération ni comprendre vraiment le «génie» qui sera le sien sans les rapporter en tout premier lieu à l'intervention de cet état d'esprit si particulier dont nos parents ont fait l'expérience par la grâce de l'époque et que j'essaie tant bien que mal d'évoquer ici. Il fallait, pour que ces hommes et ces femmes décident d'accorder dans leurs vies tant de place aux enfants, que leur sentiment de délivrance et leur foi en l'avenir soient singulièrement puissants.

Mais il fallait aussi, paradoxalement, que les inspire une sorte de désespoir, ou du moins un pessimisme à l'égard de ce qu'ils avaient été et de ce qu'ils avaient vécu, le sentiment que leur propre histoire avait fait fausse route et abouti à une impasse. Cette impasse avait nom la crise et la guerre; elle s'appelait pauvreté, désordre, inimitiés, horreurs des champs de bataille. Dans ces conditions, un seul rachat était possible, une seule revanche: le pari sur un avenir innocent et donc absolument neuf. Le pari sur le changement et sur l'oubli. À eux-mêmes, les adultes de ce temps-là savaient que l'innocence ne pouvait être rendue. Mais à leurs enfants, mais à ceux qui viendraient après eux, l'oubli et le recommencement étaient possibles, pourvu que leur soient accordés le temps, l'espace et la liberté nécessaires.

C'est pourquoi, contrairement à l'habitude voulant que l'on ait des enfants pour transmettre ce qu'on a reçu ou pour que dure le monde où l'on est, ces parents-là ont eu les leurs précisément parce qu'ils savaient ou sentaient qu'ils n'allaient pas transmettre le monde dans lequel ils avaient vécu, parce qu'ils percevaient que ce monde n'allait pas durer, mieux encore: afin que ce monde ne dure pas. Pour eux, l'époque qui commençait ne devait rien avoir de commun avec la crise et la guerre ni avec le passé plus ancien. Et je veux croire que c'est le besoin de faire advenir ce monde nouveau, c'est-à-dire la volonté d'un changement et non celle de perpétuer quoi que ce soit, qui les a poussés à faire naître des enfants en si grand nombre et sans tarder.

J'insiste sur ce point parce qu'il revêt à mes yeux une importance cruciale. De tout temps, les enfants ont incarné l'avenir. Mais cet avenir, au fond, apparaissait toujours plus ou moins comme la conservation ou le prolongement du présent. Certes, on attendait des nouveaux venus qu'ils fassent mieux que leurs pères et mères et qu'entre leurs mains croisse le patrimoine qu'ils avaient reçu. Mais, fondamentalement, leur rôle était de prendre le relais, de garder le cap et de poursuivre dans leur propre vie la vie de leurs parents. Ils étaient là pour que la mort et le temps ne prévalent pas, pour que le monde dans lequel ils étaient nés demeure tel qu'il leur avait été confié.

Dans le cas de la génération lyrique, les choses sont à la fois semblables et tout à fait différentes. Semblables en ce que, comme tous les enfants, ceux-ci ont également charge d'avenir. Mais différentes en même temps, et d'une différence radicale, parce que l'avenir, ici, a complètement changé de sens. Loin d'être conçu comme la poursuite ou la consolidation du présent, il en serait bien plutôt la négation, un temps dont on ne sait rien encore, sauf qu'il ne pourra être que différent du temps actuel et infiniment meilleur. Entre le passé et le présent, d'une part, et cet avenir-là, d'autre part, n'existe donc aucune commune mesure, si bien que l'édification du monde futur ne pourra se faire que par l'abolition du monde actuel et du monde ancien, la transgression des normes reçues, le rejet de l'héritage.

C'est pourquoi jamais peut-être des nouveau-nés n'auront été à ce point auréolés de toute la magie dont s'accompagne l'idée même de Naissance, symbole du commencement, de l'essor, du renouveau. Et comme tout ce qui s'imprime précocement dans l'être, avant que la réflexion et la conscience ne s'interposent, cette première définition d'eux-mêmes que reçoivent en naissant les enfants de la génération lyrique sera déterminante. Dès le départ, elle trace le plan de leur existence, ou du moins les grands axes selon lesquels cette existence tendra à s'orienter. D'avance, elle édicte les règles, elle fournit le modèle ou l'idéal à l'aune duquel ils seront portés à mesurer le sens et la valeur de leur vie et à juger de sa plénitude ou de son échec, c'est-à-dire à décider s'ils ont été ou non fidèles à eux-mêmes.

Or cette définition originelle fait d'eux des chargés de mission. À la fois positive et négative, cette mission appelle non seulement à édifier l'avenir, mais aussi à refuser de continuer le passé. Sans mémoire et sans attaches, exempts de toute blessure comme de toute culpabilité, infiniment légers et purs, ces «survenants», comme des princes dont le royaume n'est pas encore de ce monde, sont lancés dans le monde pour rompre avec ce qui est et se faire les instruments de ce qui doit être. Mandatés par leurs parents pour être les premiers habitants d'un nouveau matin du monde, ils laisseront derrière eux les morts ensevelir les morts, ils seront là pour ignorer ou détruire ce qui a été afin de se vouer à cette seule tâche: inventer une vie et un monde nouveaux.

Et c'est en cela que leur convient si bien le nom de génération «lyrique». Dans le vocabulaire de Milan Kundera, l'une des composantes essentielles du lyrisme est justement cette attitude qui consiste à voir le monde comme un immense champ ouvert, comme une matière vierge où l'être ne rencontre aucun obstacle et qu'il peut donc défaire et refaire à sa guise pour s'y projeter et s'y accomplir sans réserve ni compromis. Ce qui caractérise l'esprit lyrique, c'est qu'il recule d'autant moins devant l'oubli et la destruction que son but n'est pas d'abord de dévaster quoi que ce soit, mais bien plutôt, au-delà de toute dévastation, de rendre possible le (re)commencement, c'est-à-dire l'entrée dans un univers de plénitude dont la possibilité et l'imminence ne font à ses yeux aucun doute. C'est donc un désir *innocent* et, par là, terrible. Devant lui, le monde n'a qu'à bien se tenir.

LA FORCE DU NOMBRE

«Ils ont pour eux le nombre,
et partant le pouvoir réel.»

Hannah Arendt
Du mensonge à la violence

Outre le contexte historique et le climat «existentiel» ayant entouré — et, d'une certaine manière, déterminé — la naissance de la génération lyrique, tout en préfigurant du même coup sa psychologie particulière et les grandes lignes de son destin, un autre facteur tout aussi important doit être pris en compte si l'on veut comprendre les moyens grâce auxquels ce destin se réalisera et apprécier le sort privilégié qui sera celui de cette génération tout au long des décennies à venir. Ce facteur n'est plus d'ordre moral ou idéologique comme le premier, mais d'un ordre plus matériel, plus élémentaire, de l'ordre de la biologie, pourrait-on dire, puisqu'il s'agit de ce phénomène qui a nom: le *baby-boom*.

D'entrée de jeu, précisons qu'il est important de ne pas confondre ce que les démographes et les historiens désignent sous cette appellation avec ce que je nomme ici la génération lyrique. Entre celle-ci et le baby-boom, il n'y a en fait ni équivalence ni opposition, mais un rapport plus subtil qu'il importe de bien cerner si l'on veut saisir les particularités de ladite génération lyrique.

D'après les définitions qui en sont habituellement proposées, le baby-boom s'étend sur une quinzaine, sinon une vingtaine d'années, soit jusqu'au début des années soixante environ. Mais sur le moment précis où se déclenche cette explosion de la natalité, les opinions divergent, certains optant pour la guerre, d'autres pour l'immédiat après-guerre. Bien que cela ne fasse guère de différence, c'est la première définition que je retiendrai, selon laquelle le baby-boom se met en branle dès le moment où les taux de natalité, après avoir connu une baisse substantielle pendant une douzaine d'années, commencent à grimper de façon rapide et marquée, atteignant des niveaux comparables à ceux d'avant la crise. Un tel renversement se produit bel et bien au cours de la guerre, plus précisément durant la seconde moitié de celle-ci, aux alentours de 1942-1943. C'est à ce moment-là que le mouvement prend son élan, pourrait-on dire, et qu'éclate cette sorte de prodige démographique qui va durer près de vingt ans.

Née pendant la guerre et l'immédiat après-guerre, la génération lyrique correspond donc, dans les faits, non pas au baby-boom dans son ensemble, ni même au gros des effectifs dont celui-ci se compose, mais bien au tout début du mouvement seulement, aux premières cohortes, comme disent les démographes, c'est-à-dire à ce qu'on pourrait appeler l'essor ou le prélude du baby-boom.

Premiers-nés du baby-boom, les enfants de la génération lyrique ne sont pas nécessairement des premiers de familles, bien sûr, quoique bon nombre d'entre eux le soient. En fait, je distinguerais de ce point de vue deux cas de figure, c'est-à-dire deux catégories principales qui, sans représenter tous les enfants de la génération lyrique, n'en correspondent pas moins à deux de ses sous-groupes les plus typiques.

Il y a d'abord, effectivement, les aînés de famille, qui forment un contingent particulièrement nombreux. Cela est dû à la grande quantité de mariages qui ont lieu alors, non seulement de jeunes couples mais aussi de couples plus âgés ayant retardé jusque-là leur union à cause de la crise et de la guerre; et au fait que ces nouveaux couples ont leur premier enfant très tôt après le mariage, comme si les habitait en effet une sorte d'impatience de procréer.

L'autre catégorie qui me semble particulièrement caractéristique de la génération lyrique est composée, à l'inverse de la première, de ces petits derniers de famille survenus inopinément, comme miraculeusement, au moment où l'on croyait la famille achevée. Ils sont parfois plus d'un, d'ailleurs, formant au sein de leur famille comme une seconde famille plus jeune que la première, ayant avec celle-ci des rapports plus ou moins lointains et, avec leurs parents, des relations tout autres que celles qu'ont eues leurs aînés. Nés des mêmes pères et mères que ces derniers, ils n'en sont pas moins d'une génération différente. C'est que la «logique» qui a présidé à leur naissance n'est pas la même. Alors que leurs frères et sœurs aînés sont des enfants de la crise, ces petits de la «seconde couvée» sont nés, eux, par une sorte de grâce, sans nécessité, dirait-on, et comme portés par la seule vertu de l'époque. Il n'est pas rare, du reste, qu'ils aient eux-mêmes des neveux ou des nièces de leur âge, comme si leurs parents avaient voulu, en les concevant, imiter leurs propres fils et leurs propres filles aînés et participer eux aussi, malgré leur âge relativement avancé, au nouveau monde qui commençait.

Mais qu'ils soient aînés ou cadets, ces enfants de la guerre et de l'immédiat après-guerre ont en commun leur statut souvent privilégié au sein de leur famille. D'être nés avant ou après tous les autres non seulement les singularise et imprime dans leur conscience le sentiment de cette singularité, mais cette distinction leur vaut en outre de la part de leurs parents un attachement et des soins particuliers. Car contrairement à leurs frères et sœurs plus âgés, ou beaucoup plus que leurs frères et sœurs plus jeunes, ces enfants chéris transportent avec eux à l'état pur, pourrait-on dire, toute cette symbolique de la renaissance et du changement liée au contexte de la fin des années quarante, eux qui sont nés au moment précis où, sur les décombres du vieux monde, se levait le matin annonciateur du nouvel âge. Certes, le climat de confiance et comme d'émerveillement que j'ai évoqué au chapitre précédent continuera de baigner les années à venir. Mais il ne sera plus jamais ressenti aussi intensément qu'en ces tout premiers jours, si bien que le fait de naître à un tel moment, sous une lumière aussi pure, constitue déjà pour ces enfants une faveur inestimable, dont profiteront d'abord leur enfance et leur jeunesse, puis toute la suite de leur vie.

Même si le baby-boom n'avait pas eu lieu, on peut présumer que les enfants nés vers la fin de la guerre ou juste après auraient été marqués de toute façon par l'atmosphère nouvelle accompagnant la prospérité et le retour de la paix. Mais ces enfants, alors, n'auraient peut-être formé qu'une autre de ces «générations d'après-guerre» comme on en avait vu paraître régulièrement dans le passé, tout aussi brève et aisément assimilée que celles-ci l'avaient été. La différence, dans le cas de la génération lyrique — et c'est une différence cruciale —, vient justement de ce qu'elle inaugure le vaste mouvement que sera bientôt le baby-boom. Loin de demeurer isolés, ces enfants seront suivis

par une multitude d'autres enfants, nés tout au long des
années cinquante et marqués comme eux, quoique à un
moindre degré, par le nouvel esprit du temps.

Ce fait est capital. Il apporte à la génération lyrique un
immense avantage d'ordre stratégique, pourrait-on dire, en
lui donnant une force d'impact à laquelle elle n'aurait
jamais pu prétendre à elle seule et qui dépasse infiniment
celle de toute autre génération avant elle. Le baby-boom,
on le sait, est d'abord une pure question de nombre, ce qui
le rend, de fait, incontournable. En gonflant subitement la
place des enfants et des jeunes dans la société, c'est-à-dire
d'un groupe d'âge particulier au détriment des autres, il va
modifier radicalement l'équilibre traditionnel de cette
société, ce qui aura pour conséquence non seulement de
créer une situation éminemment propice aux bouleversements et aux remises en question, mais aussi de donner
à ce groupe d'âge particulier, ne serait-ce qu'à cause du
poids numérique qui est le sien, une influence et une
«autorité» considérables, réduisant du même coup celles
que pouvaient détenir jusque-là les groupes plus âgés.

Faisant partie du baby-boom, la génération lyrique
aura constamment derrière elle, pour la soutenir et pour
augmenter son propre poids, ces troupes innombrables que
forment les cohortes cadettes du même baby-boom, dont
elle pourra se faire passer pour le porte-parole et le fondé
de pouvoir. Ainsi la présence de la génération lyrique dans
le monde, sa «mission», les exigences et les réclamations
qu'elle fera valoir face à ses aînés, tout cela se trouvera-t-il
à la fois renforcé et comme légitimé par cette masse mouvante et gigantesque dont elle est elle-même l'aile avancée
et à laquelle, de fait, elle trace le chemin.

S'il n'y a donc pas coïncidence entre le baby-boom et
la génération lyrique, on peut dire cependant que celle-ci,
sans celui-là, n'aurait jamais eu les moyens de s'imposer

comme elle saura le faire. Elle n'aurait pas pu acquérir aussi facilement cette position de premier plan qui sera la sienne dès son jeune âge, ni se libérer à ce point de l'influence des générations qui la précèdent et qui, contraintes par la simple loi du nombre, n'auront d'autre choix que de s'incliner devant elle. Sans être tout à fait le baby-boom, en un mot, la génération lyrique détient l'avantage d'en constituer à la fois l'avant-garde et le corps d'élite.

Étant donné tout ce qu'apporte à la génération lyrique son appartenance au baby-boom, je devrai m'arrêter assez longuement sur ce phénomène qui, dans l'optique où je me place, constitue un fait central de l'histoire contemporaine, dont les répercussions sont infiniment plus vastes et profondes qu'on a coutume de le penser. En particulier, je voudrais souligner l'«anormalité» du baby-boom, et donc son caractère à la fois imprévisible et perturbateur. J'aurai pour cela à rappeler quelques-unes des interprétations que les spécialistes de ces questions, sociologues, démographes et historiens — toutes personnes infiniment plus compétentes que moi —, ont bien voulu donner de ce phénomène, et à me faire aussi, en quelque sorte, le défenseur du baby-boom, puisque plusieurs de ces mêmes spécialistes ont tendance à en contester, sinon la réalité, du moins cette «anormalité» à laquelle je tiens tant.

LE BABY-BOOM COMME RUPTURE

Qu'est-ce, dans les faits, que le baby-boom?

Essentiellement, il s'agit d'une hausse brusque et soutenue du nombre et du taux des naissances survenue dans certains pays, dont le Québec et le Canada, à partir de la fin de la Deuxième Guerre mondiale environ.

Mais la dimension la plus importante du baby-boom — celle qui en fait un événement historique majeur — ne tient pas tant au chiffre des naissances qu'au contraste entre son augmentation et les tendances ayant prévalu jusqu'alors, soit la baisse observée depuis le début de la crise économique et, de manière plus large, la diminution continue du taux de natalité depuis le milieu du dix-neuvième siècle environ. C'est de ce point de vue *relatif* que le déclenchement et la poursuite du baby-boom représentent un fait démographique aussi décisif, par leur aspect tout à fait atypique et contraire à ce que laissait prévoir le mouvement séculaire. Alors qu'on s'habituait depuis longtemps à voir naître de moins en moins d'enfants, voici que la situation soudain se renverse. Les maternités ne dérougissent plus, comme on dit, les photographes font des affaires d'or, et les nouveau-nés affluent comme une manne inépuisable. Entre ce monde où les enfants se mettent à pulluler et l'ancien monde où leur présence ne cessait de s'atténuer, la rupture est on ne peut plus nette. Et cette rupture, comme on ne cessera de le voir dans la suite de cet ouvrage, entraînera des conséquences aussi vastes que décisives.

Ruptures et «anomalies», cependant, répugnent aux spécialistes des sciences humaines, dont le métier est de démontrer au contraire que toute chose, même la plus étonnante ou la plus inédite en apparence, dès qu'on la regarde sous l'éclairage qui convient, s'avère parfaitement normale, attendue, et n'a donc rien pour surprendre.

Et c'est bien ce qui se passe dans le cas du baby-boom. En général, démographes et historiens, tout en notant le fait et en admettant dans un premier temps son apparence exceptionnelle, n'ont de cesse, pour en rendre compte d'une manière qui les satisfasse, de «dépasser» ou d'éliminer purement et simplement cette apparence, en replaçant le baby-boom dans des tendances ou des «séries» plus «longues» qui, à leurs yeux, l'expliquent.

Quoique ces explications me paraissent gommer le plus souvent ce qui fait la signification essentielle du baby-boom, j'estime qu'il vaut la peine de les examiner au moins rapidement, parce que, malgré elles en quelque sorte, elles aident à mieux cerner la particularité du baby-boom, et donc cette signification même.

Une première façon, la plus simpliste à vrai dire, de banaliser le baby-boom est de montrer que les taux de natalité relevés pendant ces quinze ou vingt années, loin de représenter un record de tous les temps, comme on dit, restent très inférieurs à ceux du passé et n'atteignent qu'avec peine les niveaux observés juste avant la crise. Si exacte qu'elle soit, cette nuance doit cependant être nuancée à son tour par deux remarques. D'abord, il faut rappeler que la hausse de la natalité d'après-guerre s'accompagne, grâce aux progrès de l'hygiène et de la médecine, d'une mortalité infantile et juvénile en forte régression, si bien qu'un taux de natalité égal ou même inférieur à celui des époques passées s'y traduit bel et bien, au bout du compte, par la présence d'un plus grand nombre d'enfants.

Et là encore — ce sera ma seconde remarque —, même si l'on peut établir que le baby-boom n'a pas produit plus d'enfants, qu'il en a même produit moins que n'importe quelle période de durée égale à laquelle on le compare dans le passé (pour le Québec, l'époque notamment de la «revanche des berceaux»), un fait demeure, qui est ici le fait essentiel: par rapport à la période qui s'est déroulée juste avant (les années de la crise et du début de la guerre), le baby-boom représente un saut quantitatif aussi incontestable que spectaculaire. Qu'importe qu'il y ait eu ou non record historique. Ce qui compte pour bien saisir ce que seront l'esprit et les mœurs de cette génération nouvelle, c'est son rapport avec la population qui lui est *contemporaine*, c'est-à-dire avec les autres générations qui vivent en même temps qu'elle et avec lesquelles elle entre directement en contact, en particulier la génération qui la précède immédiatement. Or, à cet égard, le contraste, la disproportion ne sauraient être plus marqués, ni la supériorité numérique du baby-boom plus écrasante.

Une autre interprétation, plus intéressante que la première et qui ne prend elle aussi en considération que ces deux périodes — les dix ans de la crise puis les quinze ou vingt ans du baby-boom —, voit dans celui-ci un pur phénomène de rattrapage ou de compensation. La surnatalité d'après-guerre serait simplement due à la nécessité de réparer les pertes occasionnées par la sous-natalité sévissant depuis le début des années trente, et le baby-boom s'expliquerait ainsi par le jeu d'une sorte de régulation homéostatique semblable aux grandes lois de conservation qui gouvernent la nature. De fait, il est possible, si l'on projette l'évolution de la natalité sur une courbe diachronique à long terme, d'y observer une assez belle correspondance ou relation de réciprocité entre la «bosse» que fait le baby-boom, d'une part, et le «trou» occasionné par les dix ou quinze années antérieures, d'autre part, «bosse» et «trou» qui, dans une telle perspective un peu vaste, ne modifient pas radicalement l'équation d'ensemble et donc, en effet, s'annulent.

On veut bien. Pourtant, si justes que soient cette interprétation et les calculs sur lesquels elle repose, si apaisante que puisse sembler la compréhension qu'ils procurent, on ne peut s'empêcher de penser que ce genre de compréhension, là encore, rate l'essentiel. Sans doute le baby-boom a-t-il permis, en effet, de restaurer le «stock» d'individus qui formaient la population après que ce stock eut été entamé par la crise et la guerre. Mais cette restauration, purement quantitative, n'en bouleversait pas moins profondément la *composition* de la population. Car les enfants venant au monde durant les années cinquante ne remplaçaient pas les enfants qui n'étaient pas nés pendant la crise; ils remplaçaient plutôt les *adultes* que ces derniers seraient alors devenus. Ce n'est pas du tout la même chose.

Je ne cherche pas ici à récuser la valeur ni l'utilité du regard de l'historien ou du démographe. Tout simplement, je rappelle que cette vue distante et «abstraite», indispensable à la science, n'a pour la connaissance du matériau originel de l'histoire, c'est-à-dire des motivations et des perceptions qui inspirent les gestes et les pensées de ses acteurs mêmes, qu'une validité limitée, surtout lorsqu'il s'agit de l'histoire contemporaine ou récente. Les historiens, par exemple, ont beau enseigner le caractère cyclique des crises et des périodes de prospérité, ou observer la progression séculaire de l'urbanisation, il n'empêche que chaque crise économique représente une coupure dramatique dans la vie de ceux qui en sont victimes et que chaque famille qui vend sa terre et déménage à la ville le fait pour des raisons et dans un contexte qui pour elle sont uniques. Au regard de cette histoire circonstancielle, aux horizons tout proches, baignant jusqu'au cou dans l'inconséquence et la variation des conjonctures, nulle courbe ne paraît stable; les «bosses» y sont des montagnes et les «trous» des abîmes. Faite non pas de continuité ni de tendances à long terme, mais d'écarts incessants, de ruptures, de révolutions quelquefois, c'est l'histoire toujours imprévisible de nos joies et de nos douleurs, de nos espérances et de nos échecs, l'histoire véritable de notre vie et de notre mort. Pour en comprendre le sens *ultime*, on doit bien sûr s'efforcer de la replacer dans une durée plus générale, et c'est là tout l'honneur de l'histoire. Mais une telle compréhension sera d'autant plus riche que, tout en s'édifiant, elle ne rejettera pas dans l'ombre ce matériau premier qu'offre le sens *immédiat* des choses et des événements, qui est le sens donné à leur univers par ceux-là mêmes qui y ont vécu.

On excusera cette digression. Elle visait à mieux préciser le point de vue qui est le mien dans cet ouvrage et, pour en revenir au sujet de ce chapitre, à mieux dire en quoi me semble insuffisante l'interprétation du baby-boom comme un simple accident de parcours dans l'évolution séculaire de la natalité. Car, tout «prévisible» que s'avère le baby-boom dans une perspective de longue durée, il ne s'agira jamais en fin de compte que d'une prévision *a posteriori*. Si au contraire on se replonge dans l'époque et qu'on tente d'en ressaisir directement, «contextuellement», l'expérience et les perceptions mêmes, alors le baby-boom ne peut apparaître que sous un jour tout différent: comme un revirement de situation, un changement brusque et tout à fait inattendu, c'est-à-dire comme la fin d'un certain état de choses qui avait cours depuis une quinzaine d'années et le début d'un état de choses tout différent. Et cet «écart» a beau être une illusion par rapport aux constances de la longue durée, il n'en constitue pas moins la signification fondamentale du baby-boom, sa vérité existentielle première.

Le même raisonnement vaudrait encore pour une autre analyse que proposent les experts et qui est la plus sérieuse de celles que j'aborde ici. Car cette analyse ne se contente pas, comme les précédentes, de prouver que le baby-boom n'a été qu'une anomalie apparente ou conjoncturelle; elle nie carrément qu'il y ait eu quelque perturbation ou renversement de tendance que ce soit, même momentané. L'argumentation s'appuie cette fois sur un autre paramètre: la fécondité. Si on calcule la «descendance finale» des mères qui ont donné naissance au baby-boom, c'est-à-dire le nombre d'enfants qu'elles auront eus au bout de leur vie féconde, on s'aperçoit que ce nombre, loin de connaître une croissance spectaculaire, ne dépasse guère celui qu'on a pu observer chez leurs propres mères. Ce qui revient à dire que la baisse générale de fécondité qui se poursuivait depuis le dix-neuvième siècle au moins, et qui faisait que les Occidentales avaient au total de moins en moins d'enfants, cette baisse, dis-je, loin d'être interrompue par le baby-boom, s'y est poursuivie à peu près sans dévier, de sorte que celui-ci, par rapport à cette tendance «lourde», apparaît à nouveau comme un simple épiphénomène.

Et pourtant, la hausse du nombre de nouveau-nés qui caractérise le baby-boom est indéniable. Cette contradiction, à propos du même phénomène, entre l'idée de rupture — explosion de la natalité — et l'idée de conti-nuité — maintien de la fécondité — n'est qu'apparente.

Elle s'explique par la rapidité avec laquelle les mères des enfants du baby-boom ont eu leur progéniture. Non seulement ces femmes ont donné naissance à leur premier enfant très tôt après leur mariage, mais elles n'ont guère attendu avant d'avoir leurs autres enfants, si bien que l'intervalle entre les naissances a été bref. D'un autre côté, ces mêmes femmes, estimant que trois ou quatre petits formaient une famille suffisante, ont cessé plutôt jeunes d'avoir des enfants. Au bout du compte, elles n'auront donc pas eu, en effet, plus d'enfants que leurs aînées, mais leur fécondité aura été si rapide, si concentrée dans le temps, que cette concentration aura produit ce gonflement subit et comme désordonné de la courbe des naissances qu'on appelle le baby-boom.

Et là se trouve, en définitive, le fait premier, qui possède dans le contexte des années quarante et cinquante une présence et un effet que je dirais péremptoires. Les courbes à long terme de la fécondité ont beau ne pas présenter de variation significative ou durable, il n'en reste pas moins que la vie, que la dramatique particulière de ce temps-là est marquée en profondeur par l'envahissement de cette multitude nouvelle, de cette horde d'étrangers: les enfants. Et cela, ce déséquilibre que provoque le baby-boom dans ce que les démographes appellent la pyramide des âges, aucune analyse, quelle que soit l'ampleur de ses perspectives, ne pourra le priver totalement de son caractère imprévu et perturbateur.

En tant que cohorte inaugurale du baby-boom, la génération lyrique apparaît donc bel et bien dans le monde sous le signe de l'«anormalité». Née d'un bouleversement, d'une brusque rupture des tendances, elle ne fera par la suite que répéter et approfondir sans fin ce dont elle est issue: cette rupture même.

ENFANTS DE LA LIBERTÉ

L'interprétation axée sur la fécondité a cependant le mérite de mettre en lumière un autre aspect important de l'atmosphère ayant entouré le déclenchement du baby-boom et l'apparition de la génération lyrique. Il n'est pas impossible en effet de voir dans ce curieux «pattern» de procréation qu'ont suivi nos parents, c'est-à-dire dans cette rapidité avec laquelle ils ont eu leurs enfants, le signe de ce qu'il faut bien appeler une *liberté*.

Car si nos mères ont eu moins d'enfants que leurs propres mères, ce n'est pas seulement parce qu'elles ont commencé un peu plus tard, c'est aussi parce qu'elles se sont arrêtées plus tôt, à un âge relativement jeune, un âge où elles *auraient pu* encore procréer. Alors que leurs mères mettaient souvent des enfants au monde jusqu'à quarante ans passés, les nôtres ont cessé pour la plupart d'enfanter vers le milieu ou même le début de la trentaine. Et c'est cela qui me semble révélateur de la liberté de nos parents: cette interruption précoce, cette décision qu'ils ont prise, avant que la nature ne les y oblige, de cesser d'accroître leur progéniture. Or, s'ils ont su exercer à ce moment-là de leur vie le choix de ne plus avoir d'enfants, comment ne pas imaginer que c'est en vertu d'un choix semblable, et donc de la même liberté, qu'ils avaient eu auparavant les enfants qui leur étaient venus?

Certes, la tradition et l'Église leur enjoignaient de se marier et de procréer abondamment. Certes, beaucoup de femmes, jeunes ou moins jeunes, après avoir travaillé dans les usines de guerre, avaient été encouragées sinon forcées à rentrer au foyer et à reprendre le rôle de mère et d'épouse. Mais le contrôle social et l'idéologie sont loin de fournir ici des explications satisfaisantes.

L'une de ces explications, proposée par le discours féministe, ne voudrait voir dans le baby-boom qu'un autre signe de l'exploitation et de la soumission des femmes de cette époque. Dans l'après-guerre, dit-on, se serait répandue une vision de la femme qui semblait rompre avec la vision traditionnelle mais qui, en réalité, ne faisait que la reconduire en la dissimulant sous des apparences de modernisme. Valorisant l'amour conjugal, les soins du corps, le goût de la vie confortable et de l'épanouissement personnel ainsi qu'une conception plus «moderne» de l'éducation des enfants, cette «nouvelle mystique féminine» n'aurait été qu'un piège de plus tendu aux femmes par le bon vieux pouvoir phallocratique. Appelées à se sentir différentes de leurs mères paysannes et à consentir aux nouveaux modes de vie, les citadines de ce temps-là, en fait, auraient été incitées encore et toujours à ne rêver que mariage et grossesses et à se soumettre docilement à l'autorité de leurs maris. Et de cette perpétuation de l'inégalité, de cette soumission inchangée des femmes, le baby-boom serait l'une des manifestations flagrantes. En d'autres mots, c'est sans vraiment le vouloir que nos mères nous auraient donné la vie tout comme l'avaient fait leurs mères avant elles et les mères de leurs mères et ainsi de suite depuis l'origine des temps.

Ce type d'explication est reçu de nos jours comme une sorte d'évidence, tant la vision féministe s'est imposée avec force. Des femmes qui ont aujourd'hui dépassé la soixantaine, si on les interroge sur leur passé, se montreront même d'accord avec une telle interprétation et diront qu'elles n'ont pas eu le choix d'avoir ou non leurs enfants — les enfants du baby-boom. Mais si sincère et valable qu'il soit, ce témoignage donné après coup reflète-t-il vraiment, ou seulement, la manière dont les choses se sont passées? N'y perçoit-on pas aussi, en bonne partie, l'effet de la «doxa» féministe actuelle, c'est-à-dire l'influence que leurs propres filles ont pu exercer sur ces femmes, les amenant pour ainsi dire à réévaluer leur vie, à la relire sous un angle qui correspond plus aux façons de voir d'aujourd'hui qu'à la réalité qu'elles ont vécue, dans le climat propre à leur époque et avec les sentiments qui les habitaient alors? Une telle révision du passé, en tout cas, un tel oubli n'auraient rien d'inconcevable si l'on tient compte de l'effet qu'aura sur toute la société l'esprit de la génération lyrique. Il s'agirait même d'un phénomène assez anodin.

Quoi qu'il en soit, l'explication du baby-boom par la domination des femmes et, plus généralement, par l'«aliénation» des couples de ce temps-là ne tient guère dès qu'on la confronte à un certain nombre de faits. Le premier, c'est que le baby-boom n'a pas été plus marqué au Québec, il l'y a même été un peu moins, que dans d'autres sociétés, comme le Canada anglais, l'Australie et surtout les États-Unis, où l'influence catholique et traditionaliste était pourtant nettement moins lourde et la contraception plus largement acceptée. Par ailleurs, si le baby-boom n'est qu'un signe de l'exploitation des femmes, comment expliquer qu'il ne se soit guère produit dans d'autres pays où l'inégalité des sexes n'était certainement pas moins grande? Les Espagnoles, les Italiennes, les Françaises étaient-elles plus «libérées», moins asservies au «pouvoir mâle» que les Américaines? S'il est permis d'en douter, pourquoi alors ne sont-elles pas tombées elles aussi dans le «piège» de la grossesse à répétition?

Mais surtout, pour en revenir au Québec, que l'on songe encore une fois aux années qui ont précédé l'époque du baby-boom, et plus particulièrement à la décennie de la grande crise économique. La vision conservatrice de la femme, l'influence de l'Église et des élites traditionnelles diffusant partout leur message nataliste n'étaient certainement pas moins présentes alors qu'elles ne le seront durant l'après-guerre. Bien au contraire, dans l'ambiance de désorientation morale qui a marqué ces années, donnant lieu notamment à un important regain de ferveur religieuse et nationaliste, cette influence et ce message ont possédé une force et une autorité considérables. Et pourtant, au cours de ces mêmes années, les mariages et les naissances, loin d'augmenter, ont chuté brutalement. C'est dire que, tout «aliénés», tout imprégnés de morale religieuse et soumis à leurs curés qu'ils aient été, les couples de cette époque difficile savaient dans une bonne mesure comment gouverner eux-mêmes leur sexualité et résister aux injonctions natalistes. On avait beau leur seriner à longueur de sermons le devoir sacré de la procréation et leur promettre l'enfer s'ils s'y dérobaient, hommes et femmes trouvaient les moyens de ne pas jeter dans le monde pourri qui les entourait autant d'enfants qu'on leur en demandait.

Or, puisque la liberté des couples — et donc, vraisemblablement, celle des femmes — avait su se manifester dans un contexte de contrôle social aussi poussé, comment à plus forte raison ne l'aurait-elle pas pu après la guerre, alors que tant de conditions nouvelles minaient le prestige et le pouvoir des autorités traditionnelles et contredisaient leur vision des choses: exode rural et urbanisation galopante, essor de l'information et des moyens de communication, diffusion accrue des modèles et des discours venus de l'étranger, expérience du travail en usine ou dans les bureaux pour toute une génération de jeunes femmes, etc.? En un mot, les possibilités de la liberté, durant l'après-guerre, étaient devenues plus grandes que jamais, et pourtant le baby-boom, cette véritable frénésie de mariages et de procréation, a bel et bien eu lieu.

On aura compris que je ne cherche pas ici à me faire l'apôtre de la procréation. Tout ce que je dis, c'est qu'il n'y a aucune raison de penser que nos parents ou que nos mères, parce qu'elles n'avaient à leur disposition ni pilule, ni stérilet, ni avortement thérapeutique, ni divorce, ou parce que le marché du travail leur était quasiment fermé, ont nécessairement eu leurs enfants sous la contrainte et sans le décider vraiment. Certes, les moyens modernes de contraception, de même que l'accès aux carrières et aux emplois, sont d'indiscutables instruments de liberté, aussi bien personnelle que sexuelle, et il est sûr que leur absence limite gravement cette liberté. Mais cela ne veut pas dire qu'elle la supprime purement et simplement, et que nos parents étaient enchaînés à la reproduction comme les bêtes des forêts. Le fait d'agir même lorsque la possibilité de ne pas agir est réduite ne veut pas dire qu'on n'agisse pas librement. En tout cas, pour ce qui est du baby-boom, et plus précisément de son déclenchement, donc de la venue au monde de la génération lyrique, l'ampleur du phéno-mène, sa soudaineté et son caractère évident de rupture ne peuvent guère s'expliquer si l'on n'y voit pas de quelque manière le résultat d'un choix conscient, voire enthousiaste, de la part des adultes de ce temps.

Et cela aussi compte parmi les privilèges de cette géné-ration. Pour la première fois peut-être dans l'histoire (et dans celle du Québec en particulier), des enfants viennent au monde sous le signe de la liberté et de l'amour, et non plus d'abord sous celui du devoir ou de la nécessité. Certes, nos parents, en se mariant et en nous donnant naissance, se sont trouvés à obéir aux prescriptions de la vieille morale conjugale autoritaire. Mais tel n'était pas, me semble-t-il, leur premier motif. Le contexte moral et idéologique, déjà, leur aurait permis de s'abstenir. Et pourtant ils ne se sont pas abstenus. De même, sur le plan économique, il y avait belle lurette que les enfants avaient cessé de représenter une force de production quelconque, étant devenus plutôt une charge et une source de dépenses sans fin. Et pourtant, contre toute logique, dirait-on, ils ont pris sur eux cette charge et ces dépenses. Même si la possibilité de ne pas avoir d'enfants, c'est-à-dire de ne pas nous mettre au monde, était moins grande pour eux qu'elle ne le deviendra plus tard quand ce sera notre tour d'être parents, cette possibilité existait bel et bien. Et ils ne s'en sont pas prévalus.

L'«EFFET BABY-BOOM» ET LE CAS QUÉBÉCOIS

Avant de revenir à la génération lyrique proprement dite et de concentrer sur elle toute mon attention, il me reste à dire un dernier mot du baby-boom, en soulignant l'impact qu'il a pu avoir dans un contexte aussi particulier que celui du Québec. Eu égard à cette particularité, un tel impact, curieusement, a été ici à la fois moins prononcé et plus spectaculaire qu'ailleurs.

Il a été moins prononcé au point de vue quantitatif. Comme on le sait, le baby-boom ne s'est pas produit partout de manière égale. C'est un phénomène propre à certains pays surtout, sans qu'on sache exactement pourquoi. Les seuls traits que ces pays — Canada, Australie, Nouvelle-Zélande, États-Unis — semblent avoir en commun, c'est, premièrement, d'être d'anciennes colonies britanniques et, deuxièmement, de ne pas avoir été gravement touchés, sur leur principal territoire national, par les destructions de la Deuxième Guerre mondiale. Mais on ne voit guère le rapport entre ceci et cela, ni la raison pour laquelle d'autres pays partageant certains de ces traits

(Irlande, Jamaïque, Afrique du sud) n'ont pas connu eux aussi de baby-boom, du moins dans des proportions aussi frappantes. Selon certains spécialistes, c'est dans les pays «jeunes» que le baby-boom aurait eu lieu. Mais que signifie au juste cette catégorie? Les États-Unis et le Canada sont-ils plus «jeunes» que l'Argentine ou le Brésil? Comment mesure-t-on l'«âge» des pays? Aussi, il semble bien qu'il faille renoncer pour l'instant à toute explication satis-faisante.

Cela dit, le Québec, tout en appartenant au petit nombre des «élus», a été moins affecté que les autres par le phénomène. Certes, les taux de natalité québécois enregistrés à partir de la Deuxième Guerre mondiale se comparent à ceux des pays que j'ai mentionnés, mais comme ces mêmes taux, par le passé et notamment au cours des quinze années précédentes, avaient été moins bas ici qu'ailleurs, la hausse a paru et a été, de fait, moins brutale. Le Québec, en d'autres mots, parce qu'il avait moins que d'autres sociétés perdu l'habitude des enfants, a été moins qu'elles surpris par leur multiplication soudaine.

Il ne faudrait cependant pas déduire de là, comme le font certains, que les perturbations provoquées au Québec par le baby-boom ont été négligeables ni même qu'elles ont été plus discrètes que dans les sociétés où celui-ci s'est produit avec plus de vigueur. Sur le coup, peut-être, l'abondance des nouveau-nés et des enfants a pu apparaître comme le simple prolongement de la vieille propension canadienne-française aux familles nombreuses. Mais dès que ces enfants commenceront à grandir et à s'exprimer dans la société, on se rendra vite compte qu'ils ressemblent bien peu aux enfants et aux adolescents d'autrefois. Ils seront d'une espèce différente, ils apporteront avec eux la rupture et le changement, ce seront bel et bien les enfants du baby-boom.

En d'autres mots, même si les bases purement quantitatives du phénomène peuvent paraître moins évidentes au Québec qu'ailleurs, l'*effet baby-boom*, lui, s'y exerce avec une force au moins aussi grande. Par «effet baby-boom», j'entends ce bouleversement général de l'équilibre social, des mentalités, des modes de vie et des conditions mêmes de l'existence que vont favoriser le rajeunissement subit de la population et l'arrivée massive de la nouvelle génération sur la scène publique.

Outre le fait que la soudaineté relative et la durée de la hausse de natalité qu'a connue le Québec ont amplement suffi à y modifier la pyramide des âges de manière significative, deux séries de circonstances ont concouru à y soutenir et même à y aggraver, en quelque sorte, l'«effet baby-boom».

D'abord, sa situation géographique. C'est en Amérique du Nord, en effet, que le baby-boom a été le plus marqué, soit au Canada anglais et surtout aux États-Unis, où il a pris des proportions proprement gigantesques[1]. Or, en ces matières plus qu'en toute autre, il faut éviter de voir la société québécoise comme un univers protégé, fermé sur lui-même et plus ou moins imperméable à l'action des mouvements extérieurs, en particulier ceux qui viennent des États-Unis. Les années quarante et cinquante, on le sait, sont précisément le moment où l'influence américaine au Québec connaît un fort regain, dû entre autres au fléchissement de l'influence française causé par la guerre et surtout à l'explosion des nouveaux moyens de communication. Par la radio, le cinéma et bientôt la télévision, par leurs voyages à Plattsburgh ou sur les côtes de Nouvelle-

---

1. À ce sujet, je renvoie à l'ouvrage fort instructif de Landon Y. Jones, *Great Expectations: America and the Baby-Boom Generation* (New York, Ballantine Books, 1981).

Angleterre, les Québécois vivent de plus en plus dans l'orbite culturelle et idéologique des États-Unis, comme si la frontière avait cessé d'exister. Aussi les turbulences provoquées dans la société américaine par le baby-boom ne peuvent-elles que toucher aussi leur propre société et s'y répercuter aussitôt.

Le cas du Québec n'a d'ailleurs rien d'unique à cet égard. Les États-Unis, ne l'oublions pas, sont alors au faîte de leur puissance politique, militaire et économique. Leur rayonnement, grâce au contrôle qu'ils exercent sur la nouvelle culture de masse, atteint tout l'Occident, sinon la planète entière. Il suffit qu'un changement se produise chez eux pour que l'écho s'en répande immédiatement à travers l'ensemble des pays où leur influence est présente, c'est-à-dire à peu près partout. Une mode, une idée, une préoccupation d'origine américaine devient presque aussitôt une mode, une idée, une préoccupation occidentale. C'est pourquoi l'«effet baby-boom», même s'il s'agit à strictement parler d'un phénomène lié d'abord à des causes locales, ne peut pas rester local très longtemps. Presque aussitôt, il devient un phénomène de civilisation, pourrait-on dire, dont l'impact est ressenti jusque dans des sociétés où le baby-boom lui-même n'a pas eu lieu ou a pris des proportions beaucoup plus modestes.

C'est le cas notamment des pays d'Europe de l'Ouest. Même si la fin de la guerre, en France, en Allemagne, en Italie ou en Grande-Bretagne, a laissé des plaies et créé un climat de désarroi qui contraste fortement avec l'euphorie régnant au même moment en Amérique, et même si la hausse de la natalité est loin de s'y produire avec une force et une persistance comparables à celles du baby-boom américain, ces pays connaîtront eux aussi, à partir des années soixante surtout, les immenses secousses que produira partout, comme une onde sismique traversant tout l'Occident, l'«effet baby-boom» venu des États-Unis. En ce sens, on peut dire que les conditions qui rendront possibles les événements parisiens de Mai 1968 se préparent dès la fin de la guerre, dans les maternités et les familles d'Amérique.

Et l'on voudrait que le Québec, situé aux portes de l'empire, à deux pas de l'épicentre, ait échappé à l'impact du baby-boom ou n'en ait connu qu'une version affaiblie? C'est bien plutôt le contraire qui serait vrai.

Si je ne craignais pas de trop m'aventurer, je dirais en effet que le Québec, loin d'être à l'abri de ce que j'appelle l'effet baby-boom, se trouvait au contraire dans une situation encore plus vulnérable que les autres pays et était donc susceptible d'en ressentir encore plus profondément les soubresauts. Et cette vulnérabilité de la société québécoise, assez paradoxalement, lui venait de sa stabilité même, ou du moins des apparences de stabilité qui la caractérisaient.

Sans reprendre le cliché qui consisterait à ne voir dans le Québec d'avant la Révolution tranquille qu'une communauté monolithique et réactionnaire repliée sur elle-même et complètement réfractaire au changement, on doit néanmoins admettre que, sur le plan des institutions et des formes de la vie sociale, sinon sur celui des opinions et des mœurs, cette communauté se caractérisait, non certes par l'immobilité, mais en tout cas par une certaine lenteur ou une certaine prudence face aux transformations et aux modèles nouveaux que proposait ce qu'on nomme, plus ou moins confusément, la modernité. À force de se perpétuer en dépit des pressions venues autant de l'intérieur que de l'extérieur, cette domination au moins relative des forces de conservation avait pu endiguer dans une bonne mesure les changements de valeurs et de mentalités qui se produisaient dans d'autres pays depuis le début du siècle, en particulier chez nos voisins du sud, faisant ainsi du Québec, jusqu'à un certain point, une sorte d'enclave où, au moins formellement, les bases et les signes de l'ordre ancien avaient réussi mieux qu'ailleurs à se maintenir.

Or, protectrice jusque-là, une telle survie n'était plus, une fois venu le temps du baby-boom, que fragilité et facteur d'aggravation. Car non seulement l'ordre ancien était trop faible pour résister de quelque manière à la poussée et aux désirs de la nouvelle génération — il s'effondrera d'ailleurs avec une rapidité qui aujourd'hui encore nous déconcerte —, mais le fait qu'il se sera maintenu aussi longtemps n'aura pour ainsi dire qu'empiré les dégâts, en rendant et en faisant paraître plus radicale encore sa dévastation.

Tandis qu'en Europe de l'Ouest et même aux États-Unis l'«effet baby-boom», malgré son ampleur et la profondeur des changements qu'il provoque, pourra être perçu en quelque sorte comme le prolongement et l'intensification d'un courant de modernisation et de remise en question apparu beaucoup plus tôt dans le siècle, une telle «assimilation» sera nettement plus difficile, sinon impossible au Québec. Ici, en raison de l'histoire ou de la conscience historique particulières qui étaient alors les nôtres, l'esprit et les ambitions de la génération nouvelle n'auront pas eu d'ancêtres; ils ne pourront être rattachés à aucune tradition ni à aucun passé, mais se présenteront comme un commencement absolu, ce qui accroîtra d'autant leur force et leur caractère de rupture.

J'irai encore plus loin. Par les «retards» de toutes sortes et la marginalité idéologique qui le caractérisaient, le Québec d'avant la Révolution tranquille représentait une sorte de milieu privilégié, particulièrement favorable à la pleine manifestation de l'«effet baby-boom». Une société engoncée dans le culte du passé et le respect de l'autorité, méfiante à l'égard du changement et soumise à des élites profondément conservatrices, mais une société dotée en même temps de richesses suffisantes pour lui assurer un bon niveau de vie, quel meilleur terrain les «enfants terribles» qui allaient bientôt débarquer dans le monde pouvaient-ils trouver à leur portée? Plus que n'importe quel autre milieu, le Québec de cette époque offrait à cette génération tout ce dont elle avait besoin pour justifier et alimenter son ardeur et pour réaliser pleinement, furieusement, la mission révolutionnaire dont elle se sentait chargée.

Depuis assez longtemps déjà, certains spécialistes ont pris l'habitude de voir dans la société québécoise une sorte de laboratoire où il est possible d'étudier *in vivo*, à une échelle réduite et donc humainement maniable, d'immenses phénomènes qui autrement resteraient impossibles à observer et à mesurer correctement. Ainsi, dans les années trente et quarante, des équipes de sociologues venues des grandes universités américaines débarquaient au Québec pour analyser «sur le terrain» le fonctionnement des sociétés rurales traditionnelles. Un peu plus tard, des démographes et des généticiens du monde entier se sont intéressés à la population québécoise, l'une des plus homogènes et des mieux recensées d'Occident, comme à un «échantillon» unique leur permettant de vérifier empiriquement leurs hypothèses les plus générales. Or la même chose vaudrait, me semble-t-il, pour les répercussions du baby-boom sur la civilisation contemporaine. Le Québec est un cas si typique à cet égard, et si simple, dirais-je, que son étude révélerait mieux que celle de n'importe quelle autre société toute l'ampleur desdites répercussions et les mécanismes qui les ont rendues possibles.

C'est donc un autre titre de gloire dont nous pourrions nous enorgueillir: celui d'avoir offert à l'«effet baby-boom» sa terre d'élection, le lieu de sa réalisation exemplaire.

LE DROIT D'AÎNESSE

La génération lyrique n'est que l'aile avancée, la toute première vague du baby-boom, mais cette position, nous l'avons vu, suffit à lui conférer un avantage notable. Grâce à cette masse d'enfants plus jeunes venant à leur suite, les garçons et les filles de cette génération posséderont, comme groupe «représentatif» de l'ensemble du baby-boom, une force et un poids qui leur permettront de s'affirmer péremptoirement face à leurs aînés et de profiter au maximum du changement démographique et de ses effets dans toutes les sphères de la vie sociale.

Mais à cet avantage s'en ajoute aussitôt un autre, grâce auquel la génération lyrique se distinguera cette fois non seulement des générations qui la précèdent, mais également de celles qui la suivent, et plus particulièrement des autres enfants appartenant eux aussi au baby-boom mais qui naîtront plus tard, au moment où la génération lyrique, elle, aura déjà quitté l'enfance et entrepris son entrée dans le monde.

On a trop souvent tendance à voir le baby-boom comme un phénomène continu et uniforme et à considérer tous les enfants nés durant ces quinze ou vingt années comme appartenant à une seule et unique «méga-génération», comme dit Landon Jones, qui présenterait d'un bout à l'autre la même histoire et les mêmes caractéristiques communes. Or la réalité est tout autre, et il existe au sein du baby-boom un clivage dont l'importance est décisive: c'est celui qui oppose les aînés aux cadets, et plus particulièrement la génération lyrique elle-même aux cohortes qui la suivent.

Pour bien saisir ce clivage, revenons un instant sur le déroulement du baby-boom. Selon la définition courante, il dure jusqu'au début des années soixante. Mais ce que ne dit pas nécessairement cette définition globale, et qu'elle risque donc de faire oublier, c'est que la courbe des naissances, pendant toutes ces années, ne présente pas une hausse constante ni ne garde la même élévation. Le mouvement se déroule plutôt en deux phases bien distinctes et contraires. La première est la phase d'explosion proprement dite, pendant laquelle les taux de natalité, qui ont augmenté brusquement vers la fin de la guerre, poursuivent leur croissance d'année en année, atteignant un sommet aux alentours de 1957. Puis débute une seconde phase, de sens opposé, au cours de laquelle les mêmes taux, tout en se maintenant pendant un certain temps au-dessus des «normes», amorcent néanmoins un mouvement de descente qui ne fera que se prolonger et s'accélérer au cours des années soixante, bien au-delà d'ailleurs de la période dite du baby-boom.

En d'autres mots, même si ce dernier correspond globalement à une poussée «anormale» du nombre de nouveau-nés, cette définition ne vaut, en toute rigueur, que pour sa première phase, somme toute assez brève, puisque le freinage se produit dès la seconde moitié des années cinquante, alors que commencent la décroissance et le retour à la normale.

Or c'est à cette première phase seulement, celle des aînés du baby-boom, que correspond la génération lyrique. Et parmi les enfants de cette première phase, il faudrait même, pour être tout à fait précis, distinguer un segment encore plus restreint: celui que forment les aînés des aînés, c'est-à-dire les tout premiers-nés, venus au monde dans les dernières années de la guerre et au tout début de l'après-guerre, jusqu'au tournant de 1950 environ. Là se trouve la génération lyrique proprement dite.

Du point de vue que je m'efforce d'adopter ici, la différence entre ces deux phases revêt une signification capitale. Beaucoup plus qu'un simple renversement de la tendance démographique, ce qui les distingue est un changement de «climat existentiel», le passage d'un certain sens de la vie et d'une certaine vision de l'avenir à un sens et à une vision tout à fait différents. Car si l'optimisme et la conviction de se trouver au «matin du monde» ont pu inspirer la phase initiale du baby-boom, sa phase «ardente» pourrait-on dire, il a bien fallu, pour que ce mouvement s'épuise et que débute la phase inverse, de tendance négative, que ces sentiments non seulement s'atténuent — chose naturelle dans le cas de n'importe quelle excitation —, mais le cèdent peu à peu au sentiment contraire, à une sorte d'inquiétude ou de lassitude peut-être, ou plus simplement à la prudence, en tout cas à une tout autre attitude devant la vie.

Il est difficile d'expliquer ce changement et de dire ce qui s'est passé dans la conscience des parents de ce temps-là. La libéralisation des techniques contraceptives a sans doute joué un rôle, quoique le ralentissement du rythme des naissances se fasse sentir avant même que la pilule ne commence à se répandre. Le contexte économique, également, a pu avoir une influence: comme on sait, la croissance, qui avait été pratiquement ininterrompue depuis la guerre, marque provisoirement le pas vers la fin des années cinquante. Mais il se peut fort bien aussi que le choix de limiter dorénavant les naissances ait été inspiré aux parents par le désir de se garder disponibles pour leurs premiers-nés et de continuer à répondre à leurs besoins sans les obliger à «mûrir», c'est-à-dire à s'effacer au profit de frères et sœurs plus jeunes qu'eux. Ainsi, l'épuisement du baby-boom serait un effet du baby-boom sur lui-même, ou plus précisément l'effet de la génération lyrique sur le baby-boom dont elle fait partie.

Quoi qu'il en soit, l'existence de ces deux phases, l'une ascendante, l'autre déclinante, et le changement de climat dont elle est l'indice, aident déjà à saisir la différence entre les deux groupes ou les deux générations que l'on confond habituellement sous l'appellation générale de baby-boom: les premiers-nés, d'abord, venus au monde en pleine période de confiance et d'expansion, puis les plus jeunes, qui naissent, eux, dans un monde où l'avenir paraît moins sûr ou moins désirable et où leur venue, en tout cas, n'a plus le caractère de fête qui a présidé à celle de leurs aînés. Si les premiers sont les enfants du matin, devant les seconds, déjà, l'horizon commence à s'assombrir. Et il est certain qu'en sont différemment marqués non seulement le destin des uns et des autres, mais aussi la conscience qu'ils auront d'eux-mêmes et de leur place dans la société, la nature et la force de leurs aspirations, et jusqu'à leur sens de la vie.

Même s'il se limitait à ces seules circonstances et aux dispositions qu'elles façonnent, l'avantage que donne à la génération lyrique son droit d'aînesse serait déjà considérable. Mais il va beaucoup plus loin et est beaucoup plus *réel* que cela. Non contente d'attirer sur elle, grâce à sa seule position, l'essentiel des retombées positives de toutes sortes que provoque un événement aussi décisif que le baby-boom, la génération lyrique se trouvera en outre à en éviter presque toutes les conséquences néfastes, que ses cadets, eux, devront subir de plein fouet.

Comme toute modification le moindrement brusque de l'équilibre démographique d'une société, le baby-boom constitue un phénomène à double tranchant. Par certains côtés, cette irruption d'enfants et de jeunes est une bénédiction; en rajeunissant d'un coup la population, elle lui insuffle un surcroît d'ardeur et de vitalité, l'oblige à se repenser, à sortir de ses vieilles ornières et à se remettre en mouvement. Et il est certain que le baby-boom a eu sur les sociétés où il s'est produit un tel effet mobilisateur, y provoquant ou y accélérant les remises en question et les réformes. Au Québec, par exemple, comme je tâcherai de le montrer plus loin, la Révolution tranquille n'aurait peut-être pas eu lieu, ou en tout cas n'aurait pas été ce qu'elle a été si le pouvoir et les institutions n'avaient pas subi cette pression énorme exercée sur eux par l'arrivée d'une jeunesse nombreuse et par là exigeante.

Mais dans toute société, les capacités d'adaptation ont des limites, au-delà desquelles il n'est plus possible de répondre adéquatement au besoin de changement. Et c'est ce qui ne manquera pas d'arriver dans le cas du baby-boom. Après avoir été le ferment que je viens de dire, l'arrivée massive des jeunes, à force de durer et de prendre de l'ampleur, finit par apparaître pour ce qu'elle est en réalité: un dérèglement auquel il n'y a plus moyen de faire face efficacement. Les jeunes continuent d'affluer en si grand nombre que la société, tout simplement, n'est plus capable de les accueillir et de les assimiler comme elle l'a fait de ceux qui sont venus avant eux. C'est l'engorgement. Tout ce qui s'était ouvert se referme, tout ce qui s'était mis en mouvement s'immobilise, et une sorte de blocage se produit. La bénédiction tourne au cauchemar.

Ces deux faces du baby-boom, ces deux moments de son déroulement correspondent, on l'aura compris, au destin général de chacun des groupes dont j'ai parlé. Aux aînés la bénédiction, aux cadets le cauchemar. Mais ce qu'il faut également comprendre, c'est que le sort des uns dépend directement de celui des autres. C'est *parce que* la masse de leurs cadets les suit et que cette masse fait pression sur la société que les aînés trouvent devant eux une telle ouverture, et c'est *parce que* leurs aînés les précèdent et sont déjà là que les cadets, eux, ne trouvent plus rien.

Un des meilleurs exemples de ce double effet — exemple qui n'est ni le seul ni même le plus important peut-être —, c'est l'évolution de l'emploi. Quand les aînés du baby-boom y feront leur entrée à la fin des années soixante et au cours des années soixante-dix, le marché du travail sera en pleine expansion. Non seulement ils trouveront facilement à se placer sans devoir répondre à de trop grandes exigences, mais ils auront souvent la possibilité de choisir parmi plusieurs places disponibles celle qui convient le mieux à leurs aspirations ou à leurs goûts personnels. Puis, une fois placés, ils seront en mesure, puisque la demande de travailleurs restera supérieure à l'offre, de jouir d'une très grande mobilité, gravissant rapidement les échelons, abandonnant un poste pour un autre plus avantageux, sans jamais cesser d'exiger et d'obtenir des conditions de travail comme personne n'en a eu jusque-là.

Mais ce qu'ils ne verront pas, ou ne voudront pas voir, c'est que l'une des principales raisons de cette expansion, et donc l'un des fondements de leur prospérité et de leur sécurité, résidera justement dans la présence, derrière eux, de cette multitude d'enfants, leurs frères et leurs sœurs souvent, qui demanderont quantité de biens et de services de toutes sortes. Cette masse, il faut la nourrir, la soigner, l'instruire, l'amuser, la gérer, lui donner à consommer et à rêver, et elle est innombrable, et son appétit n'a pas de limite. Elle forme, en un mot, un marché gigantesque, hautement générateur d'emplois et de profits, comme disent les économistes. Certes, les aînés du baby-boom ne seront pas les seuls à recueillir cette manne, mais personne ne la recueillera aussi précocement ni aussi abondamment qu'eux.

Que l'on se transporte maintenant quelques années plus tard, lorsque viendra le tour des cadets de frapper, comme on dit, à la porte du marché de l'emploi. Les conditions cette fois auront complètement changé. Derrière eux, il n'y aura plus d'enfants, car leurs aînés n'en auront guère eu. Et devant eux, surtout, les places seront déjà prises, et pour longtemps, car leurs aînés qui les occupent, munis de «droits acquis» qui les rendent indélogeables, auront alors à peine trente ou quarante ans.

Ainsi, les cadets auront beau frapper à la porte, il n'y aura plus grand-monde pour leur ouvrir. Ou quand on leur ouvrira, ce sera tantôt pour leur offrir des miettes, salaire minimum, petits contrats, piges, emplois de second ordre, tantôt pour exiger d'eux des qualités et des compétences qui dépasseront de loin celles que possédaient à leur âge ou que possèdent encore leurs prédécesseurs, c'est-à-dire ceux-là mêmes qui les leur demandent.

Je n'ai parlé que de l'emploi. Mais la différence de condition entre les premiers-nés du baby-boom et leurs cadets sera loin de se refléter uniquement sur ce plan. De manière générale, c'est tout le mode d'insertion dans la société qui différera complètement d'un groupe à l'autre. À tous points de vue, qu'il s'agisse du statut social ou économique, du prestige et du pouvoir, des moyens mis à leur disposition ou des attentes qui leur seront permises, l'inégalité entre les deux grandes générations qui forment le baby-boom, et surtout l'«aliénation» des cadets, leur «exploitation» par les aînés seront telles qu'on pourrait dire, si un tel langage n'était pas passé de mode, que la relation qui les lie est une relation classique de type «dominant-dominé», semblable à celle que décriront si bien, au Québec, ceux des aînés du baby-boom qui auront lu Sartre et Memmi (lorsque cette lecture, bien entendu, aura pu servir à leur propre libération).

Certes, les plus jeunes pourront protester, se rebeller, contester le système, tenter de déboulonner leurs aînés ou exiger d'eux un traitement plus juste. Et ils le feront parfois, de diverses façons. Mais leur révolte restera le plus souvent symbolique — quand elle ne se retournera pas carrément contre eux. Car ce sera une révolte sans moyens, et donc perdue d'avance. Il lui manquera cette arme élémentaire et pourtant indispensable qui a été l'arme par excellence de leurs aînés: le nombre. Ceux-ci, pour faire valoir leurs exigences, se seront appuyés non seulement sur leur propre poids numérique mais aussi sur celui, énorme, de leurs cadets; ils auront parlé et revendiqué au nom du baby-boom tout entier. Or, cet avantage, les plus jeunes l'auront perdu, et ils ne parleront plus qu'en leur nom propre. La solidarité involontaire qui les aura liés à leurs aînés et dont ceux-ci auront bien profité, leurs aînés n'auront aucun intérêt à la leur rendre, puisque c'est contre eux, cette fois, que la révolte devrait s'exercer.

On voit quelle situation privilégiée les circonstances de l'histoire et de la démographie ont faite aux enfants de la génération lyrique, dont le grand mérite en définitive est d'être nés avant tous les autres. Infiniment mieux pourvue à tous égards que ne l'étaient les générations antérieures, cette génération connaît un sort qui n'a rien à voir non plus avec celui de la génération suivante, laquelle n'aura, au bout du compte, qu'à souffrir du déséquilibre même dont ses aînés auront tant bénéficié.

L'ENFANCE RÉINVENTÉE

Évoquer l'arrivée de la génération lyrique sur le marché de l'emploi n'était qu'une manière d'illustrer par anticipation l'aisance avec laquelle se déroulera pour elle chaque étape de son existence. Mais il n'est nul besoin, pour rencontrer une telle aisance, d'attendre le moment où les fils et les filles de la guerre et de l'immédiat après-guerre feront leur entrée dans le monde des adultes. C'est beaucoup plus tôt, dès leur enfance et les débuts de leur adolescence, en fait, que brille déjà la bonne étoile qui les accompagnera tout au long de leur vie.

Quand on songe en effet à ce qu'étaient le monde et la société entre la fin des années quarante et l'orée des années soixante, au moment où les enfants de la génération lyrique grandissaient et recevaient docilement leur éducation, on ne peut manquer d'être frappé par tout ce qui, de diverses manières, jouait déjà directement en faveur de leur sécurité et de leur bonheur.

Sur le plan économique, d'abord, c'est le début de ce que Jean Fourastié appellera «les trente glorieuses» (1945-1975), c'est-à-dire, pour l'Occident, une période de prospérité sans précédent, marquée notamment par la hausse constante des niveaux de vie, l'accélération du développement technologique et l'essor de la consommation. Pour les enfants de ce temps, cela veut dire, si on la compare à celle de leurs parents, une enfance princière, non seulement à l'abri du besoin et de l'anxiété, mais gavée de biens et d'aménités de toutes sortes. La génération lyrique est la première à connaître, dès l'enfance, ce qu'on peut appeler la normalisation de la richesse.

Tout cela a déjà été abondamment commenté. Ce qui a moins retenu l'attention, ce sont quelques autres facteurs qui, tout en étant liés sans doute aux conditions économiques, influent également sur l'enfance et la prime adolescence de cette génération, ajoutant encore aux faveurs particulières dont elle n'aura cessé d'être l'objet. Le plus important de ces facteurs est le changement qui se produit, à cette époque précise, dans ce que j'appellerais la définition de l'enfance et sa position au sein de la société.

Vu l'avènement des aînés du baby-boom, bientôt suivi par le raz-de-marée que l'on sait, il n'est pas étonnant que la fin des années quarante et l'ensemble des années cinquante soient par excellence l'époque des enfants. Partout, dans la nouvelle classe moyenne alors en pleine croissance comme chez les plus démunis, à la campagne aussi bien que dans les villes, des ruelles populeuses du centre aux avenues ombragées des nouveaux quartiers ou des «développements» de banlieue, le pays se remplit de garçonnets et de fillettes endiablés, criailleurs, n'ayant d'autres soucis que leurs jeux, leurs rites secrets, leurs amitiés et rivalités de bandes, leurs cabanes dans les bois et leurs courses à bicyclette, sans oublier, bien sûr, la crainte du péché mortel et de la tuberculose, ces deux fléaux qui guettent les imprudents. Ce pullulement, cette étourdissante marée d'enfants est ce qui donne à la société et même à l'économie de cette époque leur caractère le plus marquant.

Tandis que se multiplient les écoles primaires, camps de vacances, piscines publiques et autres terrains de jeux (c'est l'âge d'or du parc Belmont), que le Nestlé Quik entre dans toutes les demeures, avec les céréales Kellog et le beurre d'arachides, les éditeurs des albums de Tintin ou de Tarzan, de l'*Encyclopédie de la jeunesse* et des romans palpitants de Bob Morane et de Sylvie font des affaires d'or, de même que les fabricants de meccanos, de puzzles et de ces magnifiques poupées de caoutchouc qui baissent pudiquement leurs paupières frangées de longs cils noirs dès que d'aventure on les allonge dans un lit.

Pendant ce temps, la télévision — qui vient tout juste de faire son apparition et se répand dans les foyers comme autrefois les images du Sacré-Cœur — prend soin de réserver à l'imaginaire des petits une large part de ses ressources et de son temps d'antenne. Ce faisant, elle assure solidement ses assises, et pour longtemps, puisque ce public, qui aura pris dès sa plus tendre enfance l'habitude de se reconnaître en elle et d'éprouver à travers ses images la communauté de goûts et d'intérêts qui le lie, ne va pas renoncer de sitôt à cette jouissance de la solidarité audio-visuelle. Plus le temps passera, au contraire, et plus il exigera et obtiendra, sa masse aidant, que le petit écran lui appartienne et le reflète entièrement.

Mais cette visibilité des enfants n'est qu'un aspect secondaire — ou une des manifestations — du phénomène de fond auquel je m'intéresse ici et qui se situe plutôt au niveau de l'idéologie ou même de l'anthropologie. Ce phénomène — cette révolution, à vrai dire —, c'est l'émergence, dans le discours et les pratiques sociales de cette époque, d'un nouveau modèle, d'une nouvelle façon de comprendre et de traiter l'enfance. Déjà, nous l'avons vu, un mythe de l'enfant sauveur était à l'œuvre dans l'apparition de la génération lyrique. Ce mythe, en réalité, est immémorial. Mais il restait associé, autrefois, à la seule figure du nouveau-né, par qui se répétait le miracle de l'apparition de l'être vue comme la réactualisation de l'origine du monde et donc comme le gage de sa perpétuation. Une fois passé ce tout premier moment et le nouveau-né devenu enfant, le mythe cessait de fonctionner, ou plutôt il se reportait sur la naissance d'un autre être, en qui se reproduisait le même miracle. C'était, en un mot, un mythe de la naissance plutôt qu'un mythe de l'enfance. Or un des traits de l'histoire moderne, lié au recul de la mortalité précoce et à la généralisation du contrôle des naissances, sera de «découvrir» l'enfance d'abord, puis de l'élever progressivement au rang qu'elle occupe aujourd'hui, celui d'un âge à la fois spécial et exemplaire.

Pour mieux saisir cette évolution séculaire, nous pouvons, en nous inspirant librement des travaux de Philippe Ariès, y discerner trois grandes phases. Jusqu'à l'âge classique, l'enfance n'existait pour ainsi dire pas comme catégorie sociale et mentale. Les enfants appartenaient d'emblée à la communauté, dont ils dépendaient pour leur survie, certes, mais dont ils ne se distinguaient ni par les conditions de vie ni par les usages. En tant qu'expérience existentielle, l'enfance constituait certainement pour l'individu une période particulière, mais les enfants n'en formaient pas pour autant une «société» distincte de celle des adultes. Par les jeux, les vêtements, les heurs et les malheurs, ils participaient entièrement au monde commun.

L'effet majeur de la reconnaissance moderne de l'enfance — seconde phase de notre évolution — a donc été de séparer les enfants du reste de la société et de faire d'eux un groupe à part, possédant des caractéristiques et des besoins à eux, liés à leur âge et à leur condition. Ce clivage avait pour fonction, bien sûr, de mieux protéger et entourer l'enfant. Mais il reposait aussi sur l'idée — nouvelle — de la fragilité et de l'«imbécillité», c'est-à-dire de l'infériorité de l'enfant, et donc de la nécessité où se trouvaient les plus vieux de veiller à son perfectionnement avant qu'il puisse être admis à faire partie de la société. «L'enfance, disait Bossuet, est la vie d'une bête». C'était en somme une période de probation et d'attente, que les parents et les éducateurs avaient la responsabilité de rendre aussi fructueuse que possible et au cours de laquelle l'enfant, quant à lui, restait un être différent et sans voix, protégé mais «dressé», aimé et néanmoins soumis.

Cet état de choses s'est perpétué en gros jusqu'au milieu de notre siècle, et c'est une enfance de ce type que nos parents ont vécue.

Pourtant, il y avait longtemps qu'une tout autre idée de l'enfance s'était formée: l'idée de l'autonomie inviolable et de la *supériorité* de l'enfance, c'est-à-dire l'idée — ou le mythe — par quoi nous définissons aujourd'hui cet âge de la vie, lieu par excellence de la beauté, de la vitalité, de la pure spontanéité de l'être. Accomplie depuis Rousseau et poursuivie par toute la psychologie «développementale» moderne, cette divinisation de l'enfance restait toutefois confinée à la théorie et à la littérature. Dans la réalité, c'est-à-dire dans les lois et les usages, dans les instincts et les pratiques de tous les jours, le vieux modèle continuait de prévaloir. Même s'ils faisaient l'objet d'une vénération attendrie, on continuait de traiter les enfants comme des êtres imparfaits, précieux certes, mais inaccomplis et, à ce titre, tenus de se plier à l'autorité et aux règles des adultes. C'est ainsi qu'il y a à peine cinquante ans, le fouet et la fessée étaient considérés, autant dans les familles que dans les écoles, comme des «interventions» éducatives parfaite-ment normales.

En fait, le nouveau mythe de l'enfance n'a réussi à se traduire vraiment dans les mœurs et à régler la vie des individus et des familles que tout récemment, dans les années qui ont suivi la Deuxième Guerre mondiale. Alors seulement commence la troisième phase que j'ai annoncée, celle de la «libération» définitive de l'enfance, que l'on pourrait décrire comme la synthèse des deux précédentes en ce sens que les enfants, d'une part, font retour dans la société mais sans cesser, d'autre part, de former un groupe distinct et «autonome».

Ce qui change, en effet, ce n'est pas tant la séparation entre enfants et adultes que la position relative des deux groupes et le mode de leurs relations. L'enfance constitue toujours, et même plus que jamais, un univers à part, possédant son propre esprit, ses propres normes, ses mythes et ses règles, bref, sa propre «culture», comme disent les sociologues. Mais cet univers — et là réside la nouveauté essentielle — cesse d'être considéré comme ce lieu purement préparatoire qu'il était jusque-là. Tout en demeurant différente du reste de la vie, l'enfance, au lieu d'apparaître comme une période d'imperfection et d'attente en prévision de la vraie vie, de la vie pleine de l'adulte, tend à devenir une vie en soi, aussi «valable» et complète (sinon plus) que les âges ultérieurs. Sans rien abandonner de sa spécificité, sans s'assimiler ni participer à la communauté, le royaume des enfants devient ainsi à l'intérieur de celle-ci (et non plus dans ses marges) un territoire régi par des lois et des «valeurs» qui lui sont propres et auxquelles ce sont les adultes qui doivent désormais se soumettre.

De cette promotion, de cette «émancipation» de l'enfance, la génération lyrique est la première à profiter pleinement, ce qui constitue un trait de plus par lequel son existence se distingue non seulement de celle de ses parents mais, plus généralement, de ce qu'a été l'existence pour toutes les générations qui l'ont précédée. Son enfance réinvente l'enfance. Avec elle, pour la première fois, des enfants ne sont plus traités tout à fait comme des enfants, c'est-à-dire comme des êtres encore incomplets qu'il faut former ou comme des étrangers provisoires attendant d'accéder à la société. Pour la première fois, au contraire, l'enfance représente une catégorie sociale de plein droit, encore dépendante certes, mais intégrée à l'ensemble social et pouvant imposer d'une certaine manière ses normes et ses exigences à d'autres groupes qu'aux enfants eux-mêmes.

D'un point de vue psychologique, cette position nouvelle influera de manière durable sur la conscience que se fera la génération lyrique de sa place dans la société. Tout en habitant un univers à part comme l'ont fait tous les enfants avant eux, ceux de cette génération ne sont plus pour autant exclus ou marginalisés. Ils peuvent donc demeurer eux-mêmes et continuer d'explorer leur univers, car ce ne sont plus les enfants qui se plient au monde, mais le monde qui «s'ouvre» aux enfants.

LES BIENFAITS DE LA TRANSITION

Cette expérience ne restera pas sans suite, comme on le verra amplement au cours des décennies à venir. Pour l'instant toutefois, c'est-à-dire aussi longtemps que la génération lyrique demeure dans l'enfance et la prime adolescence, sa présence et sa parole ne provoquent pas encore de remous bien conséquents. Dans le climat et la vie de ce temps, rien ou presque ne paraît changé. Malgré tout le «respect» que leur inspirent leurs petits, les adultes gardent le haut du pavé: non seulement la responsabilité de la société leur incombe, mais ils l'assument sans partage ni contestation, et avant tout pour le bénéfice et le bonheur, justement, de leurs enfants. Ceux-ci ont beau ne plus être semblables aux enfants d'autrefois, le monde, au moins pour quelque temps encore, n'en continue pas moins de tourner à peu près comme avant.

En cela réside, du reste, un autre privilège dévolu à la génération lyrique, privilège qu'elle a reçu là encore sans y être pour rien et qui s'ajoute aux autres cadeaux que lui aura offerts l'histoire. Ce privilège, c'est celui qui consiste à être une génération de *transition*.

Nés et élevés dans un monde encore bien ordonné, ces enfants et ces jeunes adolescents pourront en retirer ce qu'il a de meilleur et de plus utile. Mais en même temps, ce monde n'aura pas vraiment pesé sur eux ni ne les aura opprimés. Ses contraintes seront devenues aussi souples que possible, car c'est un monde qui se sait en voie de déclin et ne demande pas mieux que de céder la place à un autre monde, celui-là même qui va bientôt s'édifier autour et en faveur de la génération lyrique.

Cette réalité est particulièrement évidente lorsqu'on examine l'éducation que cette génération a reçue au Québec, entre le tournant des années cinquante et le milieu des années soixante environ. Cette éducation, quand on y repense aujourd'hui sans préjugé, apparaît comme l'une des meilleures dont aucune génération ait jamais bénéficié, en vertu précisément de ce caractère «transitoire» qui était le sien, à mi-chemin entre l'ancien et le nouveau, entre la tradition et le changement. Tandis que le vieux système devient de plus en plus désuet mais garde toujours l'essentiel de sa vigueur, la nouvelle pensée pédagogique, qui ne fait alors qu'émerger, ne présente pas encore ce côté systématique qu'elle prendra plus tard. Ces deux univers, en se chevauchant ainsi, s'enrichissent l'un l'autre, chacun se corrigeant, s'allégeant grâce à l'autre en quelque sorte, si bien que leurs qualités respectives s'additionnent et que leurs défauts en sont, sinon éliminés, du moins largement atténués.

Si l'on n'en considère que la forme extérieure et les principes déclarés, on peut croire de prime abord que l'éducation reçue par les aînés du baby-boom ne diffère pas de celle qu'ont reçue avant eux leurs parents et, avant ceux-ci, bien d'autres générations de petits Canadiens français. Les programmes et les manuels scolaires n'ont guère changé depuis la fin du dix-neuvième siècle. La religion occupe toujours la première place et envahit pratiquement toutes les matières. N'ont pas beaucoup évolué non plus les méthodes pédagogiques, l'organisation scolaire, ni les relations entre maîtres et élèves, gouvernées par la discipline — au besoin la coercition — et le respect dû à l'autorité. Enfin, bien sûr, le clergé est partout autour des enfants: à la maison, où son influence s'exerce par le biais des parents, et dans les écoles, où c'est souvent lui qui enseigne et toujours lui qui dirige.

Mais sous ces apparences de stabilité, sinon d'immobilité, des changements significatifs commencent à se produire, moins dans le système lui-même que dans l'esprit qui l'anime, c'est-à-dire dans la mentalité des parents et des éducateurs. Chez ces adultes de plus en plus influencés par le nouveau mythe de l'enfance, chez ces lecteurs du Docteur Spock et de ses épigones, sinon de Freud et de Piaget, les idées sur la manière d'élever et d'éduquer les jeunes se modifient peu à peu. Porteur et messager d'un monde meilleur, l'enfant ne leur apparaît plus seulement comme un être qu'il faut façonner et «casser», mais comme le dépositaire d'un trésor unique qu'il faut protéger, enrichir. Au paradigme de l'animal à dresser ou de la pâte à modeler succède celui de la fleur que l'on arrose et que l'on regarde s'épanouir d'elle-même, sans intervenir autrement que pour lui prodiguer l'air et la lumière dont elle a besoin et la garder des dangers qui la menacent.

C'est dans les familles, d'abord et surtout, que ce nouvel esprit se répand. L'enfant, considéré dans le passé comme une «bouche à nourrir» — donc comme un membre inférieur de l'unité familiale —, devient peu à peu le prince du foyer. C'est autour de lui, en vue de sa protection et de son bonheur, que s'organisent la vie et le budget de la famille. Certes, les parents conservent leur autorité, mais ils l'exercent de manière moins rigide et plus amène, cherchant maintenant à se rapprocher de leurs enfants, se laissant tutoyer, entrant dans leurs jeux, hésitant à les punir, devenant leurs camarades et leurs confidents. Certes, ils tiennent à transmettre leurs valeurs et leurs convictions, mais ils s'efforcent de le faire moins par la contrainte que par l'exemple et la persuasion. Par contre, les responsabilités dont ils se chargent ne cessent d'augmenter. Assurer à leurs enfants le gîte et le couvert jusqu'à ce qu'ils soient en mesure de se débrouiller eux-mêmes ne suffit plus. C'est tout l'*épanouissement* de leurs petits à quoi ils se sentent maintenant tenus de veiller. Cela veut dire subvenir à leurs besoins matériels, certes, mais savoir aussi leur parler et les écouter, les aimer sans les gâter, leur servir de conseillers, de guides, d'amis, tout en leur laissant suffisamment d'initiative et de liberté. Tout se passe en somme comme si les parents, dans cette époque de transition, voulaient apporter à leurs enfants à la fois le plus d'encadrement et le moins de contraintes possible, se montrer tout ensemble proches et discrets, présents et effacés.

Dans les programmes scolaires et les méthodes d'enseignement, le changement est plus lent et il faudra attendre une dizaine d'années avant que ce rousseauisme n'y triomphe définitivement, de la manière et avec les résultats que l'on sait. Pour l'instant, c'est-à-dire au moment où la génération lyrique est sur les bancs des écoles, la nouvelle vision de l'enfant n'est encore qu'un idéal, mais son influence ne s'en fait pas moins sentir. Sans se concrétiser dans des pratiques pédagogiques nouvelles, elle agit implicitement sur les pratiques existantes comme un ferment, si bien que le vieux système, tout en conservant l'essentiel de ses formes extérieures et sans se réformer ouvertement ni encore moins se saborder, s'en trouve comme assoupli de l'intérieur. Les responsables scolaires et les maîtres — nombre d'entre eux du moins — s'efforcent tant bien que mal d'adapter leurs méthodes et leurs attitudes, de rendre leur autorité moins hautaine, plus ouverte aux besoins et aux désirs des élèves. Ainsi le vieux joug, sans se relâcher tout à fait, devient-il plus doux que par le passé.

Tel est le cas, entre autres, dans les collèges classiques du Québec. Ces institutions, durant les années cinquante et jusqu'au milieu des années soixante, présentent extérieurement les mêmes traits que ceux qu'on leur connaissait depuis toujours. Dirigées par le clergé, officiellement réservées à une élite de jeunes se destinant à la prêtrise ou aux professions libérales, elles offrent un enseignement traditionaliste de type humaniste, à fort contenu religieux, axé sur le latin, le grec, les belles-lettres et la philosophie, et qui dure huit ans. Ce sont toujours, en somme, des institutions d'ancien régime, dont les règles officielles sont celles d'une éducation autoritaire, profondément conformiste et, comme on dit, déconnectée de la vie contemporaine.

Pourtant, quand on regarde de près ce qu'étaient réellement ces collèges au moment où les adolescents de la génération lyrique les ont fréquentés, on ne peut s'empêcher de constater à quel point les principes et les traditions, même s'ils continuaient d'inspirer le discours officiel, y étaient devenus peu contraignants dans les faits. La forme du vieux collège classique perdure, certes, mais le contenu tend de plus en plus à se transformer et à se moderniser.

Parmi les enseignants, où se rencontrent maintenant bon nombre de laïcs, et chez les clercs qui détiennent toujours les postes de direction, la rigidité d'autrefois tend à se relâcher, le cédant même, chez plusieurs d'entre eux, à une attitude d'ouverture, d'interrogation, de curiosité, à une sensibilité envers les problèmes et les préoccupations des élèves qui n'ont plus grand-chose à voir avec la «possession tranquille de la vérité» dont ils ont pu se targuer jusqu'alors.

Cela se reflète d'abord dans leur enseignement où, sans que les programmes se renouvellent vraiment, les méthodes pédagogiques, elles, se mettent lentement à jour et font même place à une certaine innovation. En latin et en grec, par exemple, l'étude des mœurs et de la civilisation anciennes, sans remplacer le vieil enseignement de la grammaire, vient l'agrémenter et le rendre plus vivant. En lettres, on continue certes d'étudier avant tout Bossuet, Pascal ou Corneille, mais la place faite aux romantiques et aux symbolistes, de même qu'aux auteurs contemporains et à la littérature canadienne-française, ne cesse de s'élargir, et leur présentation de se moderniser. L'*Index* a toujours officiellement force de loi et il faut une permission pour lire Baudelaire ou Camus; mais quel collégien de cette époque, s'il en a eu le désir, n'a pas réussi, avec ou sans permission, à se plonger à sa guise dans *L'Étranger, Les Fleurs du mal, Une saison en enfer, Les Nourritures terrestres, L'Amant de Lady Chatterley* et bien d'autres œuvres «interdites» qu'il pouvait se procurer en livre de poche à la librairie du coin, quand ce n'était pas au collège même, à la coopérative étudiante. En philosophie, il suffit d'avoir un professeur un peu jeune pour que saint Thomas ne soit plus qu'un prétexte pour réfuter — et donc pour aborder — quantité de pensées moins orthodoxes; on confronte à sa psychologie immortelle celle, un peu plus compliquée, du dénommé Freud, à la *Politique* d'Aristote les exagérations de Marx, au réalisme scolastique les insuffisances de l'idéalisme hégélien ou de l'existentialisme sartrien. Même les mathématiques et les sciences ne sont plus les parentes pauvres qu'elles ont été dans le passé. En même temps, dans presque tous les collèges, les équipements s'améliorent et se modernisent: bibliothèques, laboratoires, gymnases, salles de spectacles, etc.

Et il en va de même dans la vie et la condition des étudiants. On trouve maintenant parmi eux de plus en plus d'externes; le régime des pensionnaires s'adoucit d'année en année; les origines sociales se diversifient et, de façon générale, les règlements et la discipline à l'intérieur du collège tendent à s'assouplir, sans disparaître pour autant. Bien sûr, chacun est tenu de rendre visite régulièrement à son directeur spirituel, mais les problèmes de chasteté et de vocation cèdent vite le pas aux conversations sur l'art, le théâtre, le cinéma ou le sport. Bien sûr, on doit se conduire correctement en classe et porter le costume de rigueur, mais le contrôle ne va guère au-delà, et la marge de liberté laissée à chacun ne cesse de grandir. Là aussi, la notion d'épanouissement personnel s'insinue et fait son œuvre. Les activités «parascolaires» se multiplient, s'intensifient et, comme on dit, s'autonomisent. C'est la grande époque des journaux étudiants, des recueils de poèmes collectifs, des troupes amateurs jouant Pirandello, Beckett, Max Fritsch, des boîtes à chansons, des ciné-clubs, bientôt du «syndicalisme» et de la «cogestion».

En somme, si la représentation convenue du collège classique comme un milieu clos, quasi carcéral, brimant les personnalités et les désirs, a pu être vraie dans le passé, elle ne correspond guère à l'expérience qu'en ont la plupart de ceux qui le fréquentent durant ces années. C'est au contraire un milieu bouillonnant, actif, travaillé par le changement et où règne une sorte de fébrilité ressentie aussi bien par les élèves que par leurs maîtres. Sur le plan intellectuel, c'est de là, ne l'oublions pas, que sont sortis les fondateurs d'une revue comme *Parti pris*, et c'est là aussi que celle-ci trouvait ses lecteurs les plus fervents.

Certes, le cours classique ne profite toujours qu'à une minorité. Mais cette minorité, ou cette élite, comme on disait alors, ne cesse de s'étendre. Sans qu'on puisse parler de véritable démocratisation, il n'en reste pas moins que les enfants d'ouvriers et de petits employés, dans le Québec des années cinquante et du début des années soixante, ont beaucoup plus facilement accès aux études classiques que cela n'a été le cas jusqu'alors. Y contribuent non seulement l'augmentation générale du niveau de vie et la stagnation relative des frais de scolarité, mais aussi et surtout le fait que de plus en plus de parents ambitionnent pour leurs enfants une instruction supérieure à la leur. Face à cette demande croissante, les établissements existants s'agrandissent, il s'en fonde de nouveaux chaque année, dont plusieurs collèges pour filles, tandis que des commissions scolaires, comme celle de Montréal, ouvrent des sections classiques dans leurs écoles secondaires publiques.

En un mot, les choses bougeaient, peut-être pas aussi rapidement qu'on l'aurait souhaité, mais l'évolution n'en était pas moins réelle, beaucoup plus réelle en tout cas qu'on ne l'a dit par la suite. Sans se transformer radicalement ni abandonner ses structures essentielles, le cours classique de cette époque perdait peu à peu ses défauts les plus évidents: lourdeur, passéisme, intolérance, élitisme. En ce sens, on peut dire qu'il était bel et bien en phase de déclin. Pourtant, ce déclin ne le privait pas encore de ses qualités les plus précieuses: taille relativement modeste des établissements, encadrement des étudiants, importance accordée à la formation générale, sens de la culture. Et par ce mélange de tradition et de libéralisme, d'ordre et d'aventure, comme dirait Apollinaire, ou mieux: par cette rencontre d'une tradition en voie d'allégement, sinon de disparition, mais toujours vivante, et d'une libéralisation en train d'émerger, bref, par cet équilibre aussi rare que passager qui caractérise les périodes de transition, il me semble que le cours classique a atteint en ce temps-là sa plus grande perfection, dans laquelle se joignaient aux avantages de la décadence ceux des commencements.

Mais cette période n'a duré qu'une dizaine ou une quinzaine d'années tout au plus. Il suffira, quelque temps plus tard, que l'arrivée des autres cohortes du baby-boom fasse grossir la demande au-delà d'un certain seuil pour qu'on n'ait d'autre idée que de déclarer le cours classique irréformable et de le saborder purement et simplement pour repartir à zéro. Tant d'inconscience étonne aujourd'hui. Comment se fait-il qu'on ait jugé cette institution uniquement selon ses principes, qui étaient effectivement ceux d'un autre âge, sans voir ce qu'elle était réellement devenue dans la pratique ni à quel point elle était en train de se transformer? L'une des explications de cet aveuglement réside probablement dans le nouvel esprit de la génération lyrique qui, en se répandant sur les années soixante, ne cherchera, dans tous les domaines, qu'à sustenter à tout prix son besoin de rupture et de recommencement.

C'est ainsi que les cadets du baby-boom s'engouffreront dans les polyvalentes et les cégeps, et que le privilège des aînés, une fois encore, s'en trouvera accru. Non seulement ces aînés auront profité de la permanence d'un système aux vertus éprouvées, mais ils auront en outre bénéficié des avantages que procurent les réformes, sans pour autant subir les inconvénients ni avoir à souffrir des désordres dont celles-ci s'accompagnent. Une fois encore, ils auront été les enfants chéris de la transition.

Appartenir à la génération lyrique, c'est donc être à la fois le dernier et le premier: le dernier de l'ancien monde, dont on a connu la stabilité sans en subir l'oppression, et le premier du monde à venir, dans lequel on saute avec d'autant plus d'enthousiasme qu'on a sous les pieds ce filet solide hérité du passé.

Deuxième partie

LA JEUNESSE

LE GRAND DÉFERLEMENT

Jusqu'aux années soixante, l'impact de la génération lyrique sur l'esprit et le fonctionnement de la société ne se fait pas encore sentir de façon très marquée. Pour les enfants de l'immédiat après-guerre, l'heure de la vie publique n'a pas encore sonné. Entourés de l'affection de leurs parents et de la bienveillance de leurs maîtres, respectueux des bienséances et de la tradition, ils grandissent tranquillement au milieu d'un monde qui leur procure sécurité et épanouissement. À observer leurs jeux, à entendre leurs cris, à les voir prier à l'église, nul ne devinerait quel destin unique leur réserve le temps qui vient. Eux-mêmes ne le devinent pas, d'ailleurs, car ils n'ont pas encore pris conscience d'eux-mêmes ni surtout de leur force.

Cette force, on l'a vu, s'exerçait pourtant. Mais de manière sourde, indirecte. Elle n'avait pas encore cette évidence ni ce caractère péremptoire qu'elle acquerra bientôt, à mesure que la génération lyrique, quittant le cocon de l'enfance et de la prime adolescence, accédera peu à peu à ce nouvel âge où elle pourra enfin s'extérioriser et commencer de faire entendre hautement sa voix: la *jeunesse*.

C'est un lieu commun de l'histoire contemporaine et de la sociologie que de caractériser les années soixante par l'éclatement du «phénomène jeunesse», c'est-à-dire la montée, dans l'ensemble de l'Occident, de cette nouvelle génération dont la présence tapageuse ébranle les structures les mieux établies et dont l'esprit, les mœurs et les attentes provoquent la révision ou le déclin des codes et des traditions les mieux ancrés. Époque charnière, époque à la fois étrange et miraculeuse, cette décennie a pris avec le temps l'aspect d'une véritable épopée. Elle possède, comme toute épopée, ses grands thèmes unificateurs (la contestation, le rock), ses événements mémorables (Woodstock, Mai 1968), ses héros légendaires (étudiants, hippies), sans parler de tous ceux, écrivains, intellectuels, spécialistes des sciences sociales, qui en ont été alors et en sont restés depuis les aèdes aussi dévoués qu'enthousiastes. Et de fait, en tant que moment de l'explosion initiale, du libre déferlement, de la prise de conscience et de la pure affirmation, cette époque a bel et bien quelque chose de magique.

Mais son prestige, elle le doit surtout à ceux et celles — et ils sont nombreux — qui ont eu vingt ans au cours de ces années et qui continuent encore aujourd'hui, malgré leurs cheveux grisonnants, de s'y référer comme à une sorte d'âge d'or. Avec leur presbytie de quadragénaires, ils voient dans ces années envolées le symbole de ce qu'il y a (eu) de meilleur en eux et le modèle le plus parfait de ce que devrait être la vie. Car jamais la génération lyrique n'aura été si authentiquement elle-même que durant cette brève période, jamais elle n'aura eu autant d'assurance, autant de confiance en l'étendue et en la légitimité de ses pouvoirs, jamais elle ne se sera sentie aussi droite et aussi innocente.

Jamais, en somme, elle n'aura eu à ce point la conviction d'être fidèle à son vrai destin ni aussi proche de l'idéal qu'elle porte en elle depuis sa naissance. Aussi était-il normal que le souvenir de ces années prenne avec le temps, aux yeux de ceux et celles qui les ont vécues, le caractère d'un mythe fondateur.

Si évocatrice qu'elle soit, l'expression «les années soixante» n'est cependant pas tout à fait exacte. Dans les faits, l'époque qui correspond à la jeunesse de la génération lyrique, si elle commence durant la première moitié des années soixante, se poursuit jusqu'au milieu de la décennie suivante environ. C'est le moment où les premiers-nés du baby-boom, atteignant la vingtaine, entrent dans cette phase de leur vie qui n'est plus l'adolescence et qui n'est pas encore tout à fait l'âge adulte. Phase doublement merveilleuse, car si elle marque l'*entrée en scène* de cette génération, la première grande manifestation de sa force et de son génie, cette intrusion n'est encore entachée d'aucune responsabilité. La jeunesse, en d'autres mots, signifie que le moment est enfin venu de s'exprimer et d'exercer ses facultés dans le monde, mais sans avoir pour autant à «gérer» le monde ni à se charger de son poids.

La véritable nouveauté de cette époque, c'est donc la *visibilité* soudaine de la génération lyrique et la place qu'elle se met à occuper non plus seulement dans la vie matérielle et économique, mais aussi et surtout dans la vie politique, culturelle, idéologique et morale, c'est-à-dire dans la conscience même de la communauté.

On mesure souvent mal aujourd'hui quelle rupture a pu représenter ce rajeunissement subit affectant non pas tant la population (dont l'âge moyen diminuait depuis les débuts du baby-boom, quinze ou vingt ans plus tôt), que la *société*, c'est-à-dire cette partie de la population qui à la fois assume et définit les règles et les buts de la vie commune. Par l'extrême rapidité avec laquelle elle s'est accomplie et surtout par les proportions qu'elle a prises, cette «percée» de la jeunesse représentait un état de choses entièrement inédit, contraire à tout ce qu'avaient pu être dans le passé les relations habituelles entre les différents groupes d'âge composant la société.

Un tel bouleversement est dû à plusieurs facteurs, dont certains tiennent à la jeunesse elle-même, d'autres aux générations plus âgées au milieu desquelles ou contre lesquelles cette jeunesse a déferlé. Parmi les premiers, le plus élémentaire et à coup sûr le plus déterminant, c'est, tout bêtement, le nombre. L'effet lié au poids numérique de la génération lyrique, effet que j'ai évoqué précédemment parce qu'il représente une constante fondamentale dans le destin de cette génération, se vérifie ici de manière éclatante. Que les jeunes d'alors puissent imposer à ce point leur présence, leurs vues et leurs besoins, et qu'ils le fassent avec une efficacité grandissante à mesure qu'on avance dans les années soixante s'explique en premier lieu par la proportion de plus en plus écrasante qu'ils forment au sein de la population. Prenons le cas du Québec (celui des États-Unis serait encore plus frappant). En soi, la génération lyrique proprement dite — les jeunes qui atteignent à ce moment-là l'âge de vingt ans — y est déjà passablement nombreuse, nettement plus nombreuse en tout cas que le groupe d'âge qui la précède immédiatement (les enfants de la crise). Mais si on tient compte du «droit d'aînesse» dont j'ai parlé, c'est-à-dire si on ajoute au poids de cette génération celui des autres cohortes du baby-boom qui viennent à sa suite, alors le nombre de Québécois et de Québécoises qui accèdent aux dernières années de l'adolescence et au début de l'âge adulte entre 1965 et le milieu de la décennie suivante devient proprement gigantesque. Proportionnellement, et plus encore si l'on exclut les enfants (car leur

poids ne compte guère quand il s'agit d'évaluer l'importance relative des générations «actives»), cette jeunesse
déferlante constitue alors le groupe d'âge de loin le plus
lourd, et donc le plus visible dans l'ensemble de la société.

À ce facteur d'ordre numérique, il faut encore en
ajouter un autre, dont l'effet augmente directement celui
du premier. Il s'agit de ce que des commentateurs ont
appelé l'allongement de la jeunesse. Être jeune, autrefois,
était une condition plutôt ingrate et qui, pour cette raison
même ou plus probablement pour des raisons économiques, durait peu. Dans le Québec de nos parents, par
exemple, à de rares exceptions près, on peut dire que la
jeunesse prenait fin dès l'âge de quinze ou seize ans, si ce
n'est plus tôt encore dans les campagnes. Or une des
grandes nouveautés de l'époque moderne — nouveauté
dont la génération lyrique, là encore, est la première à faire
l'expérience — est l'extension de cette période bien au-delà
de ses limites traditionnelles, jusqu'aux alentours de la
vingtaine au moins, si ce n'est plus tard encore.

Bien sûr, un tel changement s'explique d'abord par la
valorisation de l'éducation, due pour une part aux transformations de l'économie, qui exige des travailleurs de plus en
plus qualifiés, mais aussi, pour une autre part non moins
importante, aux attentes et aux ambitions que les parents
nourrissent à l'égard de leurs enfants. Souhaitant que ceux-
ci, pour leur épanouissement personnel comme pour la
réussite de leurs carrières, poursuivent des études aussi
longues que possible, les parents acceptent de subvenir aux
besoins de leurs fils et de leurs filles beaucoup plus
longtemps qu'ils n'ont été soutenus par leurs propres
parents, et donc de repousser d'autant le moment où ces
jeunes s'émanciperont et entreront de plain-pied dans l'âge
adulte. De plus, la progression même du baby-boom fera
de ce phénomène une sorte de fatalité: le nombre de jeunes

devenant bientôt trop élevé pour les capacités du marché de l'emploi, ces jeunes se trouveront pour ainsi dire parqués dans la dépendance et empêchés de quitter leur jeune âge, qui tendra dès lors à se prolonger encore plus longtemps.

Quelles qu'en soient les causes, l'allongement de la jeunesse va démultiplier ce que la loi du nombre, déjà, suffisait à provoquer. Non seulement les jeunes affluent en une masse innombrable, mais c'est en outre une masse de plus en plus lente, et qui n'en finit plus, du fait de cette lenteur, de s'accumuler, de grossir, de s'étendre et, ce faisant, de peser toujours davantage. En outre, une nouvelle définition de la jeunesse, une nouvelle façon de vivre et d'éprouver la condition de jeune va ainsi prendre forme et se généraliser peu à peu. Au lieu de voir leur jeunesse comme une étape ou un âge de transition que l'on franchit rapidement, les garçons et les filles à présent «s'installent» dans la jeunesse; ils y demeurent durant dix, douze, quinze ans, rejoints pendant tout ce temps par un flot ininterrompu de nouveaux venus qui s'y installent à leur tour, sans pour autant les en chasser.

Ainsi, tout concourt à donner à l'irruption de la génération lyrique dans les années soixante les caractères d'une véritable *invasion*. Certes, toute société vit de renouvellement. Sans cesse elle reçoit l'apport de nouveaux arrivants, immigrants ou jeunes, qui s'intègrent à elle, lui injectent un sang nouveau et prennent sur eux la suite du monde, comme dirait Hannah Arendt, c'est-à-dire à la fois la sauvegarde, l'augmentation et la transformation de ce que l'action des générations précédentes a édifié. Mais quand ces nouveaux arrivants sont si nombreux et leur entrée à la fois si subite et si prolongée que leur intégration en est compromise, quand au lieu de se fondre dans la société et d'être peu à peu absorbés par elle ils en viennent à former comme une autre population à l'intérieur de l'ancienne, alors le monde est ébranlé dans ses bases mêmes et tout son vieil équilibre interne en est détruit. Dès lors, ce monde ne peut tout simplement plus se renouveler, c'est-à-dire se transformer tout en demeurant semblable ou fidèle à lui-même. Il ne lui reste plus qu'à s'effacer, se dissoudre, et céder la place au monde différent, forcément étranger sinon hostile au premier, que les nouveaux venus apportent avec eux.

Je ne crois pas exagérer en disant que c'est bien à ce type de transformation — ou de cataclysme, comme on voudra — qu'appartient le «phénomène jeunesse». Leur nombre est si imposant, et leur jeunesse si longue à passer, que les jeunes sont plus que jamais en mesure de constituer un univers à eux, compact, résistant, autonome. Mais surtout, et pour la première fois peut-être dans l'histoire, cet univers des jeunes cesse d'être une planète à part, plus ou moins secondaire ou excentrique. Sa position, au contraire, devient centrale. Cessant de tourner autour du centre, cette planète devient elle-même l'axe et le moteur du système, et c'est autour d'elle désormais que celui-ci va graviter, c'est-à-dire, comme il se doit, autour de son point de plus forte densité.

Tout le système, toute la société s'organise dès lors en fonction de la jeunesse, en qui tend à se concentrer la puissance de dicter et d'incarner les normes, de fixer les buts et les valeurs, de justifier et d'inspirer l'action. Il y a eu invasion, c'est-à-dire prise de possession du territoire, éviction des anciens occupants par un groupe nouveau, supérieur en nombre et en vigueur, et qui maintenant peut imposer sa loi.

Mais si décisif que soit dans cette conquête l'avantage dont jouissent les «envahisseurs», il faut, pour bien comprendre le «phénomène jeunesse», tenir compte aussi des «envahis», c'est-à-dire des générations plus âgées, celles qui se trouvaient déjà là quand le grand déferlement s'est produit. Car c'est elles surtout qui risquaient d'en être perturbées et dont le sort était le plus directement en jeu.

Or c'est une autre particularité des années soixante et du début des années soixante-dix — rarement signalée et pourtant si étonnante — que le peu de résistance opposé par ces générations plus âgées au(x) bouleversement(s) qu'entraînait alors la montée de la jeunesse, et l'on reste émerveillé, quand on y repense aujourd'hui, de l'aisance avec laquelle celle-ci a pu s'imposer. Loin de faire face à des bataillons d'aînés farouches, loin de trouver devant elle un monde raidi dans sa volonté de permanence, la génération lyrique entre dans la société comme dans un moulin, pourrait-on dire, sans se buter à aucun obstacle sérieux, reçue plutôt à bras ouverts par ceux-là mêmes qu'elle s'apprête à déloger.

Il y a eu des accrochages, bien sûr, et même quelques combats en règle, sur lesquels j'aurai l'occasion de revenir plus loin. Des adultes, parents, éducateurs, autorités en place, s'objectent de temps à autre — parfois avec véhémence — à l'esprit, aux mœurs ou aux aspirations des jeunes «barbares». Mais, outre qu'elles durent peu et restent minoritaires, ces réactions de refus ne dépassent guère, la plupart du temps, l'ordre du symbolique. Voir dans tout cela les épisodes d'une guerre livrée contre la jeunesse par des générations plus âgées décidées à défendre coûte que coûte leur territoire serait se méprendre, me semble-t-il, sur la vraie signification de ces années. Les jeunes, sans doute, ont souvent cherché et cultivé l'affrontement avec leurs aînés, ils ont voulu que le conflit éclate. Mais la guerre, en réalité, n'a pas eu lieu. L'«ennemi», dès le départ, avait déposé les armes et admis sa «défaite».

C'est pourquoi les ralliements monstres et les grands mouvements de révolte auxquels la génération lyrique aime tant à identifier sa propre jeunesse, même s'ils prenaient l'aspect de vastes soulèvements contre le «système», n'étaient en fait, ne pouvaient être dirigés contre rien ni personne en particulier. C'étaient plutôt des sortes de fêtes, des *manifestations*, justement, où les jeunes étalaient au grand jour le simple fait de leur existence et de leur masse, l'ivresse que cette existence et cette masse leur procuraient. La rébellion et la colère avaient là quelque chose de «pur», comme on le dit parfois de la poésie; c'étaient une rébellion et une rage auto-référentielles, performatives, magiques, remplissant la fonction cathartique et prenant la forme ritualisée qui sont habituellement celles de la danse ou du chant.

Quant aux aînés, leur passivité au moins apparente n'a rien de surprenant, puisque la conjoncture ne leur laissait guère d'autre choix. Même s'ils l'avaient souhaité, à quoi cela leur aurait-il servi de s'accrocher? Quand la vague submerge, il est vain de vouloir nager à contre-courant.

En fait, deux stratégies seulement s'offraient à eux. Ou bien c'était la reddition pure et simple, et le contrôle de la jeunesse s'imposait de façon telle qu'ils renonçaient à leurs positions et se soumettaient en laissant tout le champ libre aux nouveaux maîtres. Ou bien ils faisaient alliance et rejoignaient le camp des jeunes pour y défendre leurs propres intérêts. De ces deux solutions, aucune n'a prévalu, à vrai dire, mais plutôt le mélange de l'une avec l'autre, de la soumission avec la collaboration, l'une autant que l'autre excluant le conflit.

Mais le fait d'éviter l'affrontement avec les jeunes n'a pas été, de la part des adultes de ce temps, le simple résultat d'un calcul tactique. Leur attitude s'explique aussi — ainsi que j'ai tenté de l'exposer dans les chapitres précédents — par le climat dans lequel la génération lyrique a été mise au monde et élevée. C'est depuis leur naissance, sinon depuis leur conception même, que ces jeunes incarnaient aux yeux de leurs parents le recommencement, l'espérance, l'annonce d'une ère entièrement nouvelle, débarrassée des horreurs du passé et infiniment meilleure que tout ce qu'eux-mêmes avaient connu. Comment ces mêmes parents n'auraient-ils pas éprouvé que leur rôle était maintenant de s'effacer, de se taire, ou alors de faire tout ce qu'ils pouvaient pour faciliter la tâche à leurs fils et à leurs filles, pour leur paver la voie, en somme, en évitant de s'interposer? Se dresser contre leurs enfants, tenter de les garder de force dans leur propre monde et sous leur propre loi, ç'aurait été trahir la foi qu'ils avaient mise en ces princes du matin. Ils n'avaient d'autre choix, en définitive, que la sympathie et l'admiration.

Ce serait donc mal interpréter la «permissivité» qui s'installe à ce moment-là dans les relations entre parents et jeunes que d'y voir seulement, de la part des premiers, une forme d'indifférence ou de résignation devant l'inéluctable montée de la jeunesse. C'est bel et bien de vénération, d'une sorte d'approbation fascinée qu'il s'agit: sachant leurs fils et leurs filles à la fois mieux préparés et plus forts qu'eux, les parents ne peuvent que bénir et collaborer. N'ayant ni la volonté ni les moyens de s'opposer aux nouveaux venus, non seulement ils leur laissent la voie libre, mais plusieurs d'entre eux leur emboîtent le pas, s'efforçant de ressembler aux jeunes, de voir le monde comme eux le voient, d'endosser leurs valeurs, leurs manières d'être, leurs désirs mêmes. De ce sentiment d'émerveillement, de cette adoration de la jeunesse considérée comme porteuse de délivrance et de renouveau, on trouvera l'expression la plus juste et la plus émouvante dans un livre de 1972, *Indépendances* de Pierre Vadeboncœur.

On saisit mieux, dans ces conditions, en quoi a pu consister la fameuse «crise de l'autorité» qui s'amorce alors dans la vie familiale et sociale. Définie souvent comme la délégitimation de tout ce qui prétendait imposer le respect ou l'obéissance par soi-même, sans recours à la violence ouverte ou latente mais par la seule force de l'adhésion intérieure et de la conviction, cette crise, quand on l'examine d'un peu près, c'est-à-dire telle qu'elle se traduit dans les nouveaux rapports entre parents et enfants et même, de manière plus générale, entre vieux et jeunes, correspond moins en réalité à une disparition qu'à un déplacement, ou mieux: à un renversement de l'autorité qui, tout en changeant de lieu ou de dépositaire, n'en continue pas moins de s'exercer de manière tout aussi effective et contraignante qu'auparavant.

On voit où je veux en venir. Associée depuis toujours à l'âge et à l'expérience, donc aux parents et aux anciens, l'autorité tend de plus en plus, à partir des années soixante, à se transporter vers le pôle contraire. C'est aux jeunes désormais, aux êtres vierges et nouveaux, c'est à la «jeunesse», à la fois comme groupe et comme qualité, qu'appartiennent le prestige et le droit de commander le respect. Et ce droit, comme celui qui définit toute autorité, n'est ni discutable ni discuté; il s'impose comme une évidence, comme un axiome préalable de la pensée et de l'action. En soi, sans qu'aucune démonstration soit nécessaire, la jeunesse constitue une «valeur», sur laquelle peuvent s'appuyer des décisions et des jugements dont la légitimité ou la validité ne sauraient être mises en doute. Ainsi, *il va de soi* que la jeunesse doit l'emporter sur la vieillesse, que les jeunes sont les premiers dépositaires de la vérité, et qu'une société jeune, tournée vers l'avenir, vaut mieux qu'une société qui vieillit. Comme les anciens, autrefois, malgré leur faiblesse et leur dépendance, dominaient la communauté par la seule vertu du respect qui leur était accordé, ainsi aux jeunes des années soixante nul ne demande de se justifier. Ils n'ont qu'à paraître et à parler, le sort du monde est entre leurs mains.

Ainsi, le monde, littéralement, change de régime. Il entre dans un nouvel âge, sous une nouvelle «domination», qui va se répercuter dans l'ensemble de la vie sociale, sinon de la vie tout court. Car la jeunesse, projetant partout ses idées, ses sentiments et ses besoins, les imposera à la communauté tout entière, elle-même rajeunie dès lors, elle-même devenue comme une immense, une unanime jeunesse.

LA RÉVOLUTION TRANQUILLE
OU LA REVANCHE
DES RÉFORMATEURS FRUSTRÉS

Parmi les générations plus âgées qui ont accueilli avec enthousiasme le déferlement de la jeunesse, un groupe en particulier a joué un rôle crucial. C'est le groupe formé par ceux que j'appellerai, sans y mettre aucune connotation péjorative, les réformateurs frustrés. Plusieurs d'entre eux, bien sûr, sont des parents, mais c'est un aspect différent de leur «psychologie» qui me retiendra ici. D'autres, par contre, appartiennent à la génération de la crise, qui précède immédiatement la génération lyrique. Ce sont eux, à maints égards, qui sont les plus intéressants.

Afin de bien visualiser le petit scénario que je vais évoquer, et dont les personnages sont des groupes plutôt que des individus, le plus simple est de situer l'action dans un décor précis: le Québec.

L'époque est connue. C'est celle de la «Révolution tranquille», période turbulente s'il en est, marquée d'une part par la critique et le rejet de tout un passé jugé obscur et aliénant, de l'autre par une fièvre de modernisation et d'innovation sans précédent. Sur les plans politique, idéologique et culturel, ces années représentent une rupture majeure. Dans la conscience sociale, sinon dans la réalité, c'est comme si l'histoire du Québec, tout à coup, se cassait en deux et que, sur un monde ancien, épuisé d'avoir si longtemps survécu, s'en élevait subitement un autre, éclatant de fraîcheur et d'énergie, neuf, moderne, miraculeux. Partout, dans les officines du pouvoir comme dans les métaphores des poètes et des chansonniers, passe le même grand vent, celui de la «genèse», du commencement, de la «fondation du territoire»: c'est le matin d'un monde.

Naturellement, l'arrivée de la génération lyrique et le déferlement du baby-boom, c'est-à-dire la nouvelle domination de la jeunesse, sont ici un facteur clé, sans lequel ni cette atmosphère ni ces réalisations n'auraient pu voir le jour. Cela dit, quand on songe à ce qui s'est effectivement passé, force est d'admettre que ce ne sont pas les jeunes qui ont «fait» la Révolution tranquille. En réalité, les «agents» de cette rupture, ceux qui l'ont conçue, planifiée et réalisée, ce sont les aînés, justement, ceux qui, au début de la Révolution tranquille, tandis que la génération lyrique entrait dans l'âge de la jeunesse, commençaient déjà, eux, à s'en éloigner ou l'avaient quitté depuis belle lurette.

C'est à ces aînés que s'applique l'appellation de «réformateurs frustrés» venue tout à l'heure sous ma plume. Réformateurs, ou réformistes, en effet, ces groupes nés durant les années vingt et trente l'avaient été au moins depuis la guerre et de plus en plus au cours des années cinquante. Beaucoup s'étaient reconnus dans les objurgations du *Refus global* (1948), dans les analyses de *Cité libre*, dans l'action des syndicats ouvriers ou dans la pensée de divers organismes d'animation sociale et intellectuelle. Leurs idées, leurs poèmes, leurs protestations, leurs appels au changement avaient créé, dans le Québec duplessiste, sinon un mouvement organisé, du moins une «mouvance», un milieu où se formulaient déjà, sous forme de théories et d'espoirs, l'esprit et les grands thèmes de la «révolution» à venir.

Mais pour l'heure, rien ne semblait bouger autour d'eux. Ils avaient beau édifier dans leurs discours le meilleur des mondes possible, celui où ils vivaient demeurait désespérément le même, immobile et ancien. Ils étaient un peu comme le héros du *Désert des Tartares* de Buzzati, surveillant l'horizon, préparant minutieusement la bataille, mais ne voyant rien venir. D'où le sentiment de frustration que je leur prête. Tout en souhaitant la rupture et en étant prêts à l'accomplir, les membres de ces «nouvelles élites», de cette «garde montante», ainsi que les désigneront bientôt les historiens, demeuraient comme frappés d'impuissance devant une société que tenait toujours bien en main un establishment politique et clérical figé dans le conservatisme et la peur du changement. À leurs yeux, tout paraissait donc bloqué, et ils n'étaient pas rares ceux d'entre eux qui choisissaient d'aller vivre ailleurs, sous des climats intellectuellement plus cléments.

Mais voilà que l'arrivée de la génération lyrique à l'âge de l'adolescence et de la jeunesse, par l'ébranlement général qu'elle provoque, offre à ces impatients une chance historique inespérée, l'occasion de prendre enfin leur revanche et de passer à l'action. Devant l'envahissement des jeunes, devant leur liberté tapageuse et l'ampleur de leurs exigences, les élites traditionnelles sont débordées et les structures sur lesquelles s'appuyait leur pouvoir craquent de toutes parts, dévoilant ainsi leurs insuffisances et leur fragilité. Par leur seule présence, par la seule pression de leur nombre et de l'esprit nouveau qui les porte, les jeunes perturbent mortellement le vieil équilibre social et rendent impossible le maintien du régime. Le changement devient inévitable.

Or c'est la grande habileté des aînés réformateurs, et le meilleur indice de la fébrilité qui les habitait, que d'avoir su profiter de cette conjoncture pour passer rapidement à l'offensive. Misant sur le bouillonnement démographique et ses effets déstabilisateurs, ils réussissent à se présenter comme le groupe le mieux à même de répondre efficacement aux circonstances nouvelles et à imposer leur programme de changement comme la solution obligée, «logique», des problèmes du temps. Et ce programme, ce sera justement la Révolution tranquille.

Celle-ci, j'insiste sur ce point, n'est donc pas l'œuvre de la génération lyrique elle-même ni une manifestation simple et directe du «phénomène jeunesse». N'oublions pas que lors des élections de 1960 et de 1962, événements déclencheurs de la Révolution tranquille, les jeunes n'avaient pas encore le droit de vote. Il y a donc eu médiation, c'est-à-dire utilisation ou récupération des énergies et des besoins considérables dont ce phénomène était porteur, par des aînés déjà prêts à assumer et à diriger le changement et qui se sont ainsi faits, en quelque sorte, les formulateurs du nouvel esprit et les artisans de la «révolution» devenue enfin possible. Par eux-mêmes, ces réformateurs n'auraient rien pu faire, ou à peu près rien, tout comme ils n'avaient rien pu faire jusqu'alors. Les jeunes, en se précipitant dans le monde, leur apportaient la force qui leur manquait.

Ainsi que je le disais plus haut, les plus intéressants parmi ces «réformateurs frustrés» sont ceux qui appartiennent à la génération née durant les années trente, c'est-à-dire entre les enfants de la génération lyrique et leurs parents. Ces fils et ces filles de la crise, en effet, avaient été plus sensibles que quiconque, lors de leur entrée dans la vingtaine, au vent de renouveau moral et idéologique de l'après-guerre, si bien que le climat réfractaire du Québec duplessiste leur pesait peut-être plus qu'aux autres et leur semblait d'autant plus intolérable. De tous, ils étaient donc les plus impatients. Mais ironiquement, ils étaient aussi, de tous, les plus faibles, en un sens, parce que les moins nombreux, leur génération étant celle des années creuses de la dépression, qui avait vu chuter brusquement la natalité. Aussi seront-ils, après 1960, les plus ouverts à la montée des jeunes, qu'ils accueilleront comme de véritables sauveurs, voyant en eux les renforts qui vont leur permettre de se faire entendre et d'occuper la place qu'on leur a trop longtemps refusée. Roland Giguère, le poète de *Pouvoir du noir*, écrit en 1966:

> *Dans la ténèbre de la vie*
> *c'est la clarté qui envahit*
> *l'opaque est l'assiégé*
> *et nous saluons l'envahisseur*
> *car l'envahisseur luit*
> *dans notre nuit confuse*
> *comme un souffle d'espoir*
> *enfermé dans sa géode*

Il se crée ainsi, entre ces aînés qui atteignent alors la trentaine et la génération lyrique elle-même, une complicité immédiate. Les premiers seront pour la seconde comme des grands frères et des grandes sœurs, la prenant sous leur aile, l'aidant à prendre conscience d'elle-même et à exprimer ses revendications, encourageant ses entreprises, approuvant ses fureurs aussi bien que ses enthousiasmes. Pendant une bonne dizaine d'années, la communauté de vues — et d'intérêts — sera complète. Pour les jeunes de la génération lyrique, ces aînés, déjà admis dans le monde adulte et détenant une bonne mesure de pouvoir dans la société, seront leurs protecteurs, leurs interlocuteurs privilégiés, en même temps que les garants et les porte-parole de leur «autorité». En retour, la génération lyrique fournira à celle qui la précède immédiatement un poids qui la légitimera pleinement et fondera sa puissance auprès des autres groupes dirigeant alors la société québécoise.

On trouverait de beaux exemples de cette alliance dans la vie politique et idéologique de l'époque. Qu'on songe seulement à l'essor du Rassemblement pour l'indépendance nationale, dont les tribuns trentenaires haranguent des foules largement composées d'étudiants; à la percée des sciences sociales dites «critiques», pratiquées et enseignées par d'anciens élèves du Père Lévesque qui avaient dû «s'exiler» durant les années cinquante et que recrutent maintenant des universités obligées de croître pour faire face à l'explosion de leur clientèle; ou même, de façon générale, à la modernisation et à la croissance phénoménale de l'État et de la fonction publique, dues pour une large part à l'afflux de la jeunesse et dont la génération de la crise prend en bonne partie le contrôle.

Mais l'exemple que je préfère par-dessus tout est celui de la littérature (quoique la même chose, ou à peu près, pourrait sans doute se dire aussi des arts visuels ou de la chanson). Les années soixante, on le sait, sont pour la littérature québécoise une période exceptionnelle, quasi miraculeuse, tant la ferveur et l'intensité qui les caractérisent contrastent avec la morosité des périodes antérieures. Les maisons d'édition, les revues, les œuvres se multiplient et étendent leur rayonnement. Les formes et les contenus se modernisent, les vieux interdits volent en éclats, l'ancien provincialisme un peu frileux le cède partout à l'audace, à l'innovation, à la rupture. Comme l'ensemble de la société, la littérature québécoise connaît donc elle aussi une sorte de rajeunissement subit, qui prend la forme d'un vaste courant de redéfinition et de recommencement. Elle aussi, en somme, est au matin du monde.

Ce qui frappe cependant, quand on analyse d'un peu plus près le déroulement de cette «renaissance», c'est qu'elle n'est pas due, comme on le pense (et l'affirme) parfois, à la génération d'après-guerre, mais bien plutôt à cette autre génération dont je viens de parler, celle des aînés venus au monde aux environs de la crise et qui, au début des années soixante, atteignent ou dépassent déjà la trentaine. À quelques exceptions près, les grandes œuvres qui donnent le ton de la «nouvelle» littérature québécoise et l'incarnent par excellence, les œuvres-phares, je dirais, qui éclairent et résument le mieux cette époque, sont le fait d'auteurs qui ont commencé à écrire dès les années cinquante et même avant, mais qui l'ont fait jusqu'alors dans une solitude ou une obscurité quasi complètes.

Cela est singulièrement vrai pour l'essai, quand on pense non seulement aux *Insolences du frère Untel*, mais à des ouvrages plus significatifs encore comme *La Ligne du risque, Une littérature qui se fait* ou *L'Homme d'ici*, tous publiés au début des années soixante, mais tous écrits et pensés, pour l'essentiel, durant la décennie précédente. En poésie, le phénomène est encore plus marqué : l'«âge de la parole», ainsi qu'on désigne souvent les années soixante, c'est en réalité la période 1945-1960 qui l'a conçu et mis par écrit. Enfin, du côté du roman et du théâtre, la plupart des auteurs considérés comme les plus influents et les plus novateurs se recrutent, là encore, parmi les aînés. Si bien qu'il serait plus juste, quand on parle de la littérature québécoise de cette époque, de la voir plutôt comme une «découverte» que comme une «invention», c'est-à-dire comme la révélation au grand jour d'un corpus déjà constitué antérieurement mais confiné jusqu'alors dans une sorte de clandestinité.

Bien sûr, le rôle de la génération lyrique n'est pas à négliger pour autant. Mais c'est avant tout un rôle passif. Certes, cette génération fournit quelques écrivains et des œuvres importantes au renouveau littéraire: Marie-Claire Blais, Réjean Ducharme, André Major, la plupart des membres de l'équipe de *Parti pris* sont bel et bien nés pendant la guerre. Mais outre que ces auteurs appartiennent à la toute première cohorte de ce que j'appelle la génération lyrique et ne la représentent donc pas encore dans toute sa spécificité et sa splendeur, leur contribution, si éclatante soit-elle, ne change rien au fait que, pour l'essentiel, la fonction littéraire de la jeunesse des années soixante n'a pas été de créer mais de lire et d'accompagner; d'être, en somme, un bon public.

Loin de demeurer secondaire, cette fonction a pourtant été cruciale. Pour deux raisons au moins. D'abord, sans cette foule d'adolescents et de jeunes adultes qui se mettent à lire et à étudier la littérature québécoise contemporaine, qui achètent des livres, qui admirent les écrivains, qui se reconnaissent dans leurs œuvres et dans leurs idées, il est certain que cette littérature n'aurait pas connu alors l'«ébullition» qu'elle a connue.

Mais le rôle du public, on l'oublie trop souvent, ne se limite pas à la lecture et à la consécration des œuvres. Plus que simple destinataire, plus que simple clientèle, le public est aussi origine, source d'inspiration, milieu d'où la littérature tire, sinon sa matière, du moins sa langue et, plus encore, sa tonalité, sa couleur, l'esprit particulier qui la fait vivre. Il n'est pas indifférent pour un auteur d'appartenir à une époque et à un milieu effervescents ou tranquilles, en proie au changement ou à la stabilité. Pour les écrivains québécois des années soixante, le fait de se trouver entourés et comme portés par une société où l'envahissement des jeunes favorise un immense brassage des idées et des valeurs et une sorte d'emballement de la dynamique sociale, ce fait, très certainement, y est pour beaucoup dans l'originalité et l'audace de leurs œuvres, et donc dans le décollage littéraire de ces années.

Si l'exemple de la littérature québécoise me paraît si intéressant, c'est qu'il est assez facilement «généralisable» et permet de saisir ce qu'ont été la position et le rôle de la génération lyrique dans l'ensemble de la Révolution tranquille et peut-être également dans les évolutions analogues qu'ont connues au même moment d'autres sociétés que la nôtre.

Il montre à nouveau, cet exemple, que l'invasion des jeunes ne doit pas être imaginée nécessairement comme un choc opposant aux nouveaux venus des anciens qui s'acharneraient à préserver leurs positions et à éviter ou endiguer les changements provoqués par ce décentrage du vieil équilibre démographique. Il n'y a pas eu, il n'a pas pu y avoir, il n'a pas été nécessaire qu'il y ait de «putsch» de la jeunesse pour déloger les aînés et s'emparer du pouvoir. En fait, le besoin de transformation, les projets de réformes, l'appel à la rupture politique, sociale et idéologique, toute la thématique de la Révolution tranquille en somme, étaient dans l'air depuis un certain temps déjà, sans toutefois réussir à se matérialiser de façon significative.

Le premier rôle de la génération lyrique et du baby-boom aura été, par leur bruyante et incontournable visibilité, de modifier radicalement les bases sur lesquelles s'appuyait le vieil ordre, dès lors déphasé et caduc, et de rendre ainsi le changement à la fois possible et inévitable.

La jeunesse des années soixante, en d'autres mots, n'a pas eu à agir. D'autres l'ont fait à sa place et en son nom. Il lui a suffi d'être là, tout simplement, et de déferler. La Révolution tranquille, c'est avant tout l'accueil de cette présence et de ce déferlement par des aînés qui ont su en faire usage pour mener à bien leurs entreprises jusque-là empêchées.

LE CHŒUR

«La scène et toute l'action ne sont à l'origine
et au fond qu'une vision; l'unique *réalité*,
c'est le chœur, qui tire de soi la vision et exprime
cette vision par le symbolisme total de la danse,
de la musique et de la parole.»

Nietzsche
La Naissance de la tragédie

Que la Révolution tranquille ait été surtout l'œuvre des
aînés et non celle de la génération lyrique elle-même, cela
ne veut pas dire que cette dernière n'en ait pas profité, bien
au contraire. Je dirais même que l'un des rôles essentiels de
la jeunesse au cours des années soixante, en plus de permettre et de justifier les changements sans avoir à les
assumer elle-même, a été précisément d'en recueillir les
fruits. Ce qui montre encore une fois la position centrale
qui est alors la sienne.

C'est principalement pour les jeunes, en effet, que se
font les réformes. C'est en fonction d'eux, pour la satisfaction de leurs besoins et de leurs exigences que la société

tout entière se repense et se transforme. L'idéologie du
«rattrapage» et de la modernisation qui gouverne la Révolution tranquille, qu'est-ce au fond sinon l'expression d'une
volonté de *rajeunissement* institutionnel généralisé, c'est-à-
dire d'adaptation — ou d'assujettissement — de la société
à l'esprit, aux attentes, à la souveraineté de la jeunesse?

Rien d'étonnant que celle-ci en soit le grand sinon
l'unique bénéficiaire. Deux ou trois exemples suffiront.
D'abord, cette époque, on le sait, est la grande décennie de
l'éducation. C'est là, dans la mise en place de programmes,
de structures et d'équipements scolaires destinés à la jeunesse montante, que s'accomplissent les réformes les plus
spectaculaires et que se dépense certainement le plus
d'argent. Le nouvel «État du Québec», à ce moment-là,
c'est d'abord une énorme agence de services éducatifs, c'est-
à-dire le canal par où une large part des ressources matérielles et intellectuelles de la communauté est dirigée
prioritairement vers les jeunes. On leur donne d'abord le
secondaire gratuit, bientôt réformé, puis, à mesure qu'ils en
ont besoin, le collégial public, également gratuit, et enfin
l'université à bas prix, assortie de bourses.

En même temps, les conceptions pédagogiques libérales apparues timidement durant les années cinquante se
généralisent et se systématisent. Elles provoquent bientôt
une vaste «modernisation» des programmes et des matières,
que l'on cherche de plus en plus à dépouiller de tout
caractère autoritaire, abstrait, «aliénant», pour les adapter
aux goûts des élèves, les rapprocher de leur «vécu» et de
leur «cheminement personnel», en un mot les rendre
agréables et faciles.

Ces nouveautés «profiteront» surtout aux cadets du
baby-boom. Quant à leurs aînés de la génération lyrique, la
réforme de l'éducation les sert encore plus directement, en
leur ouvrant d'innombrables emplois d'enseignants,

d'administrateurs, de «conseillers pédagogiques», en particulier dans le secondaire et le collégial et bientôt à l'université. Ces emplois leur procurent non seulement de bons salaires et une sécurité quasi totale, mais aussi une grande liberté de geste et de parole et la possibilité de se consacrer amplement à leurs propres activités et à leur épanouissement personnel. Sans négliger non plus le prestige social qui s'attache — à cette époque — au noble métier d'éducateur, et donc le pouvoir plus que symbolique que cela leur confère.

Cette large ouverture du champ de l'enseignement n'est d'ailleurs qu'une facette de l'ouverture générale — ce sera mon second exemple — qu'offre aux jeunes de la génération lyrique cette autre tendance de fond de la Révolution tranquille: la modernisation de l'État. Là aussi, le recrutement est intense et, qui plus est, s'adresse surtout aux candidats compétents, formés dans les nouvelles disciplines des sciences humaines et de l'«ingénierie sociale», c'est-à-dire, forcément, aux jeunes diplômés. Et là aussi, puisque la dépendance patronale est légère et les impératifs de productivité plus ou moins indéfinissables, les fonctions sont aussi «humaines», aussi peu aliénantes que possible. Et quand d'aventure elles dévorent la vie et les pensées de leurs titulaires, au moins leur donnent-elles le sentiment de participer directement à la reconstruction du monde, à l'émancipation du peuple, à la marche de l'histoire.

Dernier exemple, tout aussi frappant: la nouvelle position de la jeunesse dans le système économique. Amorcé depuis la guerre mais resté jusque-là assez timide, le développement de la consommation de masse entre, avec les années soixante, dans une phase d'expansion qui ne fera que se poursuivre et s'accélérer au cours des décennies suivantes. La prospérité aidant, des biens jusqu'alors inaccessibles ou considérés comme inutiles deviennent monnaie courante, et surtout leur consommation est vue, de plus en plus, comme une activité autonome, sans rapport direct avec la production et même plus importante que celle-ci. Or la jeunesse, là encore, en plus de permettre en bonne partie cet élargissement et cette «massification» du marché, est la première à en profiter, et elle en profite plus ardemment, plus abondamment que quiconque, elle qui ne participe encore à la production que marginalement.

Adolescents et jeunes ont toujours consommé plus qu'ils n'ont produit, mais leur consommation, de ce fait même, demeurait limitée, réduite pratiquement aux biens essentiels. La génération lyrique, au contraire, a les moyens, les désirs et se sent en droit de s'offrir les nouveaux trésors, qui lui sont d'ailleurs expressément destinés. Disques, spectacles, transistors, vêtements décontractés, voitures sport, tout un commerce s'organise qui a pour cible les jeunes de la «génération Pepsi», se modelant sur leurs goûts et leur sensibilité et les imposant de plus en plus à l'ensemble des consommateurs, quels que soient leur âge ou leur statut socio-économique. Les jeunes deviennent les rois de la mode. On voit des curés en blue jean, des hommes politiques en t-shirt, des quinquagénaires coiffés comme les Beatles. Le «look» adolescent devient la norme du bien vivre et du bien paraître, et le désir adolescent la règle d'or des publicitaires et des marchands. L'«autorité» de la jeunesse s'impose ici sans conteste.

Mais de tels bénéfices, si réels qu'ils soient, restent peu de chose comparés à tout ce que représente pour la jeunesse, et en particulier pour la génération lyrique, ce réaménagement général de la société qui constitue à la fois le programme fondamental et la signification ultime de la Révolution tranquille. Et cela, bien sûr, ne vaut pas seulement pour le Québec. La Révolution tranquille, on le sait, n'est que la variante locale d'une «crise» beaucoup plus générale, qui affecte au même moment l'ensemble des pays industrialisés. Cette crise, ou du moins cette transition, prend des formes et obéit à des logiques souvent très différentes d'un contexte à l'autre, qu'il s'agisse de la France de la Vᵉ République, de la RFA de Willy Brandt, de la «Great Society» américaine de Lyndon B. Johnson, de la Tchécoslovaquie «printanière» de Dubček ou du Canada de «l'ère Trudeau». Mais partout, l'époque est au réaménagement, à la réforme, et donc à la turbulence. Et cette turbulence, partout, se réclame de la jeunesse et s'appuie sur elle. L'histoire de ces années, du point de vue politique aussi bien qu'idéologique, est avant tout celle de la transformation d'une civilisation réglée par la tradition et le maintien des modèles anciens en une civilisation ouverte, mobile, ivre de liberté et de changement. Autrement dit, le passage d'un monde foncièrement réfractaire à la jeunesse entendue comme agent de rupture et d'innovation, à un autre monde qui, par sa fièvre de création et d'expérimentation incessantes, veut offrir désormais à cette jeunesse un champ illimité où s'exprimer et déployer ses désirs.

Tout comme les années cinquante avaient accueilli les enfants en s'empressant de répondre à leurs besoins, ainsi la période qui va de 1960 à 1975 environ, de manière encore plus frappante, est celle où les jeunes étendent leur empire sur le monde, les jeunes à qui, loin de chercher à les réduire ou les assimiler, la communauté se livre tout entière, prenant sur elle et faisant siennes leurs aspirations comme leurs refus, leurs impatiences comme leur soif de liberté.

C'est pourquoi, quand j'essaie de me représenter globalement la place et le rôle de la jeunesse dans l'histoire de ces années et notamment dans le déroulement de la Révolution tranquille, l'image qui me vient le plus spontanément à l'esprit est un souvenir du théâtre antique. C'est l'image du *chœur*, entité à la fois plurielle et unanime, douée de voix mais non de geste, passive et cependant omniprésente, arrière-plan absent de l'action et cependant son moteur, sa raison même.

Dans le scénario tumultueux de cette époque, le protagoniste véritable n'aura pas été la génération lyrique elle-même. À celle-ci n'auront appartenu ni les actions d'éclat, ni les coups décisifs, ni le façonnement de l'histoire. Son rôle, plutôt, aura été de soutenir, accompagner, résonner. Non pas agir, mais observer l'action, la justifier de sa présence et de sa clameur, et, au bout du compte, en recueillir les fruits.

Mais on se tromperait fort en considérant le chœur comme un élément purement accessoire ou extérieur. Quoiqu'il se tienne constamment au fond de la scène, sans intervenir lui-même ni mettre sa propre vie en jeu, quoiqu'il soit à l'abri des revers de fortune et ne fasse que vibrer aux exploits et aux misères des héros, c'est lui, constamment, qui tire les ficelles et conduit le déroulement de l'histoire. Les protagonistes n'agissent pas seulement *devant* lui. S'ils vivent et meurent, s'ils remuent mer et monde et livrent bataille aux hommes comme aux dieux, c'est *pour* lui, grâce à lui, dans l'espace et par la force que lui seul leur dispense, selon les règles et les fins que lui seul édicte et dont sa voix, en ponctuant régulièrement l'action, n'est que le constant, l'obsédant rappel. Les héros, en fait, ne sont pas les maîtres du chœur, mais ses émissaires et ses prisonniers.

Aussi l'apparente passivité du chœur ne doit-elle pas nous abuser. C'est une passivité qui relève de la transcendance, je dirais, puisque dans le chœur, dans sa masse et son unanimité, résident à la fois la source, le sens et la destination de toute l'action, ce qui fait qu'il n'a pas à agir par lui-même, mais à être présent, tout simplement, c'est-à-dire à peser et se faire entendre. Sa «passivité» n'est que l'expression de sa toute-puissance et de son invulnérabilité, l'attitude qui signifie sa domination.

LA LÉGÈRETÉ DU MONDE

Délaissant le point de vue «extérieur» de l'historien auquel j'ai essayé de m'en tenir dans les chapitres précédents (un historien fort peu orthodoxe, j'en conviens), je voudrais à présent changer de perspective et m'efforcer, toujours à propos de cette dizaine d'années correspondant à la jeunesse de la génération lyrique, de concentrer mon attention sur cet unique «personnage»: le chœur. M'y introduire — y retourner plutôt — et tâcher de saisir, en me plaçant de son point de vue à lui, comment il a vibré, comment il a eu conscience de son rôle, quelle en a été pour lui la signification.

En termes moins allégoriques, me demander quel apprentissage ces années et la manière dont elles se sont déroulées ont pu représenter pour la jeunesse qui faisait alors son entrée dans le monde. Quelles traces tout cela a-t-il laissées dans sa mentalité? Comment la vision du monde et d'elle-même que se formait alors la génération lyrique en a-t-elle été marquée?

J'aborderai pour cela trois ou quatre grands thèmes par lesquels se définit selon moi l'essentiel de cet esprit hérité de l'époque du grand déferlement. Ces thèmes, qui sont à la fois des idées et des sentiments, nous sont devenus aujourd'hui si familiers et gouvernent à tel point nos consciences et nos vies que nous ne voyons plus guère combien ils étaient nouveaux alors ni avec quelle force ils rompaient avec le passé. Le premier de ces thèmes, ou le premier de ces traits, je l'appellerai: le sentiment de la légèreté du monde.

Pour d'innombrables générations de jeunes, la société des adultes, c'est-à-dire le monde «déjà-là», tel qu'il s'était formé avant eux et tel qu'ils le découvraient en y faisant leur entrée, était plus ou moins semblable à un mur, qui à la fois leur faisait face, les protégeait et, surtout, tenait solidement en place. Il représentait un ordre, une réalité dure et éprouvée, une permanence. On pouvait protester contre cet ordre, vouloir changer ce qui était, s'efforcer de percer, d'escalader ou de déplacer ce mur, et y réussir parfois, ce n'était jamais sans s'y être buté d'abord, sans avoir rencontré une résistance et avoir dû composer avec elle.

C'est que le monde, alors, était lourd. Quoique édifié par les hommes, il avait quelque chose de semblable à la nature. Sa fonction, devant les désirs et les actions, était de faire obstacle, de défendre sa propre durée et sa propre cohésion, et donc de ne bouger, de ne se plier, quand il le faisait, que partiellement et avec une infinie lenteur. L'histoire marchait à pas prudents. Les révolutions, les crises, les brusques changements de régimes se produisaient rarement, duraient peu et, le plus souvent, ne rompaient pas en profondeur la continuité du monde. Comme le rappelle Hannah Arendt, le rythme du progrès était si lent, tellement plus lent que celui de la vie et de la mort des individus, qu'il en devenait comme imperceptible, et que le monde, mesuré à l'aune de l'existence humaine, paraissait immuable. Il était ce qui ne changeait pas, il était l'éternel.

Si cela était vrai pour tous, y compris pour les adultes et les anciens, ce l'était encore plus pour les jeunes, que leur condition de nouveaux venus non seulement obligeait à demeurer soumis et privés de pouvoir, mais à qui elle imposait en outre une sorte de respect devant le monde qui les accueillait à condition, précisément, qu'ils consentent à se charger de sa perpétuation. La jeunesse, dans un tel contexte, était un état de probation, inférieur et provisoire. Le jeune trépignait, se révoltait, mais finissait bientôt par s'avouer vaincu, car le monde, par définition, restait imperturbable et avait raison de sa révolte.

Or, dans le contexte des années soixante, le monde que les jeunes trouvent devant eux n'offre plus grand-chose de cette ancienne immobilité. Au contraire, c'est un monde si mouvant, en proie à des transformations si profondes et si générales, et qui rompt si allégrement avec le passé, qu'il paraît tout à coup sans poids et comme évanescent. Loin de chercher à se perpétuer, loin de résister à ce qui voudrait le détruire, ce monde ne demande qu'à s'abandonner tout entier aux bouleversements et aux remises en question qui le travaillent de toutes parts. Avec l'accord et sous l'action de ceux-là mêmes qui devraient le défendre, le mur s'écroule pierre après pierre, le mur disparaît, et plus rien maintenant n'arrête le regard ni le désir. Vaste plaine offerte à toutes les aventures, le monde ne se présente plus comme ce qui est ou ce qui a été de toute éternité, mais bien comme ce qui sera, ou mieux: comme ce qui n'est pas encore mais doit être, ce qui est en marche. Le réel, le «déjà-là» ne pèse plus, il s'est comme évanoui. C'est d'ailleurs le sentiment de se trouver à ce point précis de l'histoire où le monde enfin a perdu toute pesanteur qui donne à cette époque, me semble-t-il, son climat d'exaltation si particulier.

Mais ce qu'il faut surtout comprendre, c'est qu'aux yeux des jeunes de ce temps une telle mobilité et une telle instabilité n'apparaissent pas vraiment pour ce qu'elles sont, c'est-à-dire une nouveauté radicale. Pour eux, c'est l'état normal des choses. Débarquant dans une époque où tout bouge et se transforme, comment n'en retireraient-ils pas la conviction que le monde, par définition, est quelque chose d'infiniment léger et d'aussi peu solide que possible? Tout ce qui est, tout ce qui se donne pour l'ordre et prétend à la permanence, comment tout cela ne serait-il pas pour eux essentiellement provisoire, fait pour être critiqué, réformé, dépassé?

Cette impression, nul ne l'éprouve ni ne l'exprime aussi fortement que la génération lyrique, génération de *transition* à qui le fait de s'être trouvée au point de jonction (ou de renversement) de l'ancien règne et du nouveau donne un sens particulièrement aigu de la fragilité des institutions et de l'impermanence du monde qui lui fait face. Arrivée dans la société au moment où celle-ci consent à devenir et à se percevoir comme pur processus de destruction et de reconstruction incessantes, cette génération a connu au moins brièvement l'âge d'avant, celui de la tradition et du désir de durer, et elle a vu cet âge «lourd» prendre fin sans presque aucune résistance. Le monde d'avant les transformations, qui semblait si ordonné, si stable, si assuré de sa propre pérennité, elle l'a vu se défaire comme un château de cartes et faire place, du jour au lendemain, à un autre monde sans commune mesure. D'avoir été, si tôt dans la vie, les témoins d'une telle métamorphose, ces jeunes auront retenu l'idée que rien ne dure ni n'est fait pour durer. L'ordre le plus ancien et le plus rigide en apparence n'a en lui-même aucun droit de se perpétuer; il peut et doit au contraire être détruit et remplacé, et ce, indéfiniment. Le monde tel qu'il est ne constitue jamais quelque chose de contraignant devant quoi il faudrait s'ajuster, se résigner ou tâcher de se débrouiller pour survivre, mais au contraire un donné malléable, «ébranlable» presque à volonté et dont la loi première est son propre et continuel effondrement en vue de l'instauration d'un monde autre, toujours plus souple, toujours plus léger, toujours plus conforme au désir et à l'action des hommes.

Ce sentiment de la légèreté du monde joue un rôle fondamental dans la psychologie de la génération lyrique. Ce que le «mal du siècle» a pu représenter pour les jeunes Européens qui ont eu vingt ans aux alentours de 1810, le thème de la «décadence» pour ceux qui les ont eus vers 1890 ou, plus près de nous, le culte de l'«absurde» pour la jeunesse marquée par la crise et la guerre, cette conviction intime le représente pour les garçons et les filles de cette génération. Conscient ou non, explicite ou non, c'est pour eux une sorte de postulat, un instinct logé au point le plus secret de leur pensée et de leur sensibilité, et qui sous-tend toute leur vision et ce que j'appellerais leur pratique de l'existence. Aussi y trouve-t-on l'une des assises de leur solidarité: c'est autour de ce sentiment premier, indiscutable, qu'ils éprouvent le plus sûrement ce qui les réunit et qu'ils se reconnaissent non seulement liés les uns aux autres, mais profondément distincts des générations qui les précèdent. En ce sens, la génération lyrique pourrait aussi s'appeler la «génération de la légèreté du monde».

Le «mal du siècle», l'esprit «décadent», le goût de l'«absurde» étaient cependant le fait de petites cohortes de jeunes gens insatisfaits ou coupés de leur société. Leur état d'esprit reflétait avant tout le rejet dont ils se sentaient victimes et le refus qu'en retour ils opposaient aux injonctions et aux appels de leurs aînés, tenus par eux pour des «bourgeois» ou des «salauds». Ce qu'exprimait l'attitude d'un Chatterton, d'un Nelligan ou d'un Meursault, et qui devait fatalement abréger l'existence de tels «héros», c'était non seulement l'incompatibilité entre eux-mêmes et le monde «déjà-là», mais surtout leur impuissance à y changer quoi que ce soit et l'étrangeté où cette situation les confinait, faisant d'eux des parias parmi leurs contemporains qui, de fait, les traitaient comme tels.

Il en va tout autrement du sentiment que j'attribue ici à la génération lyrique. Percevoir le monde comme dénué de pesanteur, comme infiniment ouvert et libre, à un moment où toute la société ne demande que cela: se transformer, s'alléger, rejeter le poids du passé, ce n'est pas exactement se trouver en exil, banni ou méprisé par les détenteurs du pouvoir et de l'autorité. Bien au contraire. À cause de sa masse, à cause aussi des circonstances que j'ai évoquées précédemment, la sensibilité par laquelle se définit la génération lyrique, loin de l'aliéner, loin de l'isoler des autres groupes, correspond si fidèlement à celle de la société et l'exprime d'une manière si pure, si «archétypique», en quelque sorte, qu'elle donne à la jeunesse le sentiment de se trouver au centre du monde, à la fine pointe de la «marche de l'histoire», et donc de porter en elle, mieux que tout autre groupe, l'esprit, la «vibration» même de l'époque. Le suicide de Chatterton, l'exil de Nelligan sont bel et bien ici choses du passé.

Cette différence se répercute d'ailleurs dans les tonalités affectives qui distinguent si fortement chacune des sensibilités que j'ai évoquées. Le «vague à l'âme» des romantiques, le «spleen» des dandys de la fin du dix-neuvième siècle, ou même la «nausée» qui rassemblait les jeunes habitués des caves de Saint-Germain-des-Prés, s'exprimaient toujours, par quelque côté, sur le mode de la souffrance et de l'ennui. C'étaient des sentiments foncièrement négatifs, inspirés par l'idée d'un manque, d'une lassitude plus ou moins définissable et cependant immense, qui incitait à adopter devant le monde et l'existence le point de vue de qui n'a rien à y faire et voudrait en sortir au plus tôt. Ils s'accompagnaient donc, dans les gestes et les pensées, d'une forme de passivité ou de morosité, prenant tantôt l'aspect de la tristesse, tantôt de l'indifférence ou du dégoût, toujours d'une sorte de résignation chagrine et d'une chute du niveau de vitalité.

Le sentiment de la légèreté du monde, on l'aura compris, est tout le contraire. C'est — pour le moment du moins, c'est-à-dire pendant cette période où la génération lyrique vit sa jeunesse — l'expérience d'une plénitude et d'une joie de chaque instant, une exaltation fondée non sur la privation mais sur l'excès, non sur la fatigue mais sur une vigueur et une énergie ressenties comme inépuisables et toutes-puissantes. Placé devant un horizon parfaitement dégagé, l'être se sent investi de la liberté de faire et de devenir tout ce qu'il désire; il n'existe pas de frontière au territoire offert à son emprise, pas de limite à sa «volonté de vivre toutes les sensations, toutes les expériences, tous les possibles», ainsi que le proclamait en 1967 le *Traité de savoir-vivre à l'usage des jeunes générations* de Raoul Vaneigem, qui reste une des expressions les plus justes — parce qu'une des plus délirantes — de cette nouvelle sensibilité.

Si l'on cherchait dans le passé un climat émotif comparable à celui-ci, on le trouverait peut-être, quoique à une échelle beaucoup plus réduite — puisqu'il n'était le fait que d'un tout petit groupe d'individus —, dans le surréalisme naissant, juste après la Première Guerre mondiale. Il y avait en effet, dans le sentiment que partageaient les jeunes poètes et artistes qui ont fondé ce mouvement, quelque chose de la ferveur assez particulière que je cherche à évoquer ici: la conviction que, le vieux monde et la vieille réalité ayant perdu toute consistance et toute crédibilité, une autre réalité — une «sur-réalité» — devenait mainte-

nant accessible, n'attendant que d'être découverte et façon-
née à même les rêves de ces jeunes gens qui ne se sentaient
nullement tenus de rendre des comptes à qui ou à quoi que
ce soit et ne concevaient pas de bornes à leur propre
puissance. Rien peut-être n'exprimerait mieux l'idéalisme
et l'optimisme exacerbé qu'inspire à la génération lyrique le
sentiment de la légèreté du monde que certaines pages
enflammées du premier *Manifeste du surréalisme* ou que la
conclusion de *Nadja*. C'est le même enthousiasme, la
même assurance, la même atmosphère de commencement,
la même joie de se savoir sans attaches comme sans
responsabilité, sans aucun poids qui retienne l'être de
prendre son envol vers le «château étoilé» où s'ouvrent
librement toutes les possibilités, où tous les besoins sont
comblés, où se prennent sans frein toutes les jouissances.

De là vient peut-être l'immense succès que le programme et la sensibilité surréalistes rencontreront bientôt
auprès des jeunes artistes et écrivains de la génération
lyrique, pour qui l'«automatisme psychique» et l'exploration audacieuse du «fonctionnement réel de la pensée»
deviendront monnaie courante et la définition *évidente* de
toute œuvre d'art, quitte à se dégrader dans les procédés de
l'«improvisation», de la «création collective» et du culte de
la spontanéité. Plus largement, cette affinité est sans doute
aussi ce qui a facilité l'espèce de normalisation du surréalisme que l'on peut observer dans la publicité, la mode et
la culture de masse contemporaines. Après avoir passé des
décennies dans la quasi-marginalité, le «scandale» surréa-
liste devient ainsi, pour toute une génération, l'un des
miroirs les plus fidèles de sa sensibilité commune et le
mode normal de sa perception du monde et de la vie.

Durant les années soixante et soixante-dix, toutefois, ce
n'est pas d'abord dans l'art et la littérature que le sentiment
de la légèreté du monde trouve son exutoire privilégié, mais

bien dans cette forme d'expression démocratique par excellence: la musique populaire. Celle-ci, on le sait, connaît alors une explosion sans précédent, favorisée à la fois par la montée en force de la jeunesse, qui a toujours été sa clientèle principale, et par les innovations technologiques (disques 33 et 45 tours, transistor, cassette, etc.). Mais surtout, elle se transforme complètement dans ses formes et ses contenus avec l'arrivée du *rock*, qui sera le son caractéristique de cette époque et de la nouvelle jeunesse qui l'envahit.

Jusque-là, c'est-à-dire en gros depuis l'apparition de la radio et la constitution d'un marché musical de masse, la forme typique de la musique populaire commerciale, américaine aussi bien qu'européenne, était la ballade sentimentale, genre Bing Crosby ou Lucienne Boyer, caractérisée par des rythmes plutôt lents et par des textes empreints de «poésie» doucereuse et mélancolique, chantant le plus souvent le chagrin d'amour et la nostalgie. L'émotion musicale (ou radiophonique) typique était le frisson d'amour mêlé d'attendrissement, la larme perlant au bord de l'œil.

Cette vogue s'est poursuivie tout au long des années cinquante et même un peu au-delà. Pendant quelque temps toutefois, elle a été doublée par celle des «chansonniers» comme Brel, Brassens, Ferré, bientôt suivis au Québec par les Léveillé, Vigneault, Ferland. Pour la première fois peut-être, autour de cette musique volontiers engagée, voire contestataire, où les paroles occupaient une place primordiale, une «culture jeune» se constituait. Car bien qu'elle fût loin de toucher l'ensemble ou même la majorité de la jeunesse, la chanson «à texte» avait pour public principal, sinon exclusif, des garçons et des filles de moins de vingt ans, qui s'y reconnaissaient et pouvaient, grâce à elle, se distinguer du public adulte, resté attaché quant à lui aux bonnes vieilles rengaines inoffensives de jadis.

Si fervent qu'il ait pu être, l'âge d'or des chansonniers et de la guitare sèche n'a guère duré. Une autre musique, un autre son allaient bientôt déferler sur l'époque et tout emporter sur leur passage, rejoignant cette fois la jeunesse tout entière, l'unissant, la soulevant, l'exprimant, lui révélant pour ainsi dire ses propres désirs et sa propre vision du monde.

À la différence des anciennes ballades romantiques, en effet, mais aussi des chansons «littéraires» tout empreintes d'images et d'idées plus ou moins profondes, le rock, tel qu'il se manifeste d'abord sous les traits d'un Elvis Presley, puis dans la vogue du «yé-yé» et du «twist», avant de trouver sa réalisation suprême chez les «groupes» britanniques et américains de la seconde moitié des années soixante et à travers certaines figures «légendaires» des années soixante-dix (Joplin, Hendrix), le rock, dis-je, est parfaitement accordé à l'esprit de la jeunesse montante en ce qu'il retentit avant tout comme un immense cri de libération et de joie. Une joie pure, une pure excitation, un plaisir sans mélange et pour ainsi dire sans objet, si ce n'est justement le sentiment de se trouver dans un monde entièrement ouvert, vide de tout passé, et qu'on peut remplir librement de gestes et de bruit. L'un des signes les plus évidents en est l'importance accordée au *volume*, à l'ampleur de la masse sonore, qui doit tout envahir, tout submerger, imposer sa présence dans le plus d'espace possible, voire dans l'univers entier, car l'univers n'est plus pour cette musique qu'un vaste champ de résonance à saturer d'ondes et de décibels.

Rien d'étonnant qu'une autre caractéristique du rock soit la disparition du texte, ou du moins son extrême amenuisement, au profit du rythme seul, dont la répétition et l'insistance noient toute parole sous un déferlement de son pur, indistinct, qui confine à la déflagration ou à la clameur. Ce rythme est presque toujours semblable: il suit d'abord un crescendo de plus en plus rapide, de plus en plus saccadé, jusqu'à un point limite d'excitation et de bruit (marqué tantôt par l'aigu de la voix, tantôt par le solo de la batterie), qui le fait alors retomber mais pour reprendre aussitôt le même mouvement à partir du début. De séquence en séquence, d'orgasme sonore en orgasme sonore, la «chanson» pourrait ainsi se prolonger indéfiniment, si n'y mettaient fin les contraintes du temps radiophonique ou, peut-être, l'épuisement des musiciens.

Le rock n'est donc pas d'abord, comme le prétendent un peu rapidement les idéologues qui en ont fait leur «spécialité», une expression de la colère ou de la protestation des jeunes contre le système social. Si tel était le cas, il n'aurait pas été adulé et récupéré aussi facilement par ledit système. Juvénile et lyrique, ayant pour émotion caractéristique la transe, l'ivresse de l'être que ne retient aucune chaîne, que ne confine aucune limite, et qui danse de joie devant l'étendue de sa puissance et de sa beauté, le rock est la musique de la légèreté du monde.

* * *

La conscience de se trouver dans un monde sans poids, l'idée qu'aucune réalité n'est définitive ni tout à fait légitime, pourrait avoir dans la pensée et l'existence de quiconque en fait l'expérience des répercussions toutes différentes de celles que je viens d'évoquer. En fait, il y a *deux* sentiments possibles de la légèreté du monde, très différents l'un de l'autre par leur tonalité et par leurs conséquences dans l'existence.

Le premier serait, disons, un sentiment *négatif*, soit de type tragique, soit de type ironique ou satanique. Ainsi, chez celui qui a besoin de repères stables, le fait de n'en plus trouver autour de lui suscitera l'insécurité ou le désarroi; il se sentira abandonné, désorienté et même, si cet abandon devient insoutenable, condamné au désespoir. La légèreté du monde sera alors une figure de son «absurdité». Sur un mode moins grave, mais toujours négatif, ce même sentiment pourrait aussi prendre la forme d'une sorte de résignation sceptique: si la réalité n'a pas de consistance, alors je ne suis moi-même qu'une ombre, rien n'a d'importance et tout ce qui s'en donne est dérisoire; mieux vaut donc ne plus bouger, se désengager de tout et se moquer de soi.

En réalité, ces variantes démoralisantes du sentiment de la légèreté du monde paraissent plus vraisemblables — et se manifestent sans doute plus fréquemment dans l'histoire — que sa variante *positive*, c'est-à-dire la folle exaltation qu'il inspire aux jeunes des années soixante et du tournant des années soixante-dix. C'est qu'il s'accompagne chez eux, c'est qu'il est en eux à la fois la source et la condition d'un autre sentiment tout aussi déterminant: celui qu'ils ont de leur propre puissance et de leur propre valeur. Si le monde leur semble si léger, et si cette légèreté, au lieu de les désespérer, les excite à ce point et les comble de tant de joie, c'est qu'ils se savent capables et pleinement justifiés de le prendre à bras le corps, ce monde, et de lui imposer leur loi. La légèreté du monde ne signifie pas que celui-ci leur échappe, mais au contraire qu'il s'offre à eux et leur appartient totalement. Cette espèce de droit de propriété, cette maîtrise que la génération lyrique a la conviction de détenir sur le monde est et demeurera un autre trait fondamental de sa psychologie.

Tout cela peut sembler paradoxal si l'on se souvient de ce que j'ai dit dans les chapitres précédents du rôle particulier qu'ont joué les jeunes dans l'histoire turbulente des années soixante: spectateurs plutôt qu'acteurs, ils ont moins participé qu'assisté aux bouleversements de cette période, se tenant autour des instigateurs du changement comme le chœur autour des protagonistes engagés dans l'action. Mais ce rôle, comme je l'ai aussi laissé entendre, était beaucoup moins passif qu'il n'y paraît à première vue. C'était même, au fond, le rôle principal, duquel a dépendu tout le reste.

De circonstances aussi favorables, on voit tout de suite quelle leçon va retirer la génération lyrique. Inspiratrice et bénéficiaire de l'action, elle peut, tout en étant dispensée d'agir pour le moment, se sentir néanmoins au cœur de cette action, dont la raison d'être et le sens même coïncident pour l'essentiel avec ses propres volontés et ses propres désirs. Grâce à cette position qui la situe à la fois à l'origine et au terme du changement social, elle se voit investie dès son entrée sur la scène de l'histoire d'une puissance qu'elle n'a ni à conquérir ni même à revendiquer, puisqu'elle la reçoit pour ainsi dire par la force des choses, en vertu, encore une fois, de son seul nombre et de la dévotion dont elle est l'objet de la part de ses aînés. Aussi tendra-t-elle dès ce moment, et pour longtemps, à se voir comme le centre de l'univers social, dépositaire légitime du sens et du pouvoir, par qui tout passe et autour de qui tout s'ordonne, comme obligatoirement, de manière «évidente», et sans qu'un tel privilège ait besoin de quelque justification que ce soit. La société, la nation, le monde d'emblée sont faits pour elle et lui appartiennent.

À ce sentiment de «centralité» s'ajoute, à la fois comme corollaire et comme complément, une confiance totale en l'action, en la possibilité, en la *facilité* de l'action sur le monde, ce monde qui est toute légèreté, toute malléabilité, et qui attend en quelque sorte que la volonté d'agir s'empare de lui et le transforme. Le fait d'avoir assisté, dès les premières années de leur vie consciente, à ce branle-bas de l'histoire, à cette soudaine victoire de l'action sur le poids du monde, ne peut que persuader les enfants de cette génération qu'ils ont la faculté eux aussi — ou même la mission — de traduire leurs désirs en actes, et que la réalité dès lors, qu'elle le veuille ou non, pliera. Un peu comme au nourrisson vérifiant dans ses jeux ses compétences nouvellement acquises et ne cessant de s'en émerveiller, agir, intervenir dans le monde devient ainsi pour eux beaucoup plus qu'un devoir ou une tâche: une sorte de plaisir, au fond, c'est-à-dire le moyen d'éprouver concrètement et la légèreté du monde et l'ampleur de leur puissance.

Cette jouissance est d'autant plus fébrile que l'action s'accompagne toujours chez eux d'une bonne conscience inentamable. Se sachant les porteurs de l'avenir, convaincus d'incarner ce que le monde a de meilleur et de plus précieux, pas un instant ces jeunes ne doutent de la valeur ou de la légitimité de leurs interventions et de leurs projets. Il va de soi à leurs yeux (comme à ceux de la plupart de leurs aînés, d'ailleurs) que s'ils agissent, non seulement leur action aboutira, mais que ses conséquences seront nécessairement les meilleures. L'action, en d'autres mots, est à elle-même sa propre morale. Elle est, par définition, innocente et bonne, sincère et juste, puisqu'elle exprime le désir et la vitalité des princes du monde construisant à leur image, selon la pureté de leur cœur, le royaume à eux dévolu dès l'instant de leur naissance.

Sentiment d'occuper le centre de la société, de former au sein de cette société une élite incarnant les aspirations et les besoins de tous; joie et aisance dans l'action; sens illimité de sa propre puissance et de son bon droit: ces convictions, liées aux circonstances de son arrivée dans le monde, vont s'imprimer profondément dans l'esprit de la génération lyrique et l'inspirer tout au long des décennies suivantes. Appartenir à cette génération, ce sera toujours, par quelque côté, se voir et être vu comme le détenteur d'un pouvoir sur le monde et d'une maîtrise quasi illimitée des conditions de sa propre existence comme de celle de l'ensemble de la communauté. Ce sera, pour reprendre une expression de Kundera, sentir vibrer entre ses mains le volant de l'histoire et n'avoir qu'à le saisir pour décider soi-même de la route à venir.

Ce sentiment de maîtrise est d'ailleurs un autre trait qui distingue fortement les enfants de la génération lyrique de leurs cadets, c'est-à-dire à la fois des dernières cohortes du baby-boom, qui n'atteindront la vingtaine que vers la fin des années soixante-dix, et de la jeunesse des années quatre-vingt et quatre-vingt-dix, qui sera composée en bonne partie de leurs propres enfants. À ces nouvelles générations de jeunes, en effet, le monde auquel ils feront face apparaîtra de nouveau comme ce mur dont je parlais précédemment: un milieu fermé, souvent même hostile, qui échappera à leur prise et avec lequel il leur faudra composer du mieux qu'ils pourront pour tâcher de s'y faire une place. Eux n'auront guère l'occasion, en y débarquant, de se sentir aussitôt les maîtres, bien au contraire. Car le monde, à leur arrivée, aura déjà été façonné et ordonné selon les volontés de leurs aînés, et il sera devenu comme inamovible tant ces mêmes aînés en tiendront les commandes et y exerceront solidement leur emprise.

Aussi cette jeunesse d'après la génération lyrique n'aura-t-elle d'autre choix — on m'excusera si je file la métaphore — que de s'asseoir sur la banquette arrière et de se laisser conduire docilement sur la route de l'histoire, en espérant qu'il n'y aura pas d'accident, car s'il y en a elle sait qu'elle en sera la première — et sans doute la seule — victime. D'une certaine manière (manière qui, par plus d'un aspect, sera plus désespérante encore), ces jeunes se retrouveront dans la même position où étaient à leur âge leurs grands-parents et les jeunes de tous les temps, avant l'époque glorieuse de la génération lyrique. Le sort de cette dernière, là encore, aura donc eu quelque chose de tout à fait unique, sans exemple dans le passé, et sans non plus de suite, semble-t-il, dans l'avenir prévisible.

L'AGITATION LYRIQUE

«Rien ne peut prévaloir contre la puissance
de négation, de mépris et de vierge énergie
d'orgueil qui s'élèvent dans le cœur d'un jeune
ambitieux qui n'a rien fait encore.
Quelle force de n'avoir rien fait!...»

Paul Valéry
Mon Faust

S'il faut attendre la seconde moitié des années
soixante-dix et le début des années quatre-vingt pour voir
la génération lyrique prendre les commandes effectives de
la société, on peut déjà, durant la décennie précédente, en
observer les signes avant-coureurs dans cette sorte de répétition générale, dans cette première intervention publique
des futurs maîtres du monde: le mouvement étudiant.

Depuis longtemps, bien sûr, les étudiants constituaient
dans les sociétés occidentales un groupe de pression particulièrement visible et bruyant, dépourvu lui-même de
pouvoir véritable mais agissant auprès des pouvoirs établis

comme une force avec laquelle il fallait compter, ne serait-ce que parce que ces mêmes individus, bientôt, accéderaient au statut de citoyens et rejoindraient les rangs des élites dirigeantes. Entre-temps, leur rôle était celui d'un aiguillon, d'un ferment: faire entendre la voix de l'«avenir» et des «générations montantes», pousser à la radicalisation de l'action, et le faire d'autant plus allégrement, se montrer d'autant plus turbulents, que les chances de voir leurs revendications se traduire sur-le-champ en réalités étaient nulles. Aussi leurs programmes, leurs pamphlets, leurs marches dans la rue tenaient-ils le plus souvent du raout mondain ou du rituel magique.

Le mouvement étudiant des années soixante, tel qu'il prend forme dans la plupart des pays d'Europe et d'Amérique (en particulier aux États-Unis) et tel qu'il culminera dans les événements de Mai 1968 en France, présente en gros les mêmes traits. Il s'agit toujours, pour une très large part, d'un mouvement adolescent, expression de l'impatience et de l'esprit de révolte caractéristiques de cet âge. Les étudiants de cette époque refont la même chose que leurs prédécesseurs: ils trépignent, ils cassent, ils clament, ils se mettent en évidence et brûlent sur la place publique leur trop-plein de libido.

Pourtant, ce serait ignorer la signification profonde du phénomène que de ne pas voir en même temps tout ce qui le distingue des mouvements étudiants du passé — comme de celui d'aujourd'hui, d'ailleurs, dans la mesure où une telle chose existe encore.

La première différence, comme toujours, est d'ordre quantitatif. Il n'y a rien de commun, sur le strict plan des effectifs, entre la population étudiante des années soixante et celle, mettons, des années trente ou cinquante. Non seulement le baby-boom augmente considérablement le nombre de jeunes et la proportion qu'ils représentent dans l'ensemble de la population, mais la part des étudiants, parmi cette jeunesse, est incomparablement supérieure à tout ce qu'elle a été dans le passé, et ce, même dans les pays qui n'ont pas été touchés ou qui l'ont été moins que les autres par le baby-boom. Privilège réservé autrefois à une toute petite frange d'individus fortunés, la condition étudiante devient pour la jeunesse de ce temps une chose si accessible et si répandue qu'elle finit par être la condition pour ainsi dire normale de leur insertion dans la société.

Ce changement tient à plusieurs facteurs: au contexte économique et à l'idéologie de l'État-Providence, certes, mais aussi, comme je l'ai déjà signalé, au souci éprouvé par les parents d'assurer l'épanouissement et la réussite de leurs enfants en leur donnant ce dont ils ont eux-mêmes été privés. À cela s'ajoutent l'extension de la durée des études et l'accès plus large aux cycles supérieurs, qui ont pour effet de grossir les contingents étudiants, d'en élever la moyenne d'âge et surtout d'atténuer ce caractère toujours bref et transitoire associé jusque-là à la condition étudiante.

Cela dit, il reste que les étudiants ne forment toujours, au sein de la génération lyrique, qu'une minorité. Mais c'est une minorité qui ne se définit plus du tout de la même manière que par le passé et qui entretient avec l'ensemble de ses contemporains non étudiants un genre de rapport tout nouveau.

Fils ou fille à papa, l'étudiant typique d'autrefois gardait pour l'essentiel les caractères, les réflexes et les intérêts de la classe favorisée dont il était issu et à laquelle il ne cessait pas d'appartenir, sa condition d'étudiant étant justement une des marques de cette distinction. Face aux autres jeunes de son âge, travailleurs ou apprentis, il faisait figure de nanti et se comportait d'ailleurs comme tel. Les études, en d'autres mots, quand elles se poursuivaient au-delà du niveau secondaire (ou même élémentaire), n'étaient pas seulement un luxe; elles étaient aussi un signe de luxe, une preuve d'élévation, de non-appartenance à la majorité de la population, et plus particulièrement de la jeunesse.

On le voit bien quand on examine par exemple les mouvements étudiants des années trente, auxquels l'«inquiétude» sociale, politique et idéologique ambiante offrait un terrain on ne peut plus propice. Outre la vitalité et l'énergie qui les animaient, ce qui caractérisait la plupart de ces mouvements, au Canada français en tout cas, c'était leur caractère réactionnaire, la passion avec laquelle ils réclamaient non pas la révolution ou le chambardement de la société, mais bien plutôt le retour à l'ordre, à la discipline, aux «valeurs fondamentales» de la tradition la plus conservatrice. Ces aspirations se manifestaient, entre autres, par l'attente délirante du «Chef», par la condamnation des institutions démocratiques, source de désordre et ferment de médiocrité, ou par l'exaltation du rôle des «élites» dans le contrôle de la barbarie issue des masses montantes sans instruction et sans morale. L'étudiant «engagé» de cette époque était celui qui luttait le plus violemment contre le démon communiste et l'emprise de la «juiverie internationale», qui dénonçait le plus ardemment le relâchement des mœurs ou l'influence des livres et des films pernicieux, qui travaillait avec le plus de dévouement au rétablissement d'une société «saine» et correctement hiérarchisée, celui, en somme, qui défendait de la manière la plus «courageuse», au besoin contre d'autres fractions de la jeunesse, le pouvoir et les privilèges de la classe à laquelle son père et lui appartenaient.

Cette stratégie étudiante s'est maintenue, grosso modo, jusqu'à l'aube des années soixante. Les thèmes changeaient, sans doute: le traditionalisme le cédait au libéralisme et au catholicisme dit progressiste, André Laurendeau et le Père Lévesque (pour rester au Québec) remplaçaient le chanoine

Groulx comme maîtres à penser, et le mouvement Jeune-Canada était évincé par la JÉC. Mais le rapport entre les étudiants et le reste de la jeunesse ne variait guère. Toujours ils se voyaient moins comme ses représentants que comme ses convertisseurs. Moins comme l'aile avancée de la jeunesse au sein de la société que comme les émissaires de l'aile dirigeante de la société au sein de la jeunesse. Le mouvement étudiant, en somme, se prenait pour ce qu'il était effectivement: réserve de futurs politiciens, notables, prélats et chefs d'entreprises, pépinière des «élites de demain».

Des traces de ce passé subsistent encore dans le mouvement étudiant des années soixante. Mais elles deviennent de moins en moins perceptibles, recouvertes (ou occultées) qu'elles sont par une toute nouvelle «conscience étudiante» dont l'apparition est due en partie au fait que la place des étudiants dans l'ensemble de la jeunesse se modifie de manière significative. En raison de leur nombre, en effet, et vu qu'ils proviennent maintenant de milieux de plus en plus divers grâce à la démocratisation de l'enseignement, les étudiants cessent, sinon d'être, du moins de paraître et surtout de se sentir des privilégiés. On tend maintenant à les voir et ils se voient eux-mêmes non seulement comme des jeunes à part entière, mais comme la fraction de la jeunesse la plus représentative, celle qui incarne et vit de la manière la plus exacte et la plus complète les problèmes, les frustrations et les espoirs de tous les jeunes gens du même âge. Entre la condition de jeune et la condition d'étudiant, la frontière tend ainsi à s'effacer et il s'établit quasiment entre elles une équivalence: la jeunesse, c'est le monde étudiant.

Objectivement, une telle équation est fausse, bien sûr. Mais dans la nouvelle idéologie étudiante de l'époque, sa vérité est indiscutable. C'est au nom de toute la jeunesse, en tant que porte-parole de tous les moins de vingt ou vingt-cinq ans, que les leaders étudiants et les «A.G.É.» font entendre leurs doléances et leurs revendications. La jeunesse n'est plus pour eux un «milieu de vie» dans lequel ils devraient agir afin de le rendre conforme à tel ou tel programme, à telle ou telle «doctrine sociale» ayant valeur universelle. La jeunesse, à présent, est leur «base», leur appui; non plus l'objet auquel s'applique leur action, mais la source d'où elle jaillit et le réservoir où elle renouvelle constamment sa force.

Cette conviction de représenter toute leur génération, de porter toute la puissance et tout l'esprit de la jeunesse d'après-guerre est une certitude partagée par tous les activistes étudiants de ces années, et c'est elle, en bonne partie, qui explique le côté si péremptoire, si fracassant, de leurs discours et de leurs actions.

Parmi les grands objectifs que leaders et idéologues étudiants proposent alors à leurs troupes, le premier concerne la condition étudiante elle-même, qu'il s'agit de rehausser et de «libérer», comme le souhaite en particulier ce qu'on appelle (fort abusivement) le «syndicalisme étudiant». Celui-ci revendique la «prise en charge» par les étudiants de leur propre éducation. Il entend par là la fin de la dépendance à l'égard des maîtres, des autorités et, à travers eux, de la société comme système de régulation et de contrôle de l'apprentissage. L'éducation, dans cette optique, doit cesser de se définir comme une imposition venue de l'extérieur pour devenir un processus autonome, une «expérience» réglée par le sujet lui-même et obéissant aux besoins qu'il éprouve et définit lui-même.

De la même manière, les fins de l'enseignement ne doivent plus lui être extérieures: programmes et cours n'ont pas à «préparer» l'étudiant en vue de son existence, de ses responsabilités ou de sa carrière futures, leurs contenus n'ont pas à s'accorder aux demandes de l'économie ou aux normes figurées par la tradition. C'est ici et maintenant, pour le bien actuel de l'étudiant, en fonction de ses attentes et de ses options librement choisies, qu'ils doivent s'organiser. L'étudiant n'est plus le récepteur plus ou moins passif de connaissances et de valeurs qu'on lui inculque de l'extérieur, comme à un prisonnier en voie de réhabilitation. Son rôle est bien plutôt de refuser l'«endoctrinement» et de «se prendre en main». Il est le premier «gestionnaire» de sa propre formation: étant le seul à se connaître vraiment, c'est à lui seul que revient le soin de décider ce. qui lui convient et de juger de ses réussites comme de ses échecs.

Au Québec (et sans doute ailleurs également), on peut voir un indice de cette vision «dé-fonctionnalisée» de l'éducation dans l'essor que prennent à cette époque, dans l'enseignement collégial et universitaire, les disciplines qui paraissaient jusqu'alors les moins «utiles», les moins «réalistes», comme les sciences sociales (sociologie, politologie, anthropologie, psychologie) et, dans une mesure à peine moindre, les lettres et les arts. Considérée dans le passé comme une institution ayant pour but de dispenser la formation professionnelle et de transmettre le savoir constitué, l'éducation supérieure tend à devenir un lieu de réflexion et de critique, en retrait par rapport à la société plutôt que soumise à ses besoins, orientée vers la mesure et la réforme du réel plutôt que vers sa consolidation. Au carabin typique des années trente ou quarante, qui faisait de la dissection ou compulsait le code civil, succède le découvreur de Marx (ou plutôt de Marcuse) et de Freud (ou plutôt de Wilhelm Reich et de Carl Rogers), qui nourrit de vastes projets non pour lui-même mais pour l'ensemble de la société. Il en discute sans fin le soir avec ses camarades et signe le lendemain un article incendiaire dans le journal étudiant.

Autour des universités et des collèges ainsi délivrés de leur ancienne mission utilitariste, l'univers étudiant apparaît de plus en plus comme un monde à part, autonome et complet par lui-même, sans relation nécessaire avec quelque autre instance que ce soit, à même de se gouverner lui-même et de fixer ses propres normes comme ses propres orientations. La condition d'étudiant, que son caractère provisoire et dépendant interdisait jusque-là de tenir pour autre chose qu'un prolongement de l'enfance ou une sorte d'antichambre de la vie adulte proprement dite, tend à être perçue — et vécue — comme un état ou un statut en soi, au même titre que la jeunesse elle-même. Ainsi le «monde étudiant» se considère (et est considéré) comme un des «corps» de la société civile, possédant à l'égal du «monde ouvrier» ou du «monde des affaires» des intérêts et des «droits» qui lui sont propres.

Toujours sur le plan, disons, de la vie scolaire, cette revendication «autonomiste» va de pair avec un autre thème caractéristique de l'idéologie étudiante de ces années, qui peut paraître contradictoire à première vue mais ne l'est pas du tout. Il s'agit de ce que j'appellerais, faute de mieux, la revendication de *protection*, qui consiste à réclamer de la société, dont on prétend par ailleurs rejeter la tutelle, qu'elle mette à la disposition des étudiants tout ce dont ils ont besoin pour vivre et assumer leur condition. En termes concrets, cela s'appelle la gratuité scolaire, l'augmentation des ressources et des budgets publics consacrés à l'éducation et même le «salaire étudiant» ou l'«allocation d'études», qui est alors un des objectifs majeurs du mouvement. Certes, on fait largement appel, pour justifier ces demandes, à la rhétorique démocratique et égalitaire. Mais ce qui les inspire au fond, c'est bien plutôt le modèle de la caste privilégiée: bien qu'ils ne contribuent pas pour l'instant à la production de la richesse collective, les étudiants ne se sentent pas moins en droit d'en consommer une large part et réclament que leur entretien, leur bien-être même, devienne une priorité collective. Autrement dit, ils revendiquent ce que les jeunes avant eux percevaient comme un fardeau dont il fallait se libérer au plus tôt: la dépendance matérielle à l'égard de leurs parents.

Si l'on voulait résumer la conscience étudiante des années soixante, qui elle-même résume ou cristallise d'une certaine manière la conscience de toute la jeunesse de ce temps, et surtout de cette fraction «avancée» de la jeunesse que constitue la génération lyrique, on en reviendrait toujours à cette image de soi que j'essaie de préciser depuis le début: innocente, souveraine, envahissante, imprégnée de la conviction plus ou moins consciente, mais si profondément ancrée qu'elle en devient comme instinctive, de former non seulement un monde à part, une autre société dans la société, mais un monde plus pur et plus vrai, une société meilleure et qui, par conséquent, a le droit (ou le devoir) de ne pas s'intégrer et de bénéficier de tous les égards. D'être et de demeurer, en somme, les enfants de la lumière, les porteurs de la régénération du monde. Rien de plus normal, dans ces conditions, que de vouloir négocier avec ses parents et ses éducateurs un contrat qui, d'un côté, annihile leur autorité et, de l'autre, les oblige à payer toujours davantage.

Cette espèce de messianisme n'apparaît nulle part aussi clairement que dans l'autre grand objectif du mouvement étudiant de cette époque: refaire le monde. Les militants étudiants, en effet, ne se bornent pas à vouloir agir dans leur domaine propre, qui est celui de l'éducation et de la condition étudiante. Très vite, ils ouvrent un deuxième front qui ne tarde pas à devenir pour eux le front principal: la société elle-même, ses institutions, son fonctionnement, ses modes de répartition du pouvoir et des richesses, la définition de ses finalités. Il se crée ainsi, dans le prolongement ou au-delà du syndicalisme étudiant proprement dit, une idéologie et une action étudiantes dont le caractère est la globalité, et le but une transformation, une rénovation *générale* de la société.

Comme cette idéologie et cette action s'appuient sur une population étudiante plus visible, plus sûre de sa force et plus «efficace» que jamais, leurs manifestations marquent fortement l'histoire de ces années. On songe aux batailles épiques entre étudiants et policiers sur les campus américains ou lors du congrès démocrate de Chicago, au soulèvement étudiant accompagnant les Jeux olympiques de Mexico et surtout, bien sûr, aux événements de Mai 1968 en France, qui en sont, comme je l'ai dit, le point culminant, par leur ampleur et leur gravité, certes, mais aussi, et peut-être davantage, par leurs répercussions symboliques et l'abondance de commentaires qu'ils ont suscités. Au Québec, comme c'est si souvent le cas, la mobilisation prend des couleurs nationalistes, mais il n'en reste pas moins qu'à travers leurs marches en faveur d'un «McGill français» ou contre le bilinguisme d'État (loi 63), ce que visent les étudiants est un changement général dans l'organisation et la conduite de leur société.

Quels que soient le pays et le contexte socio-politique où elles se produisent, ces révoltes ont fait l'objet d'un grand nombre d'analyses et de récits, dont l'un des plus complets reste le *Génération* de Hervé Hamon et Patrick Rotman. Je me contenterai ici de rappeler les aspects du phénomène qui me semblent les plus révélateurs, compte tenu de mon intention première, qui est de mettre en lumière la psychologie particulière de la génération lyrique, fer de lance de tout le mouvement.

En premier lieu, on est frappé par l'attitude et la vision foncièrement optimistes qui animent cette agitation. Pas un instant les jeunes rebelles ne doutent de leur triomphe ni de leur bon droit, non plus que du bien qui résultera de leur action. Tandis que d'autres poussées sociales analogues, révolutions, émeutes ouvrières, jacqueries, ont pu avoir pour moteurs la rage ou le désespoir, celle-ci est toute liesse, pleine d'éclats de rires, de débordements joyeux, de liberté sexuelle, d'une jubilation qui lui donne moins l'allure d'une lutte ou d'un cataclysme que d'un immense carnaval.

Cet optimisme repose au moins sur deux choses. D'abord, en mettant le monde sens dessus dessous, quand ce n'est pas à feu et à sang, la jeunesse éprouve la réalité et l'envergure de sa propre puissance. Se sachant beaux et libres, et promis à tous les bonheurs, les jeunes dieux et les jeunes déesses saisissent à pleines mains le volant de l'histoire et laissent se déchaîner leur «ralbol» et leur fièvre, quitte à tout détruire sur leur passage. «La nouvelle innocence, proclame le *Traité de savoir-vivre à l'usage des jeunes générations*, est la construction lucide d'un anéantissement.» En second lieu, et par le fait même, ils mettent à l'épreuve la légèreté, l'inconsistance du monde qui leur fait face et qu'ils peuvent chambarder, mépriser ou ignorer à leur gré, car il n'a ni les moyens ni le droit de se défendre vraiment.

De là vient aussi — autre aspect important de l'agitation étudiante des années soixante — l'extrémisme, le maximalisme plutôt, qui en caractérise la «doctrine» et les revendications sur ce que j'ai appelé le deuxième front, celui de la société globale. La confiance des étudiants en leur propre force est telle, et leur foi en l'avenir si grande, qu'elles ne cessent l'une et l'autre d'aiguillonner leur audace, les poussant à radicaliser toujours davantage leurs exigences et à élargir indéfiniment ce qu'on pourrait appeler l'horizon de leur action. Très vite, ce n'est plus tel ou tel changement qu'ils réclament, la correction de telle ou telle injustice ou le rejet de tel ou tel interdit. C'est l'abolition du monde même, c'est le recommencement absolu de l'histoire. Non pas le renversement de tel ou tel régime, mais la disqualification de la notion même de pouvoir. Non pas la reconnaissance des droits ouvriers, mais la fin du travail. Non pas les réformes, enfin, mais la *révolution*.

La génération lyrique retire de là une perception de l'action sociale et politique dont elle mettra longtemps à se défaire, si elle y réussira jamais. À ses yeux, seule la rénovation totale, seule la volonté de tout détruire pour tout reprendre à la base constituent des projets légitimes et dignes de mobiliser les énergies. Fascinée par le radicalisme, elle a (et aura) toutes les peines du monde à concevoir une action modérée et partielle comme l'est généralement l'action politique réelle. Tout ce qui n'est pas rupture et recommencement, elle le voit comme de l'immobilisme, et comme «réaction» tout ce qui n'est pas la révolution.

C'est que ce mot, dans la conscience étudiante de l'époque, a des résonances quasi religieuses. Il désigne non tant un *objectif* plus ou moins lointain, non tant un événement futur devant mettre fin à l'histoire ou en modifier complètement le cours, qu'un *processus* actuel, permanent, proprement interminable, une nouvelle manière de vivre et de faire l'histoire présente, d'être et d'agir dans le monde, en le dynamisant (ou le dynamitant) sans cesse, en en rejetant toute forme stable pour en relancer perpétuellement la transformation. Ainsi entendue, la «révolution sans nom», ainsi que la désignait Vaneigem, n'a ni fin ni accomplissement prévisible; elle recommence à chaque jour que le bon Dieu envoie, car le moindre repos la trahirait, la changerait en son contraire même: l'ordre, la lourdeur, autant dire la mort.

Cette vision mystique de la révolution, qui est comme l'exacerbation de l'impatience et de la révolte typiques de l'adolescence et leur transformation en fureur collective, y est pour beaucoup dans les rapports tendus que le mouvement étudiant entretient avec les autres organisations révolutionnaires de l'époque. D'un côté, il se sent solidaire de la gauche dite historique, politique ou syndicale, dans la mesure où elle représente une force de déstabilisation de l'ordre établi. Mais d'un autre côté, tout parti, tout programme défini lui paraît suspect, en raison de la discipline qu'il commande dans le présent et du nouvel ordre qu'il vise à instaurer dans l'avenir, ordre qui peut devenir autoritaire et donc dangereux. Pour la jeunesse radicale, voir la révolution comme un instrument, comme le simple moyen d'une prise de pouvoir, ainsi que le fait la gauche constituée, c'est renier la vraie révolution en la détournant de ses fins, qui ne se trouvent qu'en elle-même, dans la poursuite et la radicalisation de son propre mouvement.

Une telle différence de perception ne pouvait donner lieu qu'à des alliances tactiques, plus ou moins ambiguës et toujours provisoires, entre étudiants et révolutionnaires «patentés», ou entre les étudiants et ceux que j'ai appelés les «réformateurs frustrés». Ces groupes, à vrai dire, n'ont jamais pu compter tout à fait sur l'agitation étudiante, qui était une agitation pure, une action «libre» et spontanée, et donc imprévisible, inencadrable par définition. Ils s'en serviront, certes, ils en tireront même avantage, mais jamais elle ne pourra entrer dans leurs plans, jamais elle ne sera «au service» de leurs objectifs. Toujours les étudiants et la jeunesse leur échapperont ou les déborderont par quelque côté, quand ils ne se dresseront pas carrément contre leurs entreprises en se réclamant d'une conception plus «haute» ou plus «authentique» de la Révolution.

La jonction paraîtra plus facile entre le mouvement étudiant et la «nouvelle gauche», c'est-à-dire les divers courants de pensée et d'action émancipatrice qui reposent moins sur la classe ouvrière «historique» que sur les nouvelles consciences «minoritaires» alors en voie de mobilisation. Cela veut dire tantôt les peuples opprimés par l'Occident, Noirs, Vietcongs ou Cubains, tantôt, au sein des sociétés occidentales elles-mêmes, les divers groupes d'exclus que constituent les assistés sociaux, les chômeurs chroniques, les immigrants, les détenus, les patients psychiatriques et autres victimes du système. (La question des femmes n'est pas encore à l'ordre du jour, ni celle des «gais».) Au Québec, le nationalisme des années soixante profite amplement de cette tendance des étudiants à s'identifier à tout ce qui, réprimé par l'ordre établi et donc potentiellement révolutionnaire, n'a pas encore de «théorie» fixe et donne plutôt lieu à des actions spontanées, inventives, libres, en dehors des stratégies et des programmes préconçus.

Là encore, cependant, l'alliance n'est pas sans ambiguïtés. Il est certain que la participation étudiante joue un rôle important dans le surcroît de «visibilité» dont jouissent alors ces mouvements d'émancipation et dans les gains réels qu'ils parviennent à obtenir. Il est certain aussi que les mouvements de jeunes ont contribué à la «conscientisation» et à la libéralisation certes limitées mais indéniables qui ont marqué la société de cette époque. Mais on peut se demander aussi dans quelle mesure les échecs de ces mêmes mouvements et l'essoufflement rapide qu'ils ont connu ne sont pas attribuables en bonne partie à leur noyautage et à leur récupération par l'idéologie et l'activisme étudiants.

Car l'agitation étudiante, quand elle monte à l'assaut du «deuxième front» et vise à «changer le monde», ne saurait admettre aucun programme ni aucun objectif précis. Ou plutôt, son programme, si on essaie aujourd'hui de se le représenter, n'est à proprement parler ni social, ni politique, ni économique, mais plutôt «métaphysique», je dirais, ou «cosmologique», c'est-à-dire si vaste, si absolu, qu'il en devient inexprimable, sauf à travers des slogans ou des bribes de discours de type poétique ou magique, dont la forme d'expression privilégiée est la banderole ou le graffiti anonyme. C'est, comme le dit une chanson de l'époque, une «rébellion sans cause», un refus sans objet, qui ne désire (ni ne peut, sans doute) se donner aucun terme positif, aucune utopie concrète vers quoi et au nom de quoi s'exercer.

Cela apparaît clairement dans le récit que font Hamon et Rotman de l'évolution ayant conduit en France aux événements de Mai 1968. Au départ, le mouvement possède une orientation politique assez cohérente, d'inspiration marxiste-léniniste, orientation qu'il gardera un certain temps dans ses discours et certaines de ses manifestations. Mais plus on avance dans la décennie et plus ce programme perd de sa pertinence. Des militants de la «révolution prolétarienne», on passe aux trotskystes et aux maoïstes, puis aux «enragés» et aux «situationnistes», et enfin aux purs amateurs de chahut, qui n'ont d'autre désir que de donner libre cours à leur fureur «ludique» et à leur besoin de sensations fortes. «Le pouvoir, les rapports de force, la tactique, écrivent les auteurs de *Génération*, ils s'en battent l'œil. La vraie révolution, c'est de prendre son pied sans attendre la révolution.»

À l'époque, ces pratiques «révolutionnaires» prennent souvent le nom de *contestation*, mot qui acquiert alors, selon le Robert, un sens nouveau, intransitif, désignant une «attitude» plutôt qu'une action, et entraîne la création d'un dérivé absent jusque-là de la langue: le mot «contestataire».

La contestation, c'est précisément la révolution en acte, quotidienne, terre-à-terre, dirigée contre des cibles variables et toujours nouvelles. C'est la guérilla lyrique: pour ne pas «se faire avoir», c'est-à-dire pour nourrir l'impatience, pour garder vivant le sentiment de sa propre puissance et faire en sorte que la fête ne finisse pas, on cherche partout les poches de résistance, on débusque partout le stable et le pesant, et on tire sur tout ce qui bouge, c'est-à-dire ne bouge pas. Professeurs, parents, patrons, dirigeants politiques, intellectuels, institutions, traditions, tout ce qui représente un ordre ou une stabilité est vu comme oppresseur, usurpateur et ennuyeux, et, comme tel, mérite d'être critiqué, voire abattu. Non pas nécessairement pour qu'apparaisse quelque chose de meilleur, mais pour faire place nette, tout simplement, et que le monde change, et que tout s'allège, et que ne se fige nulle part cette dialectique affolée, ce «beat» grisant que doit être le rythme de l'histoire.

L'ennemi, dans ces conditions, c'est d'abord le vieux. Et le vieux, c'est automatiquement, obligatoirement, l'assis, l'accroché, l'irrécupérable, le fasciste. Le fossile qui défend l'ancien monde et en vit grassement ou, s'il fait mine de céder, ne le fait que par duplicité, dans l'intention de «récupérer» ce qui le menace. C'est contre lui que se livre toujours la contestation, dont l'une des dimensions, trop souvent oubliée ou présentée comme accessoire alors qu'il s'agit d'une motivation essentielle, est bel et bien le refus instinctif, quasi viscéral, des aînés. «*Don't trust anybody over thirty!*»

Réduisant les êtres à leur différence biologique (l'âge), se fondant sur l'exaltation de ce qui est intact et pur (la jeunesse), se manifestant souvent par des comportements de suspicion et de mépris systématiques: refus d'écouter et de discuter, intolérance, impertinence, agressivité, cette attitude ne serait pas loin, parfois, d'une forme de racisme. Mais je crois que ce qui la définit le mieux, c'est ce qu'on pourrait appeler la conscience *aristocratique* du contestataire, c'est-à-dire la conviction d'appartenir à une caste à part, plus noble, plus parfaite, supériorité qui donne le droit, en présence du vieux, du «hors-caste», de se montrer arrogant et de le traiter comme un inférieur ou un indésirable. Les membres d'une aristocratie, écrivait Tocqueville, savent qu'«ils ne ressemblent point à tous les autres; ils n'ont point la même manière de penser ni de sentir, et c'est à peine s'ils croient faire partie de la même humanité. Ils ne sauraient donc bien comprendre ce que les autres éprouvent, ni juger ceux-ci par eux-mêmes», mais uniquement en fonction de leurs propres normes et de la supériorité dont ils se savent investis.

On répliquera — ainsi que plusieurs l'ont fait et le font encore — que ce refus du vieux, que cette «guerre au cochon», selon l'expression reprise par Bioy Casares, n'est que la riposte à un autre refus, à un autre «racisme», institutionnalisé et séculaire celui-là: l'exclusion de la jeunesse, la domination et le silence imposés de tout temps aux jeunes par les vieux dans l'organisation et la vie de la cité. Tout à fait typique de la sophistique lyrique, cet argument, qui voudrait interpréter la contestation étudiante, ainsi que tout le phénomène jeunesse des années soixante, comme une lutte de pouvoir, comme une espèce de guerre civile mettant aux prises deux adversaires également déterminés à s'emparer de la maîtrise de la société, cet argument, dis-je, gomme tout ce qu'une telle conjoncture a pu avoir de singulier. Certes, la flambée contestataire s'est produite à un moment où, dans presque tous les pays, le climat euphorique du début des années soixante le cédait de plus en plus à la morosité et à un certain raidissement de l'ordre établi. Aux États-Unis, c'était l'ère Nixon, l'assassinat de Luther King et l'enlisement de la guerre du Vietnam; en France, le régime gaulliste paraissait indélogeable et s'embourbait dans la routine; en Tchécoslovaquie, les chars russes entraient dans Prague; tandis qu'au Québec, la Révolution tranquille s'essoufflait et s'appelait Jean-Jacques Bertrand. L'horizon, en somme, comparé à ce qu'il avait pu être sous Kennedy, sous le premier de Gaulle ou sous Lesage, semblait bel et bien s'être refermé, et l'immobilité, la lourdeur gagnaient du terrain.

Mais de là à dire que la société repoussait la jeunesse, qu'elle tendait à l'exclure ou à la confiner, «obligeant» ainsi les jeunes à prendre de force la place qui leur était refusée, il y a un abîme que seule la rhétorique maximaliste de l'époque pouvait franchir sans difficulté. En fait, et malgré le raidissement circonstanciel dont j'ai parlé, jamais jeunesse n'a eu les coudées plus franches, ni plus de ressources à sa disposition, ni plus de marge de manœuvre. Les réformes qu'elle demande, elle les obtient la plupart du temps sans délai, en éducation notamment. Le droit de vote, on le lui accorde avant même qu'elle le réclame. Ses obligations s'allègent. Sans parler de ces autres libertés «triviales», pourtant si longtemps réclamées et niées: celle d'avoir les vêtements, les lectures, la musique, la carrière et les comportements sexuels de son choix, celle de ne pas aller à l'église, et même celle de rompre à tout jamais avec sa famille et son milieu. Jamais jusque-là, en d'autres mots, une génération de jeunes n'avait joui d'autant de latitude et d'aisance, ni n'avait été si peu «opprimée», si peu exclue par ses aînés.

Selon l'idéologie étudiante de l'époque, et selon le souvenir attendri qu'en garde encore aujourd'hui la génération lyrique, si les jeunes de ce temps ont été «contraints» de recourir à l'agitation et à la contestation, c'est parce qu'ils voulaient obtenir leur place au soleil et faire du

monde un lieu plus humain et plus ouvert. Mais il serait
plus juste de dire que c'est parce qu'ils les avaient déjà
amplement, cette place et ce monde, qu'ils ont pu
découvrir comme ils l'ont fait les plaisirs enivrants de
l'agitation et de la contestation, par lesquels s'exprimaient
moins leur révolte que leur assurance et leur joie. L'insou-
mission, en un mot, n'était pas d'abord une revendication
de liberté, mais bien le signe de cette liberté même.

NARCISSE MULTITUDINAIRE

À mon évocation du mouvement étudiant et des tumultes qui accompagnent la jeunesse de la génération lyrique, il manque un élément sans lequel on ne peut pas comprendre l'atmosphère de cette époque ni reconstituer la conscience de cette génération, telle qu'elle se forme alors et telle qu'elle demeurera par la suite. Cet élément, je l'appellerai le narcissisme démographique.

Employé notamment par Christopher Lasch, ce mot de narcissisme a beaucoup servi pour décrire la condition de l'individu moderne, tourné vers lui-même, préoccupé de son image et de sa «croissance» personnelle, assujetti à un moi déifié, inflationnaire, et donc en proie à une solitude et à une instabilité sans rémission. C'est sous un angle un peu différent que je voudrais aborder ici ce syndrome qui me semble un autre trait caractéristique de la génération lyrique, lié comme les précédents aux circonstances de sa venue au monde et qui, lui aussi, se manifeste pour la première fois d'une manière éclatante, fondatrice, dirais-je, dans le contexte des années soixante, dont le caractère archétypique s'en trouve accentué d'autant.

On imagine habituellement le Narcisse seul au bord de son étang, ne rencontrant partout que son propre visage, n'entendant que l'écho de sa propre voix, et ne voulant, ne sachant aimer personne d'autre que lui-même; le monde autour de lui est un désert, où l'on ne voit âme qui vive. En ce sens, on pourrait dire que l'attitude narcissique est le contraire même de l'expérience vécue par la génération lyrique, si nombreuse en vérité, si densément peuplée de garçons et de filles que tout repli sur soi, toute solitude individuelle en devient impossible.

C'est pourquoi je préfère parler de narcissisme démographique, ou collectif. Le repli sur soi, la contemplation et la jouissance de sa propre image sont ici le fait non de l'individu mais du groupe, non de chaque sujet en particulier mais de l'ensemble qu'ils forment, homogène, innombrable, se sentant à la fois distinct de tous les autres et seul dans le monde. C'est cela, déjà, qu'indiquait le sentiment de «centralité» dont j'ai parlé précédemment: étant donné la masse qu'elle représente et qui, en comparaison, fait paraître insignifiante celle des autres groupes, étant donné aussi l'attention admirative dont elle est l'objet de la part de ces mêmes groupes et leur refus (ou leur incapacité) de s'opposer à elle, cette génération peut non seulement se sentir différente et inassimilable, mais éprouver qu'il n'y a qu'elle de vraiment présente, de vraiment *réelle* dans l'espace social qui l'environne. Elle emplit à ce point le monde que le monde, effectivement, paraît la refléter tout entier.

Pour ces garçons et ces filles, le narcissisme collectif est d'abord une donnée concrète. Nombreux comme ils sont, ils vivent toujours dans le nombre et entre eux. Tout ce qu'ils font, tout ce qu'ils éprouvent, tout ce qu'ils pensent, ils sont invariablement une foule à le faire, l'éprouver, le penser. Leur cadre de vie, leur milieu naturel, c'est la multitude. Chacune de leurs expériences, chacun de leurs choix dits individuels prend la forme et l'ampleur d'une «vague» et se démultiplie aussitôt en une infinité d'expériences et de choix semblables faits *au même moment* par d'autres garçons et d'autres filles de leur âge, dans des conditions et pour des motifs également semblables. Leurs façons de se vêtir, leurs goûts musicaux, leurs lectures, leur optimisme ou leur révolte sont ceux de milliers, de millions d'autres jeunes qui font partie comme eux du groupe le plus dense et le plus visible, face auquel les autres groupes sont pour ainsi dire sans poids et comme inexistants, incapables en tout cas de se mesurer à lui et de résister à ses mouvements.

Mais le narcissisme consiste aussi, pour l'individu contenu dans cette multitude, à ne rencontrer autour de lui que d'autres individus semblables à lui, ayant le même âge, portant les mêmes vêtements, écoutant les mêmes disques, fréquentant les mêmes cafés-terrasses et nourrissant la même vision du monde, les mêmes préoccupations, les mêmes attentes. L'autre n'est plus l'autre, le différent, l'étranger, celui que je dois affronter et en présence de qui je dois accepter de sacrifier une part de ce que je suis. En fait, il n'y a plus d'autre, mais un gigantesque *nous* pareil à moi-même, qui m'accueille, m'enveloppe, me prolonge et apporte à mon existence une confirmation et un élargissement de chaque instant. Il suffit de regarder autour de moi, de sentir battre au rythme de mon cœur le cœur unanime de mes semblables, pour être à la fois rassuré et exalté, et donc pour n'avoir qu'un seul désir, un seul espoir: être à jamais parmi eux, avec eux, en eux, dans le même cortège, dans la même mouvance de l'histoire. Vivre, c'est vivre nombreux, c'est vivre «in», c'est-à-dire se retrouver toujours face à soi au milieu de tous.

Cette génération acquiert ainsi, dès son entrée dans la vie publique, l'habitude de la dissolution dans une foule immense qui est à la fois pour l'individu sa projection et son annulation, son miroir et son tyran. Une expérience, si elle n'est pas vécue en foule, si elle ne rend pas l'individu complice de millions d'autres, paraît comme dépourvue de valeur et de réalité. Chaque désir, chaque opinion, chaque «feeling» n'a de signification que s'il rejoint celui d'une infinité d'autres jeunes tous pareils à soi, qui tous s'y iden-tifient pour, tous ensemble, se reconnaître solidaires et, tous ensemble, se distinguer de leurs aînés.

Cette conscience du nombre, ce sentiment d'être porté par quelque chose de plus grand et de plus fort que soi, ce sens statistique de sa propre identité, pourrait-on dire, sera pour les enfants de la génération lyrique (et du baby-boom) un autre élément de base dans la définition de leur per-sonnalité et de leur esprit. Aucune autre génération, avant ou après celle-ci, n'éprouve à ce point sa propre cohésion et son propre poids démographique, aucune ne se voit autant qu'elle comme un essaim compact et uni, lié par une totale communauté de vues et d'expériences. Ce sen-timent d'appartenance — ce grégarisme foncier, diraient les méchantes langues — est si fortement ancré et si évi-dent aux yeux de ces garçons et de ces filles qu'il en vient à supplanter tout autre caractère par lequel ils seraient tentés de se définir. Ainsi en va-t-il des clivages socio-économiques, qui subsistent, certes, mais perdent beau-coup de leur pertinence et n'empêchent plus les enfants d'ouvriers et de bourgeois, les jeunes de la ville et ceux de la campagne d'avoir les mêmes goûts, les mêmes désirs, le même langage, la même allure gracieuse et décontractée. Même chose pour les différences de langues ou de cultures nationales, qui tendent elles aussi à s'effacer ou à passer au second plan devant la montée de ce que les sociologues appellent la nouvelle «sous-culture» des jeunes, pareille d'un bout à l'autre de l'Occident, ayant partout les mêmes références et charriant — par-delà quelques nuances locales assez superficielles — les mêmes valeurs et les mêmes modèles.

Classe d'âge offrant l'image d'une société sans classes, nouvelle Internationale fondée sur le rejet des barrières linguistiques et culturelles, la génération lyrique serait ainsi la première génération tout à fait démocratique de l'histoire, elle qui érige en culte, qui se donne comme morale non seulement l'égalité mais la similitude. Non seulement le partage mais la disparition de chacun en tous, l'absorption du sujet séparé, autocratique, dressé au centre de sa conscience individuelle comme dans une île dont il garde jalousement les frontières, son absorption, dis-je, dans un «sujet» vague et sans limites qui est celui de tout le groupe auquel il appartient.

Dans les années soixante, cette conscience multitudinaire est avant tout celle d'être jeune, d'être beau, de déborder de vigueur, et d'avoir le monde à soi pourvu qu'on le désire. Si bien que le narcissisme de cette époque est essentiellement joyeux et confiant. C'est la multitude des jeunes dansant devant leur propre beauté et leur propre puissance, célébrant leur venue dans le monde et se mirant dans les yeux, les voix, les gestes les uns des autres. Cette dimension, me semble-t-il, est une de celles qui donnent à l'agitation étudiante son caractère si particulier de carnaval, de vaste «party» se déchaînant à l'échelle de toute une société. Dans leurs «sit-ins», dans leurs marches scandées de slogans, dans cette grande «fête immotivée» de Mai 1968, comme disent Hamon et Rotman, ce qui soutient les jeunes contestataires et les rend toujours plus sûrs d'eux-mêmes, toujours plus audacieux, ce n'est pas seulement le plaisir de la subversion et le sentiment de leur puissance. C'est aussi, et peut-être plus profondément, la découverte de leur solidarité «générationnelle»: l'émerveillement d'éprouver ensemble les mêmes émotions, de se dresser ensemble contre les mêmes «croulants», de sentir ensemble les mêmes frustrations et les mêmes désirs. La joie, en somme, de se reconnaître pareils et de s'aimer. Ils se parlent, ils se touchent, ils se tiennent par la main, ils marchent d'un pas commun, ils vibrent à l'unisson: ils sont entre eux, innombrables et enfin seuls.

Dans la contestation, la joie de l'appartenance est mêlée de révolte contre autrui, un autrui dont la présence ne fait que renforcer et exacerber cette joie, car il oblige les jeunes à resserrer leurs rangs, à se coller encore plus étroitement les uns aux autres pour préserver le sentiment (la sensation) de leur solidarité et de leur ressemblance. Mais il reste que c'est une joie entachée de colère et de négativité. Pour observer le Narcisse multitudinaire à l'état pur, il faut se tourner vers un autre courant tout aussi caractéristique de l'époque et dont l'agitation étudiante n'est peut-être, en définitive, qu'une manifestation parmi d'autres, un peu plus violente, un peu plus «extériorisée», mais dont les motivations et le sens profond sont les mêmes.

Il s'agit de ce qu'on peut appeler les fêtes de la jeunesse, dont le modèle demeure le rassemblement monstre de Woodstock, à Bethel dans l'État de New York, du 16 au 18 août 1969. Mais Woodstock n'est que le plus célèbre d'une longue série d'événements semblables ayant eu lieu dans divers pays entre 1967 et 1972 environ. Au Québec, outre quelques festivals calqués sur ceux qui se produisent alors aux États-Unis ou en Angleterre, c'est surtout l'Exposition universelle de Montréal, pendant l'été 1967, qui marque cette explosion d'allégresse juvénile. Si uniques qu'ils soient, ces événements ne font toutefois que condenser en quelques moments particulièrement intenses ce qui apparaît comme un courant de fond de toute cette décennie, animée, perturbée, traversée de bout en bout par l'immense remous de joie que crée partout le déferlement de la nouvelle génération. D'où, d'ailleurs, la charge éminemment symbolique de ces événements-phares ponctuant une histoire qui, aux yeux de cette génération, représente le moment idyllique où elle a été elle-même de la manière la plus exacte et la plus éclatante.

Fêtes, donc, que ces rassemblements de jeunes qui sont, comme toute fête, des rassemblements *sans motif.* Je veux dire: des manifestations qui ne servent aucune cause particulière, aucune idéologie, qui ne protestent contre rien, ne revendiquent rien, et d'ailleurs ne rencontrent aucune opposition. Des événements «purs», en quelque sorte, qui n'ont d'autre signification que de se produire, en tel lieu et à tel moment, avec le plus d'éclat possible; ce que dit bien le mot nouveau qui les désigne: «*happening*».

On se rassemble pour le simple plaisir de se rassembler, de former une foule, d'éprouver pendant un instant de grâce (qui peut durer plusieurs jours) son appartenance à quelque chose de plus vaste et de plus fondamental que soi-même. Au fond, cela tient du pèlerinage, et c'est d'ailleurs en errants venus des quatre horizons, le sac au dos et la foi au cœur, qu'affluent dans le petit village de Bethel ou dans les îles édéniques de «Terre des hommes» ces garçons et ces filles pénétrés de la même ferveur et tous assurés que la révélation aura lieu.

Mais cette révélation, mais le dieu qu'ils viennent prier, aucune statue ni aucun sanctuaire ne le représentent. Car il est en eux, il est ce qu'ils portent en eux de meilleur et de plus précieux: leur propre jeunesse. Ils se sont dépouillés de tout, ils ont laissé là leurs parents, leurs maîtres, leurs employeurs, et ils ont parcouru des milliers de kilomètres pour assister à cette apparition, pour se baigner dans cette eau miraculeuse: le spectacle de leur génération innombrable et triomphante. Ils sont venus pour se voir et pour s'adorer.

C'est pourquoi l'aspect le plus frappant de ces fêtes est toujours l'énormité des foules qu'elles rassemblent. Ce seul aspect, déjà, fait toute la fête. Plus le nombre de pèlerins est élevé, plus il devient à proprement parler incalculable, et plus la foi augmente, et avec elle l'exaltation. Car plus s'avive alors le sentiment d'appartenance et de solidarité, sentiment qui réalise pleinement cette dissolution de l'être, cette plongée dans la *continuité* par quoi Georges Bataille définissait la plus haute expérience érotique. Noyé dans une foule qui ne cesse de croître et de s'étendre de tous côtés, chaque participant sent son identité peu à peu se brouiller, s'ouvrir, se délivrer de ses limites et se répandre tout autour, pour n'être plus bientôt que l'écho de cet immense corps vibrant qui est à la fois le sien et celui de tous.

C'est pourquoi aussi ces fêtes sont toujours, non pas accompagnées, mais imprégnées, ordonnées, ritualisées par deux éléments qui en règlent la liturgie: le rock et la drogue. Le rock, en effet, est la musique sacrée du culte rendu au Narcisse multitudinaire, celle qui en exprime parfaitement l'esprit et le «miracle». Comme je l'ai déjà dit, c'est une musique de la transe. Mais plus précisément, c'est une musique de la transe *collective*, dont le propre est de ne pas «s'écouter» mais de commander plutôt une sorte de possession, qui requiert l'abolition de l'individu et sa soumission entière, immédiate, à l'emprise d'un rythme et d'un bruit qui occupent tout l'espace, au dehors comme au dedans. Aussi le rock n'est-il jamais aussi pur ni aussi puissant que lorsqu'il résonne sur une foule rassemblée, la submergeant, la transportant, se confondant totalement à sa clameur et en devenant pour ainsi dire le pouls, l'âme révélée et partout répandue.

Le rock serait par là assez proche de la musique militaire, dont il se distingue cependant en ce que, loin de discipliner les mouvements de la foule qu'il domine et d'interdire les écarts individuels, il répand au contraire le dérèglement, la surabondance des écarts et crée ainsi une masse pure, c'est-à-dire une unité grouillante, sauvage, d'autant plus forte et serrée qu'elle permet, qu'elle exige même le désordre et la confusion. Il y aurait par là, entre une marche martiale et un air rock, la même continuité et la même différence — le même «progrès», disons — qu'entre un principe de physique newtonienne et une loi probabiliste moderne: l'une et l'autre instaurent de l'ordre et de la cohérence, la première par l'élimination de la pluralité, la seconde par sa profusion indéfinie.

La transe est également ce que produit la drogue. Transe individuelle, certes, oubli de soi et accès aux «paradis artificiels» explorés déjà par les poètes et les artistes, mais transe collective également, dans la mesure où l'usage de la marie-jeanne et du haschisch, ou même celui des drogues plus «dures», cesse au cours des années soixante d'être une expérience solitaire, comme c'était le cas chez un Baudelaire ou un Henri Michaux par exemple, pour devenir avant tout une activité «sociale», accomplie et célébrée en foule, comme un rite permettant de «s'éclater», c'est-à-dire de rompre l'isolement et de disparaître dans cette foule corps et âme. Le «voyage» psychédélique est toujours, à cette époque, un voyage de groupe.

Woodstock, Expo 67 et les autres fêtes de la jeunesse restent des moments d'exception, bien sûr, comme le sont d'ailleurs les grands pèlerinages et les célébrations religieuses. C'est même leur rareté, en grande partie, qui leur confère tant d'éclat et qui en fait des événements à la fois si intenses et si révélateurs. Cela dit, même en dehors de ces moments privilégiés, le culte ne s'éteint pas pour autant. Il se maintient vivant tout au long de l'époque, aussi bien dans la vie publique que dans celle de chaque individu. Y contribue d'abord l'envahissement, l'omniprésence du rock, qui agit comme une grâce permanente et un rappel constant de la vérité révélée. Car même entendu en privé, entre les quatre murs d'une chambre ou, plus tard, à travers les écouteurs d'un «walkman», le rock reste toujours une musique du nombre et de la dépersonnalisation joyeuse. Et la même remarque vaut pour la drogue. Même consommée clandestinement et dans la solitude, elle conserve toute sa vertu eucharistique, je dirais, qui libère l'usager de lui-même et le rassure en le reliant à la communauté, au «corps mystique» des jeunes de son âge.

Mais l'entretien du culte et de ses sacrements dépend aussi d'une caste spécialisée, aux fonctions proprement sacerdotales: la caste des *hippies*, ces moines de la jeunesse dont le rôle est de témoigner toujours et en tous lieux, par leurs gestes et leur allure, de la présence et de la puissance du dieu. L'attitude, la morale hippie, telle qu'elle apparaît en Californie dans le courant des années soixante pour se propager aussitôt dans tous les pays, ressemble beaucoup à une forme de prêtrise. Elle repose sur le renoncement à toute autre qualité, à toute autre définition de soi, à son nom même, en faveur de cette unique vertu: être jeune. C'est-à-dire beau et pur, innocent, délivré du monde et porteur de sa régénération.

Un peu comme le prêtre est un croyant plus croyant que les autres et tout entier voué à sa foi, de même le hippie est un jeune homme ou une jeune fille entièrement consacré à sa jeunesse. Et comme le prêtre par rapport aux croyants ordinaires, sa vocation n'est pas de différer des autres jeunes, mais de leur ressembler le plus fidèlement possible, de manière hyperbolique, en leur renvoyant d'eux-mêmes une image épurée, délivrée de tout ce qui n'est pas leur vérité la plus profonde. Contrairement aux clochards ou aux «hobos» de jadis, les hippies ne sont pas des marginaux, ou, s'ils le sont, c'est que leur marginalité reflète à l'extrême celle dont se réclame toute la jeunesse du temps. Vivant en petits groupes nomades comme autrefois les disciples de François d'Assise, ou en «communes» sédentaires comme ceux de Bernard de Clairvaux, car on ne trouve guère parmi eux d'ermites ni de cénobites, ils parlent aux fleurs et aux oiseaux et prêchent par l'exemple la croisade pacifique contre les vices du temps. Ce sont en fait les hérauts de cette génération, qui d'ailleurs se reconnaît en eux, les vénère, les imite, adopte leur «look» et rêve de leur liberté, précisément comme font les fidèles à l'égard de leurs saints et de leurs prêtres. Car l'esprit hippie, le «message» hippie n'est que la projection ou la systématisation de l'esprit et du message dont toute la génération lyrique est porteuse: infinie légèreté du monde, facilité d'être et d'agir, conviction de former une nouvelle humanité meilleure et pure, joie de se trouver à la fois pareils et seuls, ensemble et à l'écart.

Quand on regarde aujourd'hui des portraits de hippies ou des photographies prises lors de ces grandes fêtes mémorables qui rassemblaient la jeunesse de l'époque, on est surpris, car on n'y avait guère pensé alors, par l'étrange *ressemblance* qui unit tous ces êtres. C'est partout le même t-shirt, le même blue jean délavé, le même bandeau au front, les mêmes pieds nus. Chaque garçon, chaque fille semble le jumeau, la jumelle de chaque autre. Et d'ailleurs la différence entre garçons et filles est à peine perceptible: même visage ouvert, même chevelure en broussaille, même silhouette fine et souple, comme on imagine celle de l'Hermaphrodite originel. Mais la ressemblance ne s'arrête pas aux corps: elle touche aussi les gestes, les attitudes, l'expression des visages, les pensées sans doute. Partout brille le même regard, mi-ravi mi-impertinent; partout le même sourire; partout, *la même extase*, cent fois, mille fois répétée. Si bien que tout ce fouillis d'individus, les uns dansant et chantant, les autres battant des pieds et des mains, d'autres encore dormant sur le sol ou s'embrassant parmi la cohue, apparaît bientôt comme un seul être gigantesque, identique, n'arrêtant pas de se reproduire et de se mirer en lui-même à l'infini, vertigineusement. Alors vous *voyez* ce qui provoque cette impression de vertige: il ne se trouve, dans toute cette foule, aucun élément étranger, pas un seul visage un peu mûr, pas un seul vieillard. Rien ne cloche dans la photo, rien ne diffère: tous ont le même âge, la même jeunesse, et c'est cela, en fait, qui les rend à la fois si heureux et si beaux.

LA JEUNESSE ÉTERNELLE

Au fond, tout ce que j'ai dit dans les deux ou trois derniers chapitres et présenté comme caractéristique de la génération lyrique — sentiment de la légèreté du monde, foi en sa propre puissance, habitude de se reconnaître dans le groupe, affirmation narcissique de sa différence —, tout cela appartient aux adolescents de toujours. C'est le propre de cet âge, quelles que soient la génération ou l'époque, de se croire le nombril du monde et de se révolter. La génération lyrique, en ce sens, n'innove en rien.

Et pourtant, tout sépare sa jeunesse de celle des générations qui l'ont précédée, dans la mesure où c'est une jeunesse sans frein, une jeunesse absolue qui, si elle présente toute la fougue, la beauté et l'énergie propres aux jeunes de toujours, ne subit ni les tourments ni les frustrations qui sont le lot ordinaire des humains de cet âge. Ce qu'elle a connu dans l'enfance, cette génération le connaît donc à nouveau ici: sa jeunesse est une réinvention de la jeunesse, c'est-à-dire une jeunesse vécue dans des conditions toutes nouvelles, uniques dans l'histoire et dues là encore à la bonne étoile sous laquelle elle a eu le bonheur de naître.

Car la jeunesse, quand on y songe, est en soi un état assez peu enviable. C'est d'ailleurs ainsi, plus ou moins, qu'elle a été imaginée — et vécue — non seulement dans les civilisations dites traditionnelles mais également dans la société moderne jusqu'à l'aube des années soixante. Âge hybride, à mi-chemin de l'enfance et de la condition adulte, âge contradictoire où l'on est en proie à une identité aussi farouche qu'incertaine, elle marque la grande mue par laquelle s'achève le processus de maturation physique et mentale commencé dès la naissance. Maintenant formé, l'être entre en possession de ses facultés; il n'a plus besoin de soins ou de protection, il peut procréer, travailler, penser. Sur le plan biologique, la nature a terminé son œuvre et l'individu a désormais tout ce qu'il faut pour survivre, mûrir et aller vers la mort. Sur ce plan, d'ailleurs, l'adolescence, et en particulier ses dernières années, représentent une sorte de perfection: jamais le corps de l'homme et de la femme n'est aussi beau ni leur esprit aussi souple qu'en cette période où ils sortent pour ainsi dire de la gangue. La jeunesse, par là, a bel et bien quelque chose de divin.

Mais cette divinité, autrefois, était une divinité enchaînée. Car être jeune, c'était aussi, paradoxalement, ne pas pouvoir employer les ressources immenses dont on était le dépositaire. À la maturité biologique du jeune s'opposaient son immaturité et son impuissance sociales. La communauté, c'est-à-dire les aînés, ne pouvait accorder à cet être encore incompétent le droit ni le pouvoir de la gouverner ou de la transformer, si bien que, le considérant comme un mineur, elle continuait à le protéger et à le tenir sous surveillance.

Ce contraste entre la maturité et l'impuissance, entre l'enfance achevée et l'âge adulte encore inaccessible, entre la possession des moyens de l'autonomie et la dépendance qui perdurait, faisait du jeune homme ou de la jeune fille un être tourmenté et anxieux. D'un côté, ils se sentaient prêts à vivre et à agir par eux-mêmes; de l'autre, leurs aînés les en empêchaient et les maintenaient à l'écart. D'où les crises de solitude existentielle et de révolte, les refus et les rêves, d'autant plus excessifs qu'ils n'avaient pas à affronter le monde, gouverné et gardé soigneusement à distance par les aînés.

D'où aussi la honte associée à l'expérience de la jeunesse. Car son infériorité sociale, le jeune, qu'il le veuille ou non, l'intériorisait, se l'attribuant à lui-même comme un défaut et en ressentant une sorte de culpabilité, ou du moins une insatisfaction qui le rendait impatient d'en finir au plus tôt avec cette phase creuse de son existence, avec cette attente désespérante qu'était sa jeunesse. Aussi s'efforçait-il de dissimuler son immaturité et ne souhaitait-il rien tant que d'être admis parmi ses aînés. Il les imitait, adoptait leur langage et leurs comportements, tentait de se mêler à eux. Bref, il essayait d'oublier et de faire oublier sa condition de jeune, son infirmité, sa malédiction.

Mais il n'y avait qu'un moyen de quitter cet état et de racheter cette faute: c'était de renaître, ou de naître vérita-blement, en franchissant une nouvelle maturation, sociale et culturelle cette fois, par laquelle l'individu s'imprégnait de la tradition, des valeurs et des savoirs formant le bien de sa communauté et dont seules la connaissance et la prise en charge pouvaient faire de lui un adulte et un citoyen à part entière, méritant à la fois la liberté, la pleine confiance des aînés et son admission parmi eux. Jusqu'au moment de cette «initiation», le jeune restait un jeune, c'est-à-dire un membre inférieur au sein du groupe, sans pouvoir parce que sans responsabilité, toujours dépendant et soumis.

C'est dire que la jeunesse n'avait qu'un but: sortir de la jeunesse. Ce qui ne signifie pas qu'elle était sans valeur. Au contraire, c'était une période cruciale, de préparation, de transition, d'intégration progressive à la communauté; la

période au cours de laquelle, pour reprendre l'idée de
Hannah Arendt, l'enfant, cet étranger, ce «barbare» nouvellement débarqué dans le monde, donc cet élément
potentiellement menaçant, prenait connaissance du
monde, s'y «acculturait», comme on dit aujourd'hui, et
devenait ainsi apte à en faire pleinement partie. C'était, en
un mot, la période de l'*apprentissage*.

Ce mot, on le sait, possède un sens anthropologique
précis, désignant justement le processus par lequel l'être
jeune et inexpérimenté, qui n'a pas encore fait siens les us
et coutumes de son milieu, peu à peu les acquiert en
observant et en s'assimilant l'exemple ou l'enseignement de
ceux qui le précèdent dans la vie, ses parents, ses maîtres,
ses aînés. C'est donc un phénomène à double versant.
D'un côté, il y a augmentation de l'être: en découvrant
des connaissances, des habitudes, un savoir-faire et des
valeurs qui lui étaient inconnus jusqu'alors, le jeune —
l'«apprenti», l'«élève», le fils ou la fille, le *novice*, en somme
— s'ajoute à lui-même quelque chose qu'il ne possédait
pas; il «grandit». Mais d'un autre côté, à ce profit correspond une perte non moins réelle, dans la mesure où tout
apprentissage implique aussi un renoncement. Ces connaissances, ces valeurs, le jeune les reçoit d'autrui; elles lui
sont imposées de l'extérieur; leur acquisition et leur
maîtrise exigent donc de sa part une forme de docilité,
sinon de soumission: il doit non seulement reconnaître
l'autorité de ses maîtres et à travers eux celle de la communauté, mais accepter de se plier à cette autorité en faisant
taire ses propres désirs et ses propres «idées», en se privant
d'une partie de lui-même pour laisser «l'autre» advenir en
lui et le refaçonner.

C'est ce côté négatif ou privatif de l'apprentissage —
comme «refoulement» et comme «sublimation» —
qu'illustre surtout la grande tradition littéraire dite du

«roman d'éducation» ou *Bildungsroman*, aussi appelé
«roman d'apprentissage». Sa structure de base, qui est toujours la même, possède quelque chose d'archétypique tant
elle semble correspondre à un schéma fondamental de
l'existence humaine. Cette structure pourrait se résumer en
trois temps. (1) Plein de fougue et de désir, un jeune
homme quitte sa famille et part à la conquête du monde.
(2) Son aventure, à mesure qu'elle se déroule et que le
jeune homme prend de l'âge, de conquête se transforme
bientôt en épreuve: peu à peu (ou tout d'un coup, peu
importe) le héros perd son innocence et fait l'expérience de
la résistance du monde. (3) Devant cette adversité, enfin,
c'est-à-dire devant l'échec de son désir, ou bien le héros
refuse d'y renoncer et n'a alors d'autre choix que de s'exiler
définitivement du monde, ou bien il accepte de «se rendre»
et de vivre dans le monde tel qu'il est; en d'autres mots,
soit il se dépouille de sa jeunesse et rentre chez lui (voir
L'Éducation sentimentale), soit il reste jeune et en meurt
(voir *Les Souffrances du jeune Werther*).

L'important, dans ce schéma, c'est que *jamais* le héros
n'est victorieux. Ou plutôt, sa victoire ne réside jamais dans
la réalisation de son désir ou la préservation de son innocence première, mais bien dans une sorte de «réveil» ou de
«retour sur terre»: la reconnaissance de la solidité et de la
supériorité du monde. Le roman d'apprentissage, c'est
l'épreuve du réel: le jeune homme meurt pour que naisse
l'homme fait; le pur désir échoue, ou mieux, se transforme
en conscience, en connaissance du monde et de soi-dans-
le-monde; la poésie rencontre la réalité, et l'âge de la prose
peut dès lors commencer.

On voit où je veux en venir. Il me semble en effet que
ce qui fait la particularité de la jeunesse qu'ont vécue les
premiers-nés du baby-boom — et cela résumerait tout ce
que j'ai pu en dire jusqu'ici —, c'est que cette jeunesse *n'a*

pas été le roman d'apprentissage qu'est ordinairement toute jeunesse. Plus exactement, la génération lyrique a connu les profits de l'apprentissage, elle les a même connus à foison, par l'éducation qu'elle a reçue et l'attention bienveillante des adultes à son endroit; mais elle en a évité pour l'essentiel les affres et les frustrations, c'est-à-dire l'obligation de tempérer ses désirs et de plier devant la «dure réalité» du monde. À ces jeunes, en fin de compte, tout aura été donné et rien n'aura été demandé ni imposé en retour. Ils n'auront pas eu, pour justifier leur admission dans l'âge adulte, à reconnaître l'autorité ni à reprendre l'héritage de leurs prédécesseurs; ils n'auront pas eu à faire la preuve de leur sagesse ni à justifier la confiance qu'ils réclamaient. Ils n'auront pas eu, en somme, à renoncer à leur jeunesse.

Les raisons en sont aisées à comprendre. Ce sont celles qui gouvernent tout le destin de cette génération, et auxquelles je dois donc sans cesse revenir. Il y a d'abord le nombre des jeunes, leur envahissement qui, par le déséquilibre ainsi créé, affaiblit d'autant l'influence des groupes plus âgés et rend difficile tout encadrement «efficace» des nouveaux venus. Les structures traditionnelles d'accueil et d'intégration — structures humaines et physiques aussi bien que culturelles et idéologiques — sont submergées.

Mais les rapports quantitatifs ne sont pas seuls en cause. Joue également, et de manière plus décisive peut-être, l'attitude des aînés eux-mêmes: cette «humilité» qu'ils éprouvent face à leurs rejetons, cette foi absolue en l'avenir que symbolise à leurs yeux la nouvelle génération les incitent à relâcher leur contrôle et leurs exigences, et ainsi à «alléger» la jeunesse de ces enfants de la lumière. L'apprentissage avait pour but d'assurer entre les générations la continuité du monde. Or, quand on ne veut plus de cette continuité, quand ce qu'on veut au contraire c'est que le monde ne soit plus ce qu'il a été, comment alors, au nom de quoi imposerait-on aux nouveaux venus de se soumettre et d'«apprendre» le monde avant que d'y entrer?

Je l'ai dit, jamais société n'a offert si peu de résistance à sa jeunesse. Cette «centralité» que la génération lyrique s'attribue, personne ou presque ne la lui conteste. Au contraire, on la lui cède volontiers, sans coup férir, quand on n'essaie pas d'*en remettre* et d'aller au-devant de ses attentes. Ainsi en va-t-il, par exemple, des mœurs sexuelles. On dit souvent des années soixante et soixante-dix qu'elles marquent à cet égard une grande «révolution», qui fait voler en éclats les vieux interdits et répand partout une liberté, une spontanéité, un droit à l'épanouissement érotique jamais connus jusqu'alors. Cela est indéniable. Mais en quoi exactement a consisté cette révolution? Depuis la nuit des temps, comme on dit, l'adolescence et la jeunesse ont toujours été la période des découvertes et des «expérimentations» sexuelles, vécue par tout jeune homme ou toute jeune fille comme un moment particulièrement intense, de trépidation et d'extase, certes, mais aussi d'impatience et de défi contre les «tabous» et la morale établie. Le temps qu'elle durait, l'adolescence était ainsi, sur le plan sexuel, une période de révolte, d'audace, de libertinage au moins potentiel, c'est-à-dire de transgression réelle ou imaginaire des règles imposées par la communauté. Mais contre ces mêmes règles, la révolte restait toujours impuissante et le jeune, si endiablé fût-il, finissait par «apprendre» les «codes» de la communauté adulte et par y aligner ses conduites. La liberté sexuelle, en d'autres mots, était une liberté restreinte et provisoire, à laquelle il fallait un jour ou l'autre renoncer, ce qui à la fois l'exacerbait et augmentait le plaisir en même temps que la culpabilité. Or la nouveauté, à l'époque de la génération lyrique, vient de ce que cette liberté ne rencontre plus de telles limites. Non seulement plus rien ne s'oppose à l'expression du désir adolescent, mais celui-ci devient lui-même la norme, le modèle universel de toute vie sexuelle «équilibrée». Des quinquagénaires, des mères de familles, des prêtres, fascinés par le bonheur des jeunes amants, se découvrent soudain frustrés de plaisir, refoulés, «en manque» d'épanouissement, et n'ont rien de plus pressé que de renouer avec l'ardeur libidinale de leurs vingt ans. Si bien que leur frénésie d'expériences et de liberté sexuelles, les jeunes de cette génération, loin d'avoir à y renoncer, l'auront vue devenir la nouvelle morale, le nouveau code admis par l'ensemble de la communauté.

Au fond, il se passe pour les mœurs ce qui se passe pour la musique rock. Tandis que le jazz, vingt ou trente ans plus tôt, avait subi une véritable répression et était demeuré longtemps dans la quasi-clandestinité parce qu'il était jugé étranger et subversif, le rock, lui, est tout de suite accueilli en dehors de son «public cible», par l'ensemble de la société, non seulement avec indulgence et compréhension, mais souvent avec un enthousiasme proche de celui des jeunes rockers eux-mêmes. En quelques années, le son des guitares électriques sera devenu la musique obligée des soirées de familles, des rassemblements populaires, des congrès politiques et même des offices religieux.

La jeunesse de la génération lyrique aura eu ainsi l'aspect d'un roman de non-apprentissage, ou d'un anti-roman d'apprentissage, comme on veut. Ici, le héros triomphe. Il part à la conquête du monde, et le monde, d'emblée, lui appartient. Il fonce tête baissée sur la réalité, et la réalité obéit à son désir. L'expérience, dans cet univers renversé, n'est que la confirmation, l'exacerbation de l'innocence, et la prose est sans recours contre l'omnipuissance de la poésie. C'est un apprentissage *lyrique*.

Évidemment, les conséquences de cet apprentissage esquivé ou escamoté (selon le point de vue) seront considérables. Elles le seront surtout pour la génération lyrique elle-même, dont la jeunesse aura été pur enchantement, pure aventure exempte d'épreuve, et surtout: sans fin. Car l'apprentissage, comme je l'ai dit, n'était pas seulement le sort — heureux et malheureux — réservé à la jeunesse; il était aussi ce par quoi la jeunesse était passagère, ce par quoi l'on s'en dépouillait, pour ainsi dire, comme d'une peau provisoire, trop tendre et trop fragile. Or la génération lyrique n'aura guère idée de ce caractère transitoire de la jeunesse, et la sienne lui semblera ne jamais devoir s'achever. Ayant pris conscience d'eux-mêmes *en tant que jeunes*, ayant défini par là et leur identité et leur différence, et n'ayant rien rencontré qui les force à s'en défaire, ces garçons et ces filles s'accrocheront à la jeunesse comme à leur âme même, à leur identité la plus précieuse et la plus profonde. Aussi se sentiront-ils longtemps incapables de la quitter — ou de reconnaître qu'elle les a quittés.

Leur jeunesse, en un mot, deviendra *éternelle*.

Troisième partie

L'ÂGE DU RÉEL

LA PRISE DE CONTRÔLE

Parce qu'elles ont marqué le premier moment où la génération lyrique se manifestait avec éclat dans la vie publique, les années soixante et la première moitié des années soixante-dix possèdent bel et bien quelque chose d'unique. Mais ce serait faire erreur que de s'en tenir à cette seule époque pour saisir tout ce qui fait l'esprit de cette génération et la singularité de son destin. À vrai dire, ces années n'étaient encore qu'un prélude. Elles annonçaient l'action proprement dite, elles la préparaient, elles en fixaient d'avance les paramètres et les grandes orientations. Mais cette action elle-même, il faut attendre la décennie suivante pour y assister véritablement, c'est-à-dire pour voir tout ce qui se tramait dans les piaffements de la jeunesse prendre des formes mieux accomplies et se traduire dans les faits. Il faut attendre, en d'autres mots, que la vague humaine — ou mieux: cette crête de vague qu'est la génération lyrique —, en débouchant enfin dans l'âge adulte, prenne le contrôle de la société et s'applique à la modeler selon ses vues.

On peut dire, bien sûr, qu'un tel contrôle existait déjà, dans la mesure où la jeunesse donnait le ton à l'époque

précédente et y exerçait une influence on ne peut plus
décisive sur ses aînés. Mais ce contrôle — ainsi que le
suggérait mon image du «chœur» — était avant tout moral
et, comme tel, demeurait indirect, ce qui le limitait forcément. Quoique la génération lyrique formât déjà le centre
de gravité de la société, la maîtrise effective de celle-ci
continuait de lui échapper. Adolescents, étudiants, tout
jeunes adultes, c'était encore une génération *mineure*;
insoumise, sans doute, exigeante, impatiente d'agir, mais
toujours dépendante et, à ce titre, tenue à l'écart des
«leviers du pouvoir».

C'est ce qui va changer à mesure qu'on avance dans les
années soixante-dix et qu'on entre dans les années quatre-
vingt. Abordant la trentaine et bientôt la quarantaine, quittant leurs parents et leurs maîtres, les enfants de l'après-
guerre s'établissent dans la vie, comme on dit, et prennent
sur eux le destin de la communauté. Au delà de ces por-
tiques ou de ces «marches» du monde qu'étaient encore
l'enfance et la jeunesse, leur masse envahit à présent le
monde lui-même: ils atteignent l'âge mûr, qui est celui de
l'indépendance, celui de la révélation et de l'accomplissement. L'âge du réel.

Dans l'histoire merveilleuse des premiers-nés du baby-
boom, une nouvelle période commence donc à compter du
milieu des années soixante-dix, qui s'étend jusqu'à aujour-
d'hui et n'est sans doute pas près de s'achever. Maintenant
libres de vivre et d'agir à leur guise, ils vont montrer désormais ce dont ils sont capables, c'est-à-dire ce dont les ont
rendus capables leur bonne étoile et l'expérience de leur
jeunesse. En ce sens, on peut dire que cette période sera
plus révélatrice encore qu'ont pu l'être les années soixante,
puisque c'est en actes, en décisions, en faits et gestes
concrets, et non plus seulement par des sentiments, des
désirs et des fêtes, que s'illustrera dorénavant le «génie» de
la génération lyrique.

Par elle-même déjà, l'arrivée de cette génération dans la force de l'âge a de nouveau quelque chose de fracassant. Ce caractère de déferlement que présente depuis leur naissance l'histoire des garçons et des filles de l'après-guerre ne peut manquer d'apparaître aussi au moment où ils envahissent tous ensemble les divers champs de l'activité sociale, travail, consommation, politique, culture. Là encore, rien ne se passe selon le modèle ordinaire, c'est-à-dire de la manière «douce» dont les choses se sont toujours passées jusque-là, alors que les nouveaux adultes faisaient leur place lentement et souvent difficilement, obligés qu'ils étaient de composer avec leurs prédécesseurs et n'obtenant qu'à force de patience et d'acharnement la part de pouvoir qui serait la leur. Dans ce cas-ci, c'est encore une fois le grand débarquement. Non seulement les arrivants imposent leur présence d'emblée et partout, mais ils réussissent rapidement à supplanter leurs aînés et à se tailler une place à la mesure de leurs ambitions.

Il faut dire que tout les favorise. Outre leur nombre, comme toujours, il y a leur niveau de formation qui, dépassant de loin celui des adultes plus âgés, les destine naturellement aux meilleures places et fait d'eux, d'entrée de jeu, un groupe privilégié devant qui les autres se doivent et acceptent volontiers de s'incliner. Il y a aussi leur solidarité instinctive, cette conscience de génération forgée au cours de leur jeunesse et qui, tout en les rapprochant, tout en leur faisant éprouver constamment la communauté d'expérience et de désir qui les unit, leur rappelle la différence qui les sépare des autres et leur interdit de se confondre à eux.

Mais surtout, la force des nouveaux venus réside en eux-mêmes: dans la jeunesse éternelle qu'ils ont reçue en partage. C'est elle, c'est cette jeunesse sauvegardée qui d'abord les incite à nourrir des exigences extrêmement nombreuses et élevées, leur faisant attendre du monde et de la vie beaucoup plus que ce qu'osaient désirer leurs parents quand ils avaient leur âge. Devenir adulte, pour la première fois, n'équivaut plus à délaisser ou à tempérer ses espoirs et ses désirs, mais au contraire à se sentir enfin en position de les réaliser pleinement, sans retard ni compromis.

Leur jeunesse qui perdure, c'est aussi la détermination qu'inspirent aux nouveaux venus le sens de leur «mission», le sentiment de leur puissance et la conviction de pouvoir faire infiniment mieux que tous ceux qui sont venus avant eux. Et c'est donc elle, leur jeunesse, qui les rend à la fois si résolus et si entreprenants. Elle leur fait un devoir d'agir, certes, mais elle leur enjoint aussi de ne pas céder devant ceux qui sont déjà là, de se méfier d'eux au contraire et de leur prendre au plus tôt tout le pouvoir possible.

Et la conquête, de fait, ne tarde pas. En quelques années, la nouvelle génération aura assis solidement son emprise. Elle l'aura fait d'abord, bien sûr, en s'accaparant de nombreux postes de commande dans les différentes sphères de la vie publique, qu'il s'agisse de l'économie, de l'enseignement, des institutions politiques ou des médias. C'est le règne du jeune cadre ou du jeune entrepreneur «dynamique», du «yuppie» et du «golden boy», du nouveau prof bardé de méthodes et de théories ultra-modernes, du permanent syndical frais émoulu de sciences po et qui ne s'en laisse pas conter; partout, le jeune loup et la jeune louve font trembler le vieux et le relèguent à la contemplation morose du «niveau d'incompétence» auquel, selon l'utile principe de Peter, le voilà maintenant arrivé. Le temps de la relève est venu.

Évidemment, les nouveaux adultes ne se retrouvent pas tous du jour au lendemain dans des postes de pouvoir. Plusieurs d'entre eux, voire la majorité, occupent et continueront d'occuper le reste de leur vie des fonctions subalternes. Une bonne fraction demeurera même exclue des circuits et confinée dans la dépendance. Autrement dit, les clivages sociaux et économiques perdurent, c'est certain. Le clivage sexuel également, dans la mesure où les femmes de cette génération, tout en ayant un accès beaucoup plus large que leurs mères à la vie publique et professionnelle, continuent néanmoins d'être défavorisées à cet égard face à leurs contemporains masculins. Et inversement, tout le pouvoir ne tombe pas automatiquement aux mains de la génération lyrique dès que celle-ci atteint l'âge adulte, les groupes plus âgés en conservant nécessairement une bonne part.

Cela étant dit, même si toutes les instances de décision et d'exécution ne lui appartiennent pas en propre, il reste qu'au point de vue moral et idéologique, la génération lyrique prend véritablement à ce moment-là le contrôle de la société. C'est à elle maintenant, et de plus en plus à elle seule qu'il revient de définir et d'incarner les normes et les valeurs communes. La vision du monde, les attentes, les refus exprimés naguère par les jeunes et auxquels rien ni personne ne les a obligés à renoncer deviennent, dès l'instant où ces jeunes se retrouvent adultes et citoyens à part entière, ceux de toute la communauté.

Cela tient d'abord aux adultes plus âgés, qui n'ont guère d'autre choix, devant la hardiesse, l'assurance et la «compétence» des nouveaux venus, que de se soumettre sans regimber. Ou bien ils abandonnent la place et se replient sur leur quant-à-soi, ou bien, s'ils veulent garder un reste de pouvoir, ils accueillent les «recrues» à bras ouverts, acclament leur venue, collaborent activement à leurs visées et s'identifient de plus en plus à leur esprit: cela s'appelle rajeunir, se moderniser, «être de son temps», c'est-à-dire choisir le camp des vainqueurs. Il faut dire que cette collaboration et ce consentement admiratif, les aînés en ont pris l'habitude depuis un bon moment déjà.

Mais le succès que rencontrent les nouveaux adultes dans la diffusion de leur «message» vient aussi du surcroît de confiance et d'ardeur que leur procure leur nouvelle position. Le simple fait d'accéder à la conduite de leurs propres affaires ne peut que confirmer chez eux le sentiment de «centralité» hérité de leur jeunesse, exacerber leur tendance à se voir — et à agir — comme les dépositaires des valeurs et des intérêts «bien compris» de toute la communauté. Ainsi, plutôt que l'occasion de tempérer ses exigences et de transformer sa morale de la conviction en une morale de la responsabilité, comme dirait Max Weber, ce qu'apporte à la génération lyrique le pouvoir auquel elle accède, c'est un moyen supplémentaire, beaucoup plus efficace que tous ceux dont elle a pu disposer jusque-là, de se persuader et de persuader les autres que le bien commun passe par la réalisation de ses propres projets et la satisfaction de ses propres désirs. Travailler à son bonheur, dès lors, c'est travailler au bonheur de tous. Et vice versa.

Le contrôle de la génération lyrique sur le monde, c'est donc le moment où, perdant toute trace du caractère polémique qui pouvait encore être le sien pendant les années soixante, le «programme» porté jusqu'alors par cette génération devient hégémonique: son programme, mais plus encore sa sensibilité, ses besoins, ses buts, car ce sont maintenant ceux des maîtres du monde.

L'exemple le plus banal — et le plus clair — qu'on puisse en donner est l'évolution des politiques gouvernementales, telle qu'elle a pu se dérouler dans une société comme le Québec entre le début des années soixante-dix et le milieu des années quatre-vingt à peu près, au moment où les nouveaux adultes deviennent une partie très importante de l'électorat, non seulement par le nombre, mais aussi par la place qu'ils occupent dans les instances les plus actives et les plus influentes de la sphère politique, partis, syndicats, groupes de pression, journalisme. Ce qui frappe dans cette évolution, c'est la correspondance on ne peut plus étroite entre l'orientation de ces politiques, qui répondent en principe aux attentes *générales* de la société, et les préoccupations du groupe d'âge *particulier* que forme la génération lyrique.

Globalement, le développement des interventions de l'État québécois au cours de ces années pourrait se caractériser à la fois par la continuité et par la rupture. Continuité, d'abord, en ce que se poursuit et même s'accélère le mouvement amorcé depuis les débuts de la Révolution tranquille, qui est celui d'un interventionnisme toujours plus «agressif» et diversifié, par lequel l'administration gouvernementale ne cesse d'étendre ses champs d'action et donc d'accroître considérablement son personnel et ses ressources. Mais rupture, en même temps, dans la mesure où les grands thèmes des années soixante, axés sur la création et le développement de divers instruments de promotion collective (infrastructures, ressources naturelles, industrie lourde, éducation), le cèdent à une volonté de plus en plus marquée de prendre en charge et de gérer les individus eux-mêmes, c'est-à-dire de soutenir et de protéger leur bonheur privé.

Dans cette continuité comme dans cette rupture, la génération lyrique trouve amplement son compte. Puisqu'elle entre alors sur le marché du travail, elle a tout à gagner à la croissance rapide du secteur public et parapublic, qui offre aux jeunes diplômés une profusion de postes bien rémunérés auxquels est attachée une bonne mesure de respectabilité et de pouvoir. Mais le bénéfice provient également des nouvelles «priorités» que se donne alors l'action gouvernementale, puisque ces priorités, comme par hasard, coïncident tout à fait avec les besoins qui sont *maintenant* ceux de cette génération. De même que l'État, durant les années soixante, s'était voué corps et âme au financement et à l'aménagement du système d'éducation, donc à ce qui était nécessaire à ce moment-là aux enfants de l'après-guerre, ainsi on le voit à présent «élargir» ses interventions vers des domaines qui correspondent de plus en plus aux problèmes et aux désirs de la composante adulte de la société.

Le cas le plus patent est celui de la santé et des soins médicaux, secteur relativement négligé jusqu'alors et qui devient tout à coup pour le gouvernement — comme pour l'individu qui commence à prendre de l'âge et veut conserver la vigueur de sa jeunesse — la grande, l'unique affaire de ces années, au moins comparable en termes d'efforts et d'investissements publics à ce qu'a été l'éducation au cours de la décennie précédente. De même, plusieurs questions qui, jusque-là, n'avaient jamais empêché de dormir gouvernants et électeurs, comme la réglementation des loyers et l'accès à la propriété, la garde des enfants, le divorce, l'avortement, la protection des consommateurs, l'assurance automobile, le commerce des valeurs mobilières, les «industries» de la culture et du divertissement, l'éducation des adultes ou les méfaits du tabac, deviennent soudain des questions de première urgence, où la puissance publique se sent le «devoir» d'intervenir énergiquement «pour le bien de la collectivité». Entendre: pour le bien du groupe d'âge qui forme, sinon la majorité de la population, du moins sa fraction la plus nombreuse, la plus compacte et surtout celle qui a le plus conscience de sa force et de ses «priorités».

Mais des bénéfices aussi directs ne représentent qu'un des avantages que procure à la génération lyrique sa mainmise sur l'État. Il y en a bien d'autres, et de plus subtils. Ainsi, non contente de confier à l'ensemble de la communauté la satisfaction de ses besoins, cette génération réussit à se décharger sur l'État d'une grande part des *respon-sabilités* qui devraient maintenant être les siennes, ou qui ont été en tout cas celles des adultes jusqu'alors. C'est le cas, là encore, dans le domaine de la santé. Dans l'immé-diat, ce ne sont pas les nouveaux adultes eux-mêmes qui ont besoin de soins, puisqu'ils ont à peine trente ou qua-rante ans et qu'ils ont été bien nourris et vaccinés depuis leur plus tendre enfance. Mais la gratuité de la médecine ne leur profite pas moins directement, en les dispensant de payer eux-mêmes les soins dont leurs parents et leurs enfants, eux, ne peuvent pas se passer. On en dirait autant de la prise en charge (partielle) des garderies par l'État: à qui sert-elle d'abord, sinon aux jeunes couples maintenant «accablés» d'enfants?

Le plus bel exemple, cependant, reste celui des poli-tiques concernant le «troisième âge», comme on dit pudiquement, c'est-à-dire les vieux. Mis à part l'octroi de pensions mensuelles dérisoires, l'État ne s'était pour ainsi dire jamais occupé des vieilles personnes dans le passé, lais-sant ce soin aux familles et aux institutions de charité. Or voilà qu'au cours des années soixante-dix la vieillesse devient un thème majeur du discours gouvernemental et médiatique (c'est généralement la même chose) et fait l'objet de programmes nouveaux: relèvement substantiel et indexation des pensions, ouverture de centres d'accueil financés par l'État, gratuité des médicaments, etc.

Certes, un tel revirement s'explique en partie par l'aug-mentation du nombre des personnes âgées et par la décou-verte des conditions déplorables où vivent la majorité d'entre elles. Mais y voir un pur effet de la pitié publique ou, puisque ces programmes reçoivent l'aval des jeunes adultes, un signe de l'affection généreuse que ceux-ci portent à leurs aînés, serait se méprendre sur la vraie signi-fication de cette bienveillance soudaine pour la vieillesse, que l'on comprendra mieux en y lisant la réponse que ces jeunes adultes, par l'intermédiaire de *leur* État, apportent à *leurs* problèmes face à la vieillesse.

Problèmes immédiats, d'abord, que pose le vieillissement de leurs parents, dont ils auraient à s'occuper eux-mêmes s'il n'était plus commode de les confier à la collectivité. Ce n'est plus dès lors aux fils et aux filles qu'il revient de veiller sur ceux et celles qui les ont mis au monde, mais à la société tout entière, contribuables, gestionnaires et employés de l'État. Ainsi la politique de la vieillesse sert-elle, très directement, les intérêts «bien compris» des plus jeunes.

Mais elle les sert également à plus long terme, dans la mesure où cette politique constitue aussi pour eux un moyen de préparer dès maintenant leur propre «âge d'or», de l'aménager d'avance, en quelque sorte, afin que, le moment venu, cette misère et cette déchéance qui sont le lot des vieillards de maintenant leur soient autant que possible épargnées. C'est pourquoi, parmi toutes les mesures nouvelles soi-disant destinées au «troisième âge», les plus conséquentes ne sont pas celles qui touchent les vieux eux-mêmes, incapables d'en profiter parce qu'ils sont trop vieux, justement, mais bien celles qui s'adressent aux jeunes adultes encore pleins de ressources et de vigueur. C'est le cas notamment de l'amélioration des régimes de retraite publics et privés et de l'instauration des programmes dits d'épargne-retraite (mettez de l'argent de côté pour vos vieux jours tout en réduisant vos impôts, donc en payant moins pour les vieux d'aujourd'hui). C'est le cas également de la suppression de l'âge obligatoire de mise à la retraite, qui n'est pas rétroactive (donc les vieux restent chômeurs) et qui intervient au moment où la génération lyrique est bien implantée sur le marché du travail (donc la réduction des ouvertures de postes qu'entraîne cette mesure ne l'affecte pas). De telles politiques, en un mot, n'ont pas tant pour but de soulager les vieillards réels que les vieillards futurs; à l'avance, pour ceux et celles qui n'y sont pas encore mais s'y savent destinés, elles allègent, elles réinventent la vieillesse.

Malgré les apparences, il serait inexact de voir dans cette sorte de détournement de l'État le résultat d'une conspiration quelconque de la part des nouveaux adultes. Inexact et injuste. Car loin de chercher sciemment leur profit au détriment de celui des autres, c'est en toute candeur qu'ils agissent comme ils le font, persuadés que les «réformes» qu'ils appuient ou mettent en œuvre serviront la communauté tout entière. Il ne faut donc imaginer chez eux nul machiavélisme, nul égoïsme, mais au contraire une sincérité et une bonne conscience absolues. S'ils utilisent les ressources publiques pour la défense de leurs propres intérêts, c'est parce que ces intérêts, ils en sont convaincus, vont dans le sens de la libération et du bonheur de l'humanité. Ils ne cherchent pas leur profit: ils refont le monde.

C'est d'ailleurs avec la même innocence que, quelques années plus tard, ils consentiront sans grande difficulté à la «révision» du rôle de l'État. Quand à la fureur keynésienne des années soixante-dix succédera l'inquiétude néo-libérale devant la lourdeur de l'appareil bureaucratique et qu'on se mettra à vouloir réduire la taille, les budgets et les programmes de l'État, les quadragénaires de la génération lyrique, naguère partisans — et principaux bénéficiaires — de l'interventionnisme à tous crins, seront les premiers à «comprendre» la nécessité de cette volte-face dans l'intérêt du bien commun. Il faut dire que ces mêmes quadragénaires se trouveront alors au faîte de leur carrière, ce qui les rendra très sensibles au niveau «scandaleusement» élevé des ponctions fiscales, qu'il leur semblera urgent de ramener à des proportions plus «raisonnables» pour éviter qu'elles ne deviennent «socialement et économiquement contre-productives». En outre, comme ils auront dépassé depuis longtemps l'âge de chercher un emploi, le fait que la fonction publique et parapublique cesse de recruter ne les touchera guère. Ceux d'entre eux qui sont entrés au service de l'État dix ans plus tôt, quand celui-ci était en pleine expansion, ou bien y seront à l'abri de toute incertitude, retranchés dans la forteresse imprenable de leur «ancienneté», ou bien occuperont les postes de direction, qui sont toujours les derniers à disparaître; et du reste, pourquoi les cadres se plaindraient-ils de ce qu'il y ait dans leurs agences et leurs ministères de moins en moins de jeunes pour les pousser dans le dos?

Quant aux autres, qui s'activent dans les entreprises privées, ils seront bien sûr les partisans les plus enragés de la «déréglementation» et de l'«allégement» de l'État. Ceux-là mêmes qui, au Québec en tout cas, ont profité plus que quiconque des interventions gouvernementales pour se tailler une place dans l'establishment économique n'auront rien de plus pressé, une fois parvenus à leurs fins, que de dénoncer l'hypertrophie, l'inefficacité et la «gourmandise» de l'État. Alors que la plupart de leurs «empires» auraient été avalés en moins de deux et que leurs «success stories» n'auraient été que des contes à dormir debout sans le secours opportun de telle ou telle loi ou sans l'appui direct d'un gouvernement déterminé à intervenir en leur faveur, les voilà maintenant qui donnent partout des leçons d'«entrepreneurship» et proposent que leurs concitoyens, au lieu de compter sur les pouvoirs publics, apprennent à affronter par eux-mêmes la concurrence, la «jungle du marché» et les autres vicissitudes de l'existence. Ils ne vont pas, bien entendu, jusqu'à réclamer l'abolition de l'État, ni même le retour à l'État minimal tel que pouvait le concevoir le libéralisme classique. Ce qu'ils veulent, en fait, c'est plutôt une réorientation, une reconversion de l'État qui l'amènerait à délaisser ou à limiter les interventions coûteuses et improductives et à mettre l'accent sur celles qui, selon eux, sont liées aux véritables enjeux du bonheur collectif: la «compétitivité» technologique, l'extension des marchés, la disponibilité du capital. En un mot, le soutien de leurs empires et l'élargissement de leurs libertés.

C'était le «progrès», vers 1975, qui exigeait l'action de l'État. C'est encore le «progrès», vers 1985, qui demande son retrait. Toujours, ce qu'ils attendent de l'État est présenté par les détenteurs du pouvoir et de l'«autorité» comme une manière d'assurer non pas leur bien-être d'abord ni le renforcement de leur pouvoir, mais la prospérité et le développement de la société elle-même, c'est-à-dire de tous les citoyens sans distinction d'âge ni de condition. Car tel est le privilège des maîtres du monde: si variables que puissent paraître la rationalité et le «sens de l'histoire», ils concordent invariablement avec leurs raisons et leurs intentions à eux.

COLLABORATEURS
DE LA MODERNITÉ

Je me suis un peu attardé sur l'évolution récente de l'action gouvernementale au Québec parce qu'on peut y voir, me semble-t-il, l'illustration la plus flagrante de cette mainmise qu'acquiert sur le monde la génération lyrique devenue adulte. Mais les répercussions et les signes d'un tel changement de régime dépassent de très loin, comme on peut s'y attendre, le seul domaine de l'administration publique. Certains prendront la forme de nouveaux discours, de nouveaux programmes de pensée et d'action, de nouvelles idées politiques, esthétiques ou morales, toutes choses, on le sait, dont regorgeront en particulier les années soixante-dix et où s'exprimera aussi ouvertement, aussi librement que possible la sensibilité propre à cette génération. De toutes les manifestations de l'autorité qui est maintenant la sienne, celles-ci seront certainement les plus faciles à observer et à analyser; elles l'ont d'ailleurs été abondamment.

Mais si explicites et si flamboyantes qu'elles soient, les productions de l'idéologie lyrique (auxquelles je reviendrai tout à l'heure) ne sont que l'écume d'un ensemble de phénomènes beaucoup plus décisifs par quoi se traduit l'influence de cette génération. Ce qu'apportent avec eux les nouveaux adultes, en fait, c'est une manière toute nouvelle non tant de voir ou de penser le monde, que de se tenir par rapport à lui et de l'habiter. Ce qui veut dire que tout sera touché par l'esprit nouveau: non seulement la politique et la culture, mais l'ensemble de la vie en société et jusqu'au fondement même de l'existence.

D'où la difficulté d'en rendre compte. Car il faudrait, pour saisir exactement la nature et la portée de ces changements, pouvoir pénétrer ce qu'il y a dans nos vies de si intime, de si fondamental que cela relève de l'instinct plus que de la pensée et se trouve ainsi condamné, sous peine de perdre tout effet, à rester confiné dans l'obscur, le senti, l'informulé. Il faudrait voir, en somme, cela même qui conditionne nos façons de voir, réfléchir cela même qui nous fait réfléchir comme nous le faisons. Si encore nous pouvions prendre du recul. Mais cet esprit nous fait à ce point ce que nous sommes aujourd'hui et les changements qu'il produit ont recouvert l'ancien monde d'un tel oubli qu'il nous est devenu pratiquement impossible de les voir encore comme des changements; ils sont pour nous l'état normal du monde et de la vie. Comment trouver le lieu d'où décrire une chose quand cette chose règne en tous lieux? Aussi toute évocation ne peut-elle que demeurer tangentielle, approximative, et se présenter sous forme d'hypothèses aussi prudentes qu'incomplètes.

La mienne serait à peu près la suivante. L'arrivée des premiers-nés du baby-boom à l'âge adulte marque le triomphe final, dans nos sociétés, des formes et des contenus de ce qu'on appelle la *modernité*. Sans le contrôle que la génération lyrique a réussi à prendre sur notre époque, jamais le «moderne» n'aurait pu s'emparer si totalement et si rapidement du monde et de nos vies.

Les termes de cette hypothèse, bien sûr, demandent quelques explications. D'abord, comment définir le «moderne», la «modernité»? Ces mots appartiennent au vaste lexique des vocables-perroquets, auxquels on peut faire dire à peu près tout ce que l'on veut, selon la personne qui parle et le domaine dont elle parle. Ce que je leur demanderai de désigner ici, pour les besoins de mon analyse, c'est le monde actuel non pas en ce qu'il rompt avec la tradition, mais en ce qu'il se sait et se veut le lieu d'une telle rupture. Serait moderne dans ces conditions non tant ce qui se distingue de l'ancien que ce qui cultive cette distinction et la poursuit pour elle-même, comme une valeur en soi, qui n'a pas à être discutée ni rapportée à quoi que ce soit d'autre. Ce ne serait donc pas tel ou tel contenu qui définirait la modernité ainsi conçue, mais plutôt le soupçon jeté sur tout contenu stable ou hérité et la recherche incessante du nouveau.

De là, il me semble qu'on peut distinguer deux sens ou deux facettes sous lesquelles se présente à nous l'idée du moderne. La première serait une facette «négative», si l'on veut, ou polémique, en vertu de laquelle le moderne se définirait par le rejet de tout ce qui prétend assujettir l'individu ou la communauté à quelque chose — origine, norme ou fin — qui lui soit «supérieur», «étranger» ou inaccessible. La modernité, en ce sens, équivaudrait à la disqualification de tout ce qui limite, ordonne et dévalue l'existence présente au nom de quelque autorité, de quelque permanence ou de quelque signification imposée du dehors: mythe, divinité, transcendance, passé, autorité. Le moderne progresserait ainsi selon un processus de libération, de transgression, d'exhaustion continuelles de toutes les valeurs et de toutes les pratiques risquant d'enfermer l'être dans des formes fixes et de le soumettre à une volonté ou à des intentions qui ne seraient pas entièrement les siennes. Être moderne serait par là un combat sans fin, ayant pour armes la critique et le refus.

L'autre sens qu'on peut donner au moderne apparaît comme le versant «positif» du premier. Ce serait l'exaltation de cette critique et de ce refus: l'ivresse du nouveau et de l'actuel, la foi en ce qui surgit plutôt qu'en ce qui demeure, le plaisir de n'avoir plus ni horizon ni limite autres que sa propre volonté et ses propres pouvoirs, ici et maintenant. Le sujet moderne, en ce sens-là, serait heureux comme l'affranchi, léger comme qui a tout oublié. Il a fait sa demeure de cet *empire de l'éphémère* si bien décrit par Gilles Lipovetsky.

Cette double «définition», on l'aura peut-être noté, s'appuie sur celle que Hans Robert Jauss propose pour rendre compte de la conception moderne de l'idée de modernité, selon laquelle celle-ci tire sa signification de l'antithèse — de l'antagonisme, ajouterais-je — qui l'oppose à l'idée d'*éternité*. Le moderne, pour nous, c'est à la fois le déni ou la dénonciation de l'éternel (facette négative) et la plongée bienheureuse (facette positive) dans ce que Baudelaire appelait «le transitoire, le fugitif, le contingent», territoire de pure instabilité, de perpétuelle destruction suivie de perpétuel recommencement, et pourtant le seul territoire à nos yeux qui soit doué de vérité et de présence ontologique.

Selon Jauss, c'est dans la seconde moitié du dix-neuvième siècle que cette conception a pris sa forme définitive dans la conscience littéraire et philosophique occidentale. Cela ne veut pas dire que le phénomène lui-même de la «modernisation» ainsi entendue, c'est-à-dire le détrônement de l'éternel autorisant la reconnaissance des pouvoirs et des beautés de l'actuel, n'ait pas commencé beaucoup plus tôt dans l'histoire à modifier les rapports entre l'être et le monde, entre l'être et l'autre, entre l'être et lui-même, ne serait-ce qu'à travers le développement de la pensée scientifique et le recul de la religion. Mais jusqu'à Baudelaire et Nietzsche, le mouvement, en quelque sorte, restait encore inaperçu, ou incomplètement assumé par la conscience. Tout comme il le demeurera largement par la suite en dehors de l'art ou de la philosophie et du milieu social restreint qui est le leur. On a beau dire en effet qu'à partir de la fin du dix-neuvième siècle l'idéal moderniste va occuper une position centrale dans la réflexion esthétique et philosophique et même en régler le développement, il n'en reste pas moins que cet idéal, pendant la majeure partie de notre siècle, demeurera confiné à cette sphère et que, même à l'intérieur de celle-ci, ses propositions conserveront longtemps un caractère hautement polémique, associées qu'elles seront aux cercles très minoritaires des avant-gardes. Le moderne, en un mot, la conscience et même la sensibilité modernes auront beau bouleverser la pensée et la culture, elles n'affecteront guère la vie courante et le sens immédiat de l'existence.

On dirait à peu près la même chose, d'ailleurs, si l'on s'en tenait à cet autre sens du mot modernisation qui désigne plutôt l'évolution des structures socio-économiques (industrialisation, urbanisation) et les progrès de la science et de la technologie. Là encore, même si le processus se met en branle dès le dix-neuvième siècle au moins, ses répercussions sur les manières d'être et de penser sont restées marginales pendant une très longue période. Entre les «conquêtes» technologiques ou les réaménagements de l'organisation sociale et économique, d'une part, et l'existence quotidienne, de l'autre, un tel décalage temporel et mental persistait que la nouveauté, le progrès, le tourbillon du changement ne pouvaient pas s'imposer à la conscience commune comme le régime normal de la vie individuelle et sociale, qui continuait d'être perçue et

évaluée à travers des schèmes «archaïques» axés essentiellement sur la permanence des traditions et l'immuabilité du
monde. La modernisation était un phénomène lointain,
abstrait, et par là quasiment imperceptible dans l'existence.
Certes, le moderne fascinait, ses produits suscitaient
l'admiration et l'envie, mais cet émerveillement venait en
bonne partie de leur étrangeté, de leur aspect inimaginable
(ou inimaginé), c'est-à-dire de ce qu'ils ne semblaient pas
s'accorder avec l'idée courante que l'on se faisait du monde
et de la vie.

Au cours de notre siècle, toutefois, et en particulier
depuis la Deuxième Guerre mondiale, le processus est entré
dans une nouvelle phase, dont le signe est une accélération
sans précédent des transformations de toutes sortes liées à
ladite modernisation. Ces transformations deviennent dès
lors si constantes, si rapides et si générales, elles prennent
tant de formes diverses et affectent de si nombreux aspects
de la réalité que la vie concrète et le sens immédiat de
l'existence non seulement en sont de plus en plus directement touchés, mais tendent à s'y confondre et à cesser
d'être vus comme ces lieux de stabilité, de calme et impas-
sible continuité qu'ils ont pu être jusque-là. Le moderne
devient quotidien, et c'est l'immémorial, l'éternel, qui
s'éloigne de la vie.

Cette descente du processus de modernisation dans
l'existence et la révolution morale qui s'ensuit rencontrent
d'abord des résistances. On peut le constater, par exemple,
dans la société des années cinquante et même du début des
années soixante qui, toute plongée qu'elle fût déjà dans la
mutation, restait encore fortement attachée aux valeurs
traditionnelles, par ses formes et ses discours du moins, et
continuait, pour se comprendre, d'en appeler à «ce qui a
toujours été», qu'il s'agisse de la religion, de l'histoire, de
l'«homme» ou de la «nature des choses». Le moderne avait

beau entrer dans la vie et en modifier complètement le rythme et les conditions, le *sens de la vie* gardait quelque chose d'ancien, je dirais, qui faisait que l'adulte moyen de 1955, même citadin, même propriétaire d'une auto et d'un téléviseur, pouvait toujours, pour l'essentiel, comprendre le langage et «adhérer» aux valeurs ou à la sensibilité de l'adulte moyen ayant vécu, mettons, un siècle plus tôt. Victorieuse partout, la modernité se butait à ce dernier rempart: le sentiment élémentaire de l'existence, où subsistait, si pauvrement que ce fût, si faiblement, si honteusement parfois, le souvenir du vieux monde, du monde d'avant, du monde de toujours.

Quand je dis — pour en revenir à mon hypothèse de départ — que l'arrivée de la génération lyrique à l'âge adulte marque le triomphe définitif du moderne et que c'est elle, en somme, qui permet ce triomphe, c'est à la disparition de cette ultime résistance, de cette ultime réserve «pré-moderne» que je pense surtout. Cette génération, en effet, est la première à s'identifier et à *consentir* corps et âme au procès de modernisation. À faire de l'établissement du moderne et de l'éradication de tout ce qui s'y oppose le sens même de sa présence et de sa «mission» dans le monde. Grâce à elle, grâce à l'autorité et à la maîtrise qui sont maintenant les siennes, les dernières amarres se brisent et l'éternel, dans les consciences aussi bien que dans l'idéologie et les institutions, s'écarte définitivement de la vie, de sorte que peut s'étendre partout, sans aucune contestation, sans aucune poche de résistance, l'empire absolu de l'éphémère et de la nouveauté perpétuelle. En ce sens, on peut dire qu'un des rôles historiques de la génération lyrique aura été de se faire l'instrument, ou mieux, pour reprendre une autre expression de Milan Kundera: la *collaboratrice* dévouée de la modernité. Ou encore, ce qui revient au même, que la modernité est cela même en quoi se manifeste ouvertement la domination de la génération lyrique sur le monde.

Cette collaboration, cette identification au moderne se traduit d'abord par le fait que la sensibilité et les attentes particulières de cette génération, telles qu'elles se sont formées au cours de sa jeunesse et telles que son entrée dans l'âge mûr, loin de les tempérer, les a confirmées et rendues encore plus puissantes, coïncident très précisément avec ce refus de l'éternel et cette ivresse pour le nouveau en tant que nouveau par quoi j'ai tenté de définir la conscience moderne. Une conscience demeurée jusque-là marginale, avant-gardiste, et qui devient avec cette génération le mode normal d'appréhension et d'évaluation de l'existence individuelle et sociale. Une conscience d'où toute trace de la vieille mentalité «parménidienne» encore axée sur la conservation et la permanence s'efface devant le nouvel esprit «héraclitéen» de la mobilité incessante, du recommencement, de l'infinie légèreté du monde.

Mais collaboratrice de la modernité, cette génération l'est également en ce qu'elle se sent parfaitement en accord avec l'état présent du monde, tel que le procès de modernisation ne cesse de le façonner et de le défaire pour le refaire indéfiniment. Loin de lui sembler un accident éloigné de la vie, le transitoire, le fugitif et le contingent induits par les «victoires» de la technologie et la progression du capitalisme lui apparaissent comme son chez-soi, comme son milieu naturel, sans qu'elle en éprouve ni étrangeté ni nostalgie. La nouveauté est son seul royaume, hors duquel gagnent partout le silence et l'abandon.

Pour bien saisir le rôle que j'attribue à la génération lyrique et ne pas dénaturer mon hypothèse en en exagérant la portée, il importe de s'en tenir strictement à ce verbe: collaborer. Car la génération lyrique, je l'ai dit, n'a pas «inventé» la sensibilité ou la conscience moderne, non plus que son arrivée à l'âge adulte n'a «causé» la modernisation. Celle-ci, en un sens, était en marche depuis très longtemps et aurait fini par triompher de toute manière. On dirait donc plutôt, de l'œuvre particulière de cette génération, ce que Tocqueville disait de celle de la Révolution de 1789, qui «a achevé soudainement [...], sans transition, sans précautions, sans égards, ce qui se serait achevé peu à peu de soi-même à la longue». Porteuse depuis son enfance et sa jeunesse d'un irrépressible désir de rupture qui rejoint directement le projet moderne, la génération lyrique, dès l'instant où elle prend le contrôle du monde, se trouve à même de balayer d'un coup tout ce qui pouvait jusqu'alors en entraver ou retarder la réalisation. Son rôle aura ainsi consisté non tant à provoquer qu'à faciliter et accélérer le travail du moderne, auquel la seule présence de cette masse toute vouée à la rupture et au recommencement offrait les conditions les plus favorables à sa diffusion soudaine et à sa victoire définitive dans le monde et dans nos consciences.

Mon hypothèse, si elle est juste, poserait donc que la modernité, phénomène complexe s'il en est, outre les bases philosophiques, technologiques et socio-économiques qu'on lui reconnaît, aurait également pour assise ou pour facteur «adjuvant» cette perturbation de l'équilibre démographique que représente l'irruption de la génération lyrique et du baby-boom. En modifiant brusquement le rapport entre les générations, c'est-à-dire en privant les vieux de leur autorité séculaire et donc en réduisant sinon en annulant l'effet modérateur que cette autorité pouvait avoir sur l'évolution des idées et des mœurs, une telle perturbation s'est trouvée à favoriser du même coup le libre déferlement des formes et des contenus de la modernité, légitimés et pleinement dédouanés en quelque sorte par leur identification à une nouvelle génération sûre d'elle-même et en mesure de faire régner partout son esprit et ses désirs, sans qu'on lui impose d'attente ni de compromis.

Je sais bien qu'une telle hypothèse se prête mal à la vérification. Mon seul argument d'un peu de poids, je le rappellerai en terminant, reste la *concordance* qu'on peut observer entre le moderne qui est nôtre, c'est-à-dire entre ce qui fait la nouveauté et l'esprit de notre époque, et ce que je crois être le «génie» de la génération lyrique. Cette concordance est si parfaite, me semble-t-il, et le premier ressemble tellement au second, il lui *convient* si bien, il lui procure tant de bonheur, il répond si fidèlement à ses attentes et exprime si exactement sa perception du monde et de l'existence qu'on le dirait bel et bien voulu par lui et le produit de ses actions.

LES IDÉOLOGIES LYRIQUES

L'une des principales contributions de la génération lyrique à l'histoire contemporaine reste l'étonnante quantité de discours, de doctrines, de systèmes d'idées et de programmes de toutes sortes à laquelle a donné lieu son entrée dans l'âge adulte. Aucune autre génération n'aura exercé de manière si éclatante la liberté de pensée et d'expression que confère l'admission dans la vie publique, aucune n'aura produit ni consommé autant d'idéaux, de slogans, de théories, aucune en somme n'aura été fascinée à ce point par l'idéologie et la parole ni ne s'y sera vouée avec autant de ferveur.

Ce foisonnement atteint son apogée pendant les années soixante-dix et au début des années quatre-vingt, qu'il concourt pour une bonne part à faire apparaître comme la période de transition, de «crise générale des valeurs» par quoi on s'est plu à les caractériser. Ce qui est sûr, en tout cas, c'est que cette époque a vibré comme nulle autre aux «projets de société», aux «sauts épistémologiques», aux «changements de paradigmes» et autres conflagrations spéculatives. Elle en garde, dans notre souvenir, quelque chose d'excitant et de babélien.

Parmi les raisons d'une telle boulimie discursive, il y a d'abord le fait que la génération lyrique est allée à l'école beaucoup plus longtemps que les autres. Elle fournit donc à ce moment-là un contingent très appréciable d'intellectuels, de professeurs, d'artistes, d'écrivains, d'éditorialistes, de recherchistes, de permanents syndicaux, de spécialistes des sciences sociales, de fondateurs de revues, d'auteurs de manifestes et autres définisseurs de situations, toutes professions peu dangereuses et fort bien vues dans la presse et à la télévision. Pour ce qui est du Québec, on peut même dire, en exagérant à peine, que ce qu'on appelle l'*intelligentsia*, c'est-à-dire un milieu uniquement occupé d'idées et de paroles, est une invention de cette génération, ou du moins que celle-ci y a pris une telle place à compter des années soixante-dix et l'a «colonisée» si entièrement qu'elle en a fait une institution incomparablement plus visible et vivante qu'auparavant, en même temps que l'un de ses «organes» privilégiés.

Mais aucune intelligentsia ne peut survivre si elle n'est pas écoutée. Or, là encore, les adultes de la génération lyrique, grâce à leur niveau général de scolarisation et à leur hantise de toujours être «de leur temps», forment un public particulièrement intéressé et réceptif. Les habitudes acquises sur les bancs du collège et de l'université les ont rendus familiers avec la «vie des idées» et convaincus de la nécessité de les «renouveler» sans cesse, de les «pousser» toujours plus loin et d'accepter de bon cœur, de favoriser même la marche du progrès intellectuel. Leur faim d'idées nouvelles, de points de vue inédits, de discours «audacieux» crée ainsi une demande idéologique plus forte que jamais et un climat on ne peut plus propice à l'explosion et à la circulation des discours.

À ces heureuses dispositions s'ajoute le fait que ce public est nombreux, influent, généralement bien casé et que, le contexte économique aidant, il a le temps et les moyens d'assouvir sa passion. Dans son *Mirage linguistique*, Thomas Pavel notait, en s'inspirant des analyses de Daniel Bell, qu'il y a dans le goût immodéré de l'idéologie et ce qu'on pourrait appeler la frénésie d'innovation théorique, quelque chose qui tient du «comportement social discrétionnaire», c'est-à-dire d'une sorte de divertissement ou de luxe que seule rend possible la surabondance des ressources à la fois matérielles et mentales, qui peuvent alors être brûlées, prodiguées même en pure perte, car cela n'entraîne, à strictement parler, aucune conséquence. Quoiqu'on ne puisse sans doute pas ramener à un tel mécanisme tout le bouillonnement idéologique de cette décennie, il n'en reste pas moins qu'on y trouve effectivement une bonne part de frivolité, répondant moins à l'urgence «objective» des situations qu'au besoin de stimulation intellectuelle ou discursive qu'éprouve aussi le riche pour ne pas sombrer dans l'ennui. C'est du moins une explication dont il paraît difficile de se passer si l'on veut comprendre certaines des «propositions» les plus exorbitantes de l'époque et surtout comment elles ont pu être à la fois proférées et entendues avec un sérieux qui aujourd'hui nous déconcerterait si nous n'y reconnaissions pas avant tout une conduite inspirée par le goût de l'aventure à bon compte et de ce que j'appellerais le frisson idéologique.

Cela dit, pour l'essentiel cette époque déborde de foi et de sincérité. De naïveté aussi, peut-être. En tout cas, d'une ardeur à repenser le monde qui ne s'est guère revue depuis et ne se reverra sans doute pas de sitôt. On peut y voir, je crois, outre la dilapidation des immenses réserves d'idées auxquelles la génération lyrique a eu accès, un autre signe de la jeunesse éternelle qu'elle a reçue en héritage. Ces penseurs radicaux, ces libérateurs de peuples, ces liquidateurs de traditions, ces élargisseurs de consciences, ces voleurs de feu ont beau dépasser la trentaine, ils ont gardé toute la fraîcheur et toute la générosité de leur âme d'adolescents. Le monde continue de leur paraître infiniment léger, infiniment malléable, offert à toutes les transformations et toujours prêt à se laisser détruire et rebâtir «sur des bases entièrement nouvelles». Il suffit de le désirer, de le dire, et la réalité obéira. En ce sens, ces années sont bel et bien le prolongement de l'époque précédente. C'est le même esprit, la même fébrilité, le même lyrisme. Sauf que ce qui relevait naguère de la trépidation instinctive, de la «rébellion sans cause», s'exprime maintenant par des raisons, des théories, des plates-formes idéologiques savamment articulées, qui seraient à ces adultes ce que le rock a pu être aux jeunes qu'ils ont été il y a peu: un moyen de se distinguer et de se reconnaître, un signe de leur élection et de leur vocation dans le monde.

C'est pourquoi, dix ou quinze ans plus tard encore, une fois la passion idéologique émoussée et les utopies de cette époque fiévreuse désertées par ceux-là mêmes qui s'en étaient faits les prosélytes les plus zélés, même alors la génération lyrique continuera de se sentir fidèle par quelque côté, sinon aux idées qu'elle aura défendues, du moins au désir qui les inspirait. Tout comme ils resteront attachés au rock comme au «son» fondamental de leur être, ainsi les quinquagénaires de cette génération continueront à nourrir secrètement au fond d'eux-mêmes un intérêt, une inclination au moins nostalgique pour les discours apocalyptiques et les promesses de salut. Ils n'y croiront plus, bien sûr, mais ils ne pourront pas s'empêcher d'y prêter l'oreille comme à un écho de la meilleure part d'eux-mêmes, hélas évanouie. Ils garderont, en un mot, l'instinct, le sérieux, le «pli» idéologique.

Pour en revenir à l'époque du grand foisonnement discursif, il n'est pas question de dresser ici l'inventaire des idées et des programmes auxquels la génération lyrique a accordé alors son crédit. Contentons-nous, pour mémoire, d'une typologie sommaire, forcément réductrice mais qui aura au moins le mérite d'être brève. Elle répartirait les idéologies typiques de cette génération (entendre: dont les principaux thuriféraires se recrutent parmi les membres de cette génération et qui ont obtenu l'essentiel de leur succès auprès du public formé par cette même génération) en trois grandes classes, selon l'objet — ou la cible — qu'elles privilégient.

Il y aurait d'abord les idéologies de la *société*, parmi lesquelles se distinguent surtout le marxisme et ses multiples variantes, tiers-mondisme compris, qui visent au renversement du capitalisme et de l'ordre socio-économique bourgeois et à l'instauration soit d'un nouveau pouvoir fondé sur le prolétariat, soit d'une société d'où tout rapport de pouvoir aurait disparu. Je laisse ici de côté le nationalisme québécois, qui n'est pas «typiquement» le fait de cette génération et dont j'aurai l'occasion de reparler plus loin.

Ensuite viendraient les idéologies dites du *moi*, toutes plus ou moins dérivées de la vulgate freudienne agrémentée d'un mysticisme orientalisant d'origine californienne. Elles prônent l'émancipation intégrale de l'individu et le plein épanouissement de ses facultés par l'ascèse alimentaire et mentale, le déblocage des vieux refoulements sexuels, l'expérience psychédélique, l'«écoute» de soi et l'exploration patiente, méthodique des vastes territoires du corps, de la «conscience» et de l'intime. Leur fonction principale est de justifier la liberté de mœurs que ces adultes ont connue lorsqu'ils étaient jeunes et à laquelle, contrairement aux jeunes avant eux, ils n'ont pas eu à renoncer en prenant de l'âge. L'hédonisme, paradoxalement, devient ainsi une entreprise obéissant à des raisons et poursuivant des fins théoriquement fondées.

Entre idéologies de la société et idéologies du moi, l'opposition ne saurait être plus tranchée, du moins sur le plan des principes. Dans les faits cependant, elles sont loin d'être aussi antagonistes qu'on serait enclin à le croire. Il n'est pas rare, vers la fin des années soixante-dix, de rencontrer rue Saint-Denis à Montréal, au parc Saint-Viateur d'Outremont ou dans les parages de la porte Saint-Jean à Québec, d'assez curieux hybrides: tantôt un communiste réincarnationniste discutant avec un végétarien trotskyste, tantôt une maoïste zen entichée des écrits du marquis de Sade, tantôt encore un adepte de la méditation transcendantale qui ne jure que par l'Albanie de Enver Hoxha. C'est que la rigueur et le principe de contradiction, dans l'esprit lyrique, n'ont qu'une importance très secondaire; on les verrait plutôt comme des entraves, des restes de «logocentrisme» humaniste et bourgeois qu'il faut délaisser si l'on veut penser en toute liberté et conformément à ce qu'exige l'époque de mutation où l'on a le bonheur de vivre. Ce qui compte, ce n'est pas la cohérence de la pensée, mais l'ouverture, l'authenticité, le courage de la «démarche».

La confusion qui se produit si souvent entre ces deux premières catégories d'idéologies s'explique aussi, me semble-t-il, par cet apprentissage particulier — ou ce non-apprentissage — qui a été le fait de la génération lyrique. N'ayant pas eu à assumer la séparation du monde et de soi, le sujet lyrique est naturellement porté, d'un côté, à projeter vers l'extérieur sa propre existence et sa propre identité et, de l'autre, à intérioriser le monde comme s'il s'agissait de sa vie privée. Un désir, une frustration, un problème personnels deviennent aussitôt pour lui une question de société. Et vice versa. Si bien que faire la révolution, ce sera à la fois se changer soi-même et changer le système. «Élargir ses horizons mentaux» par le recours à la drogue ou la pratique de l'amour collectif aura aux yeux du sujet lyrique la même portée politique que de participer à une grève ou de fonder une cellule terroriste. «Reconstruire la vie, rebâtir le monde: même volonté», prêchait déjà le *Traité* de Vaneigem.

Cela dit, il faut préciser qu'à l'époque dont je parle — années soixante-dix et début des années quatre-vingt —, les deux types d'idéologies n'ont pas tout à fait le même statut. Celles qui concernent la société, après avoir atteint leur apogée autour de 1970-1975, amorcent ensuite un déclin rapide; elles paraissent de moins en moins «prégnantes», de moins en moins mobilisatrices, tandis que les idéologies du moi, profitant du vide ainsi créé, connaissent au contraire une forte expansion. On en trouverait une illustration dans l'«itinéraire» suivi alors par bon nombre des penseurs les plus écoutés de cette génération, qui passent quasiment sans transition de l'«engagement» social et politique le plus convaincu, le plus «impersonnel» et «scientifique», à la défense non moins ardente des «nouvelles valeurs» et de l'épanouissement intégral de l'individu. Des syndicats aux ashrams, de la révolution ouvrière à la révolution sexuelle, des tracts aux champignons, de *Parti pris* à *Mainmise*. Cette «évolution» idéologique, c'est-à-dire cet abandon des projets de société en faveur de la quête et de l'exaltation du moi, peut être vue comme un autre indice du «contrôle» croissant que la génération lyrique acquiert au même moment sur le monde qui l'entoure, monde qu'il ne lui semble plus aussi nécessaire par conséquent de repenser de fond en comble. Puisque la société lui obéit et la reflète de plus en plus, pourquoi voudrait-elle encore la transformer?

Mais les cocktails idéologiques les plus riches, c'est dans ma troisième catégorie qu'on les trouve, étant donné qu'elle se situe à mi-chemin des deux premières, empruntant ses «modèles» et ses références tantôt à l'une tantôt à l'autre mais le plus souvent aux deux à la fois. Cette dernière catégorie regrouperait ce que j'appelle les idéologies de la *culture*, qui ont pour objet le statut, la nature et la signification de l'univers intellectuel et symbolique et des activités qui s'y rattachent. L'époque offre à cet égard une fécondité remarquable. Dans les discours sur la littérature, les arts visuels, le théâtre, le cinéma et les autres «disciplines» culturelles, c'est une succession ininterrompue de «percées» théoriques, de «remises en question» et de «ruptures» décisives. Une nouvelle école, une nouvelle tendance esthétique, un «nouveau langage» n'a pas vu le jour qu'il est aussitôt critiqué, démystifié et remplacé par un autre encore plus «avancé», plus contemporain.

Je ne songe pas tant ici aux œuvres produites ou publiées alors — quoiqu'il s'en faille de beaucoup que cette logomachie ait été sans effets sur elles — qu'à la quantité de programmes, de manifestes, de «grilles» et d'«approches», à cette espèce de foire conceptuelle dont leur existence et l'existence des œuvres du passé — l'existence de la culture, en somme — ont pu être accompagnées, précédées, encombrées. La variété des «lectures» et des interprétations est telle qu'elle découragerait le compilateur même le plus patient.

Si la culture a suscité un tel déchaînement idéologique et représenté l'enjeu de débats aussi nourris, cela s'explique en partie, me semble-t-il, par la facilité avec laquelle on peut en discourir. Elle est, en d'autres mots, le terrain par excellence des «comportements discrétionnaires» dont j'ai parlé. Tandis que les idéologies de la société doivent à un moment ou à un autre rencontrer la réalité, ne serait-ce que pour la dénoncer ou la déstabiliser, et que les idéologies du moi promettent également des «résultats» auxquels elles peuvent d'une certaine manière être confrontées, le propre des idéologies de la culture est d'échapper et même de se refuser à toute forme de «vérification» que ce soit. Si bien qu'on peut dire littéralement *n'importe quoi*. Ce ne sont jamais ses insuffisances ou son manque de validité qui font que telle théorie de l'art ou telle «définition» de la culture est rejetée, ce n'est jamais parce que la «réalité» aurait changé. Ce qui la tue, c'est toujours sa propre usure, sa redondance, l'épuisement de la force d'impact qui lui venait d'une seule chose: sa nouveauté. Les idées, en ce domaine plus qu'en tout autre, naissent et meurent d'elles-mêmes, sans raison apparente, comme les modes vestimentaires ou les «tendances» du design. Si nécessaires, si «urgentes» qu'elles puissent sembler au moment de leur première apparition, elles sont destinées à disparaître bientôt pour faire place à leur contraire, en attendant que celui-ci s'épuise à son tour et qu'on les «redécouvre» sous un nouveau jour. L'important est qu'il y ait des idées, du discours, du bruit.

On aura remarqué dans ma petite typologie une absence pour le moins surprenante: celle du féminisme. Ce n'est pas que je considère ce courant comme un phénomène négligeable, loin de là. J'y verrais même plutôt *la* grande idéologie de l'époque, celle où s'exprime avec le plus de force le nouvel esprit et la nouvelle sensibilité incarnés par la génération lyrique. Mais le féminisme — plus précisément: le néo-féminisme ou féminisme radical qui se fait jour au cours de ces années et dont les thèmes se répandent largement dans l'intelligentsia — est une théorie trop globale pour pouvoir entrer dans aucune de mes trois catégories. Ce n'est une idéologie ni de la société, ni du moi, ni de la culture, mais de tous ces domaines à la fois. Aussi verra-t-on les féministes, hommes et femmes, prôner tantôt la révolution sociale (et contracter ainsi des alliances — purement tactiques — avec les marxistes), tantôt la révolution amoureuse (et s'associer par là aux adeptes de la libération du moi), tantôt encore la révolution du langage et des codes esthétiques. C'est sur ce dernier front d'ailleurs, celui des symboles et de la culture, que le féminisme obtient ses plus grands succès, peut-être pour les raisons que j'ai dites tout à l'heure. Mais quelle que soit la cible, le projet et la vision restent les mêmes: il s'agit de révéler et de dénoncer partout la «phallocratie» séculaire et, pour y mettre fin, de transformer de fond en comble les rapports entre les sexes.

Il est injuste, je le sais bien, de schématiser comme je le fais la vie idéologique de cette époque. Mais cette simplification, qui empêche de tout évoquer en détail, permet au moins d'apercevoir le paysage d'ensemble et d'en marquer les principaux traits: profusion, diversité, intensité. Cela dit, je voudrais encore, en profitant du recul dont nous disposons aujourd'hui, souligner deux ou trois autres caractéristiques des discours dont se sont nourris à ce moment-là les plus instruits des enfants de la génération lyrique et qui s'observeraient dans la plupart des courants que je viens de distinguer.

La première serait le peu, sinon l'absence d'originalité. Je veux dire qu'il n'en est à peu près aucune parmi ces *idéologies* dont le contenu ne soit de quelque manière la reprise ou l'écho d'une *pensée* conçue et énoncée plus tôt dans le siècle, dans des conditions et des contextes souvent très différents. Sur la société, le moi ou la culture, les discours enflammés des années soixante-dix et quatre-vingt ne proposent pratiquement aucune idée, aucune théorie qui aille «plus loin» ou qui se démarque véritablement de ce qu'il faut bien appeler la tradition intellectuelle et artistique moderne, c'est-à-dire les idées et les théories élaborées dans les cercles le moindrement novateurs d'Europe ou des États-Unis depuis la fin du dix-neuvième siècle et qui avaient fait l'objet, à compter de la Deuxième Guerre

mondiale notamment, de mises au point et de reformu-
lations ayant largement contribué à accroître leur dissé-
mination. Le discours de la génération lyrique, en ce sens,
est un discours essentiellement emprunté, mimétique, qui
reprend des paroles déjà prononcées et «dépense» librement
un capital conceptuel déjà accumulé par ses prédécesseurs.
C'est un discours d'épigones.

Certes, l'originalité pure n'existe jamais et toute pensée
se nourrit fatalement de pensées antécédentes; ce serait
même le propre de la pensée — et de la culture — que de
toujours dépendre de ce qui la précède. Mais dans le cas
qui nous occupe, la dépendance a ceci de particulier qu'au
lieu de stimuler, de soutenir ou de relancer la réflexion et
la recherche, elle y met fin avant même que celles-ci ne
puissent commencer. Le maître, le «gourou» est pour
l'épigone un dispensateur de réponses et non de questions,
il lui offre la certitude et l'enthousiasme, non la perplexité,
et ce n'est pas l'admiration ni l'émulation qui lie l'épigone
au maître, mais l'identification, l'obéissance fascinée,
semblable au rapport existant entre le public rock et ses
idoles.

Il suffit, pour voir à l'œuvre cette pensée de la répétition, de feuilleter quelques-uns des écrits ou quelques-unes
des revues les plus «révolutionnaires» de cette époque. Les
«corollaires» y succèdent invariablement aux «postulats», les
«rappels» aux «références», les pétitions de principe aux
arguments d'autorité, les «faits déjà démontrés» aux
«conclusions admises». De page en page, de paragraphe en
paragraphe reviennent les mêmes formules, comme des
sortes d'incantations: «Il est maintenant établi que...»,
«Comme l'a démontré X...», «Il découle de ceci que...»,
«Quiconque a lu Y sait que...» Le tout accompagné du
matraquage continu, obsessionnel, proprement incanta-
toire, des citations: Artaud, Althusser, Aurobindo, Barthes,

Breton, Brecht, Engels, Foucault, Gramsci, Jung, Lacan, Marcuse, Reich, Sartre/de Beauvoir (simple échantillon donné ici dans l'ordre alphabétique).

C'est dire que la nouveauté dont se réclamaient si hautement les idéologies lyriques et qu'on leur prêtait volontiers à l'époque est une qualité toute relative. Neuves par rapport à ce qu'avaient cru et pensé généralement les parents et les grands-parents de ces adultes scolarisés, sans doute. Neuves par le ton péremptoire et l'espèce de terrorisme rhétorique auxquels recouraient leurs énonciateurs, sans doute aussi. Mais neuves par le contenu, certainement pas, puisqu'aucune d'entre elles à vrai dire n'a inventé quoi que ce soit sur le plan conceptuel. En fait, ces idéologies, les discours qui les «véhiculent» (comme on disait alors) et les conduites qu'elles inspirent ont tout de ce que j'appellerais la mentalité *néo*, vocable qui ne signifie pas du tout la même chose que l'adjectif «nouveau».

Ce qui distingue le néo-marxisme, le néo-féminisme, le néo-freudisme et les autres néo-idéologies, c'est le durcissement, la systématisation en eux de la pensée-source et sa transformation en *évidence*. Dès lors, le travail du néo-penseur, outre l'accumulation des gloses et des «preuves» qui soi-disant confirment la vérité révélée, consistera à réitérer le dogme, à le répandre et à en élargir sans cesse le «champ d'application», c'est-à-dire à en remettre toujours davantage. Saussure a posé que le lien entre le signe et le sens est arbitraire; le néo-saussurien conclura que le signe n'a aucun lien avec le sens. Rimbaud, qui était un écrivain d'avant-garde, a écrit dans un poème: «Il faut être absolument moderne»; le néo-avant-gardiste conclura que tout ce qui a été publié avant 1970 est périmé. Marx a vu dans la lutte des classes la voie vers la justice et l'égalité; le néo-marxiste conclura qu'il faut lutter avec les fonctionnaires et les enseignants contre la domination de l'État bourgeois.

L'ancien féminisme «réformiste» a dénoncé l'infériorité politique, juridique et économique des femmes; la néo-féministe exigera que les écrivains féminins ne soient étudiés que par des critiques du même sexe ou interdira aux petits garçons de jouer avec des soldats de plomb. La «nouveauté», dans l'optique néo, c'est la surenchère.

Si les idéologies lyriques n'inventent guère, elles détruisent par contre beaucoup, du moins verbalement, puisque c'est avant tout de discours et de paroles qu'il s'agit ici. Une des attitudes caractéristiques de beaucoup d'intellectuels de cette génération, et donc un autre trait commun aux trois grandes classes d'idéologies évoquées précédemment, réside en effet dans ce que j'appellerais l'*obsession de la fin*. Qu'il s'agisse de l'organisation de la société, des conduites de l'individu ou de l'état de la culture, le principe de base sur lequel se fonde toute l'élaboration théorique est que les choses telles qu'elles sont et telles qu'elles ont été constituent à la fois une erreur qu'il faut corriger et une vaste tromperie à laquelle le moment est venu de mettre un terme. Même (et peut-être surtout) quand elles ont cru chercher le bonheur et la liberté de l'homme, les institutions sociales, la culture, les religions ou les morales établies n'ont été que des instruments d'oppression et d'aliénation. Le monde, en somme, est une usurpation qui a assez duré, l'histoire a fait fausse route, il faut tourner le dos à tout cela, il faut couper les ponts et passer à autre chose.

Cette obsession (ou ce désir) de la fin donne lieu à deux types de comportements idéologiques étroitement liés, quoique l'un, on le verra, ait tendance à l'emporter nettement sur l'autre. Ce sont, d'un côté, le prophétisme et, de l'autre, la subversion. Le prophétisme consiste en la contemplation, en l'annonce et parfois en l'expérimentation *a priori* du nouveau monde qui doit et va remplacer celui-ci. C'est le Grand Soir, c'est le règne universel de l'égalité et de la beauté, c'est la «poésie pour tous et par tous», c'est la réconciliation du corps et de l'âme enfin libérés de leurs entraves, c'est la «mutation» de la conscience et la victoire sur la mort. Toutes les promesses se valent, et toutes les utopies.

Car l'important n'est pas tant la réalisation du rêve que les raisons qu'il fournit, ici et maintenant, de refuser en son nom ce qui est. Le prophétisme est la justification et l'arme de la subversion. La subversion, c'est-à-dire la disqualification de tout ce qui se prétend ordre ou valeur donnés, imposés, reçus, objets tantôt d'une «déconstruction» systématique, tantôt de défis et de transgressions non moins systématiques. C'est le trait le plus frappant de la pensée lyrique, en effet, que ce que certains appellent son non-conformisme, c'est-à-dire son ardeur à suspecter et à rejeter tout ce qui était là avant elle et se donnait pour «vérité». En dépit (ou peut-être à cause) de l'enthousiasme que lui inspire le paradis à venir et la certitude où il se trouve de son avènement prochain, l'esprit lyrique est un esprit foncièrement désillusionné par la réalité dans laquelle il se trouve. L'attente du monde nouveau le justifie de travailler à la ruine du monde présent, auquel il a retiré sa foi.

Rien n'illustre mieux cette fureur dévastatrice que les idéologies de la culture qui ont cours au Québec durant les années soixante-dix, et en particulier ce qu'on appelle alors la «contre-culture», amalgame de courants apparemment bigarrés mais qui reposent tous sur la conviction (1) que la culture occidentale dans son ensemble est une tricherie, qui doit être combattue par l'exaltation de tout ce qu'elle a interdit et «refoulé» jusqu'ici: le dionysiaque, le populaire, le déviant, le ludique, le minoritaire; et (2) que la Culture elle-même, en tant que mode de relation avec le monde, est comme la Morale et le Pouvoir: un empêchement, une supercherie; il est donc urgent d'y mettre fin en décomplexant, en «désintellectualisant» la «créativité» spontanée des individus. L'art, la pensée, la poésie ne se trouvent ni dans les musées ni dans les livres, ils sont dans la rue, dans les tripes, dans l'amour, dans les ballades de Bob Dylan, dans les effluves du LSD et l'innocence joyeuse du «vécu» quotidien. La vraie culture, la seule qui soit «authentique» et libératrice, est le contraire de la Culture héritée. C'est sa subversion, sa dérision, son absence.

Quand on essaie aujourd'hui de dresser le bilan qualitatif de la «contre-culture», on découvre que la colonne des «actifs», c'est-à-dire des œuvres nouvelles qu'elle a produites et des «avancées» théoriques qui s'y sont accomplies, apparaît plutôt maigre. En revanche, les acquis négatifs, je dirais, sont considérables, puisque nous lui restons en bonne partie redevables de cette banalisation et de cette vaste dévalorisation de l'activité intellectuelle et culturelle qui constituent un des traits frappants de notre modernité.

Durant les années soixante-dix, c'est dans le domaine de la littérature que cet effet des idéologies lyriques de la culture apparaît avec le plus d'évidence. À un moment où le public est plus nombreux et plus fervent que jamais, où la littérature semble enfin échapper aux censures et aux services commandés qui l'avaient si longtemps contrainte, où le soutien gouvernemental à la création, à l'édition et à la lecture se fait de plus en plus efficace, au moment, en un mot, où toutes les conditions paraissent réunies pour rendre possible une vie littéraire «normale», voilà que se met en branle une vaste offensive théorico-idéologique contre les mensonges et les méfaits de la littérature.

On aurait pu s'attendre à ce que les attaques viennent de l'extérieur, qu'elles soient portées par les divers pouvoirs et les instances idéologiques qui, se sentant menacés par l'effet libérateur des livres, auraient cherché à les priver de prestige et d'influence. Mais non, c'est au sein même de ce qu'on a commencé d'appeler l'institution littéraire que les accusations se lèvent et que commence un travail de sape méthodique qui n'aura de cesse qu'il n'ait définitivement tourné la littérature contre elle-même, selon le mot de Gerald Graff, et ne l'ait dépouillée de toute légitimité comme de toute pertinence.

Du côté de la critique professionnelle et de l'enseignement, d'abord, on s'attelle à la tâche de mettre au jour tantôt le caractère purement conventionnel, c'est-à-dire anodin, des œuvres et des genres, tantôt l'imposture des auteurs, qui ne font que dissimuler sous d'aimables apprêts esthétiques leurs préjugés de classe et des tas de «présupposés» inavouables. Tantôt encore, on «démontre» à quel point la littérature est élitiste et coupée de la vie réelle, à quel point les valeurs n'y sont qu'affaire de positions institutionnelles et de circonstances et à quel point elle n'a rien à dire sur le monde, sinon des faussetés. Il s'agit, en somme, de découronner cette vieille idole humaniste, de la «démystifier»; de désillusionner le lecteur et l'écrivain en les «libérant» de la littérature et de ses charmes. Au Québec, cette opération permet en outre de discréditer à peu de frais les auteurs et les critiques qui garderaient encore quelque admiration désuète, quelques vieux complexes vis-à-vis de la littérature française, laquelle n'est qu'une littérature parmi d'autres, un peu plus snob, un peu plus «déconnectée», un peu plus universelle et donc beaucoup plus «impérialiste» que les autres.

Dans cette entreprise, les écrivains eux-mêmes, ceux de la nouvelle génération en particulier, ne sont pas en reste. C'est l'âge d'or de la «nouvelle écriture», catégorie fourre-tout où l'on range alors tout ce qui prétend anéantir les formes et les «codes» de la littérature occidentale. D'ailleurs, le mot même de littérature est à éviter, trop chargé de connotations idéalistes et bourgeoises. Il faut parler d'«écriture», de «production», de «pratiques signifiantes» débouchant sur des «textes» (et non des œuvres) qui sont des «structures sémiotiques» dont la fonction première est d'«opérer des déplacements», de faire «éclater» les «limites» de la langue et du sens en «inscrivant» ou en «parlant» le corps dans le «dire», etc. En réalité, une seule chose importe: écrire contre la littérature, écrire débarrassé des vieux mythes (des vieilles exigences) dont la tradition littéraire était porteuse. C'est ce qu'on appelle plonger dans l'«inconnu», prendre des risques, assumer la rupture. Et les écrivains qui l'osent sont tenus (se prennent) pour des héros.

Qu'il se manifeste en littérature ou ailleurs, ce désir d'innover est certainement, comme on l'a souvent dit, un des fleurons de l'époque et la raison pour laquelle elle inspire aujourd'hui tant de nostalgie à ceux et celles qui y ont participé. Innover, alors, c'était recommencer à neuf, refuser de continuer ce qui était déjà en train, et donc faire table rase. Du passé, des écrits et des idées de leurs devanciers, tout ce que les penseurs de la génération lyrique ont tendance à retenir est ce qui peut servir directement leur cause: les raisons, les concepts, les justifications théoriques susceptibles de les armer contre le monde de leurs parents et de leurs maîtres. Pour le reste, le passé est l'ennemi à abattre, il n'y a héritage ni tradition qui tienne.

Tout ce qu'ils retiennent du passé, en somme, c'est l'idée, le mythe de l'*avant-garde*. Il n'est de pensée ni d'action valable à leurs yeux que celles qui rompent, qui transgressent, qui refusent la loi commune et vont «au delà». Tout s'évalue à cette aune. Qu'il s'agisse de théorie ou de stratégie politique, de morale, d'art ou de littérature, qu'il s'agisse même des modèles d'ordinateurs ou des usages culinaires, n'a de mérite que ce qui se présente comme «dépassement», comme violation de quelque frontière, comme «audace». Sur ce point, le consensus est unanime, et l'on peut dire que l'idéologie lyrique, dans quelque domaine qu'elle s'exprime, c'est le consentement sans réserve aux ambitions et à l'esprit de l'avant-garde, qui devient ainsi le mode obligé de toute pensée comme de toute action qui se respecte.

On voit tout de suite la singularité d'une telle conjoncture, qui ne laisse pas d'avoir quelque chose d'assez ironique. Comme tout ce qui arrive à la génération lyrique, le triomphe des idées et des attitudes d'avant-garde est, chez ses intellectuels, ses artistes, ses écrivains et dans le public qu'elle forme, un phénomène si massif et si général, si facile en somme, qu'il en perd tout caractère héroïque, toute gravité et, ultimement, toute signification de quelque conséquence. Car qu'est-ce qu'une avant-garde qui n'est plus minoritaire? Quand tous les soldats, d'un même mouvement, avec la même détermination et le même «courage», se portent ensemble à l'avant-garde, est-ce encore du courage, est-ce encore une avant-garde? Comment, en d'autres mots, être et demeurer avant-gardiste quand l'avant-garde est devenue la norme?

Certes, toute avant-garde, par définition et par tradition, est un phénomène de groupe: les Encyclopédistes, les Romantiques, les Impressionnistes, les Futuristes, les Surréalistes, et ainsi de suite jusqu'aux Néo-plasticiens et aux Telquelistes. Sauf que ces groupes restaient à la fois peu nombreux et, surtout, toujours minoritaires dans le milieu où ils évoluaient, milieu qu'ils contestaient et voulaient transformer, certes, mais qui résistait à leur impatience et tenait bon, pendant un certain temps du moins. C'est d'ailleurs cette résistance, très précisément, et ce «certain temps» seulement, qui faisaient de ces petits groupes des avant-gardes.

Ce n'est plus du tout ce qui se passe, bien sûr, quand l'avant-gardisme, auquel s'identifient les créateurs et penseurs de la génération lyrique, s'impose aussitôt et par le fait même — en vertu de ce phénomène de contagion avec lequel mes lecteurs sont maintenant familiers — dans tout le milieu où ces nouveaux arrivants déferlent. Que certains de leurs aînés, eux-mêmes d'avant-garde, se solidarisent avec eux et les accueillent à bras ouverts, il n'y a rien là d'étonnant. Ils ne font que se reconnaître dans l'esprit des nouveaux venus et profiter de l'appui qu'ils leur apportent, comme ont fait dans les années soixante ceux que j'ai appelés les «réformateurs frustrés». Qui, se sentant méconnu de ses contemporains, n'attend pas comme Stendhal la reconnaissance de ses petits-neveux? Ce qui étonne plutôt, quand on songe à l'arrivée de la nouvelle avant-garde, c'est que tous les aînés, ou presque, lui réservent alors le même accueil, sinon enthousiaste, du moins fort bienveillant, et surtout qu'il s'en trouve si peu parmi eux pour oser résister au courant ou se dresser contre lui de manière un peu ferme. C'est qu'il n'y a plus d'arrière-garde, plus d'establishment qui se respecte. Ceux qui devraient normalement en faire partie sont ou trop peu nombreux ou trop mal assurés de ce qu'ils auraient à défendre, en tout cas trop faibles pour bloquer la voie aux nouveaux venus. Ils se taisent donc, ou alors, ce que font la plupart, ils soufflent encore plus fort dans le sens du vent. Ici encore, l'invasion, le déferlement idéologique ne rencontre aucun obstacle véritable.

D'où l'ironie que je disais. Obligés par leur naissance et leur éducation, et donc pour demeurer fidèles à eux-mêmes, d'«être absolument modernes», c'est-à-dire d'inventer, de progresser, d'oser sans cesse en bousculant tout sur leur passage, les nouveaux Rimbaud ne trouvent en face d'eux rien à renverser, personne à abattre, ni vieillards semblables aux «floraisons lépreuses des vieux murs», ni Mère au «bleu regard — qui ment!» Partout les assis se lèvent ou sont déjà debout, et les Mothers, loin de condamner leurs fureurs, y applaudissent de tout cœur, quand elles ne se lancent pas elles-mêmes dans la révolte avec encore plus d'empressement. Or qu'est-ce qu'une avant-garde qui n'a plus à combattre? Qu'est-ce que le nouveau quand il n'y a plus d'ancien? Le «moderne» quand la tradition ne se défend plus?

L'ironie ne va pas ici sans un certain pathétique. Car l'absence d'ennemi est bien la pire chose qui puisse arriver à un militant. Sentant que sa révolte risque de s'émousser faute d'obstacle, il tend à la tourner contre lui-même et à en devenir au bout du compte l'unique victime. Par exemple, l'écrivain joualisant, à qui plus rien ni personne n'oppose sérieusement la nécessité de respecter les formes et les structures de la langue écrite, finit soit par tomber dans la complaisance, soit par ne plus écrire. Quant au peintre d'avant-garde, qui réclame «la fin du mythe de l'Art» alors que tous autour de lui, confrères, critiques, conservateurs de musées, propriétaires de galeries, tantôt la réclament également, tantôt la célèbrent comme un fait accompli, ce peintre, dis-je, n'a d'autre choix, s'il tient à sa révolte, que de se révolter contre elle et de se mettre à peindre des chromos (ce sera en partie l'attitude «post-moderne»), ou alors de persister à revendiquer hautement ce sur quoi tout le monde s'accorde, c'est-à-dire de sombrer dans l'académisme, ce que tend souvent à devenir aujourd-d'hui, en art et ailleurs, le modèle naguère subversif de l'avant-garde.

Est-ce à dire que les idéologies lyriques ont échoué? Pour répondre à cette question, il faut se demander d'abord quel «projet» était vraiment le leur, quelle «cause» au juste elles cherchaient à servir. Comme je l'ai dit, ces idéologies

annonçaient toutes sortes de merveilles, révolution, mutation, recommencement, salut. Or, de ces promesses,
aucune à vrai dire n'a été tenue. Dix ou quinze ans après
les grandes turbulences et les discours à l'emporte-pièce,
nous voyons bien aujourd'hui que tout cela n'était que des
mots. Soit les idéaux ont été relégués aux oubliettes, soit ils
se sont singulièrement dégradés. Malgré la «political correc-
tness», forme mondaine des grands thèmes révolutionnaires
de jadis, le capitalisme, le conservatisme, l'économicisme
ne se sont jamais si bien portés. Le yoga, les drogues, la
méditation transcendantale, l'érotisme libéré sont devenus
des techniques de relaxation qui aident les cadres quadragénaires à rester jeunes, à mieux «performer» et à gagner
plus d'argent. Même en littérature, on assiste à la redécou-
verte de la «lisibilité», au «retour du réalisme», à la
banalisation des formes et des contenus, à la «profes-
sionnalisation» des auteurs, bref, au triomphe inconditionnel de la raison marchande et des conventions bourgeoises tant décriées naguère. Tout cela avec le consentement, sinon le concours actif de ceux-là mêmes qui, il y
a peu, se vouaient corps et âme au renversement de l'ordre
établi et au recommencement de l'histoire.

Si évidente qu'elle semble, cette faillite du «projet»
lyrique n'est toutefois qu'une apparence. Et qui cache en
fait une grande victoire, celle de la génération lyrique elle-
même, qui a réussi par l'agitation idéologique à obtenir ce
qu'elle souhaitait le plus ardemment: sa propre libération,
son propre allégement, c'est-à-dire l'élargissement et la
légitimation de son pouvoir sur le monde. Sous couvert de
changer la société, la vie ou la culture, la subversion n'avait
d'autre but en réalité que de faire place nette, de disqua-
lifier l'héritage des générations précédentes, afin que les
nouveaux maîtres n'aient aucun compte à rendre ni aucune
continuité à assumer. Rompre, transgresser aura été pour

eux une manière de dégager l'horizon, de se délester de la mémoire. En se proclamant libres de toute allégeance au passé, en niant la validité des modèles auxquels auraient pu être confrontées leurs actions et leurs œuvres, ils se seront rendus invulnérables à toute culpabilité comme à toute contrainte. Enfin, ils auront eu entièrement raison de la lourdeur du monde.

Cette interprétation aiderait peut-être à comprendre comment, d'une époque aussi chargée de discours, d'idées et de doctrines que l'ont été les années soixante-dix et le début des années quatre-vingt, nous avons pu passer si rapidement et comme sans transition au climat actuel marqué par ce que d'aucuns appellent la «fin des idéologies». Évidemment, cette fin n'est pas celle de toutes les idéologies, bien au contraire. Mais il est vrai que celles qui ont si fortement passionné la génération lyrique il y a une dizaine ou une quinzaine d'années paraissent aujourd'hui bien falotes. Délaissées par leurs adeptes et incapables d'en attirer de nouveaux, parfois même tournées en dérision, la révolution sociale, la «nouvelle conscience», la «nouvelle écriture» et jusqu'à la doctrine féministe ressemblent de plus en plus à des pensées moribondes, qui restent nobles, certes, mais ne bougent plus guère.

Certains attribuent cette désaffection à l'indolence et au «réalisme» des jeunes d'aujourd'hui. Plus justement, je crois, il faut y voir la rançon du succès qu'ont obtenu en leur temps les idéologies lyriques et une preuve de l'efficacité avec laquelle elles ont rempli la véritable, l'unique fonction qui en définitive leur était assignée: non pas changer ou sauver le monde, mais le *désencombrer*. Et en ce sens-là, on peut dire que la réussite a dépassé toute attente: non seulement les vieilles idoles ont été renversées et les mythes anciens démasqués, mais le besoin même d'idoles et de mythes a cessé de perturber l'existence. Enfin le ciel et la terre sont purs de toute présence, débarrassés de tout poids, silencieux et vides comme au premier matin du monde.

Telle est l'ultime subversion.

LE POLITIQUE DOMESTIQUÉ

Si l'effet «modernisateur» qu'a pu avoir le débarquement de la génération lyrique dans l'âge adulte se traduit surtout par une sorte d'emballement et comme une épuration de certaines tendances ou de certains processus enclenchés plus tôt, il est un domaine où cet effet apparaît de manière particulièrement flagrante, c'est celui de la politique. Je me bornerai, pour en traiter, à un seul exemple: celui du Québec, qui m'est le plus familier mais que je crois applicable, mutatis mutandis, à la plupart des autres pays touchés comme le nôtre par l'«effet baby-boom» et par l'influence de la génération lyrique.

Ma thèse, ici encore, sera celle de la *collaboration*, fondée sur le rapport de convenance que l'on peut établir entre les attentes, les attitudes, la vision du monde inspirées à la génération lyrique par son histoire et sa conscience de soi et l'évolution récente des conceptions et des mœurs politiques dans notre société. Rapport qui permet de comprendre les unes par les autres, de voir dans les unes sinon la répercussion, du moins le miroir fidèle des autres.

J'ai déjà attiré l'attention, dans un chapitre précédent, sur la manière dont cette génération, depuis qu'elle a accédé à l'âge politique, a vu tourner à son avantage la plupart des interventions et des grandes orientations de l'État, qui a littéralement pris sur lui les besoins et les préoccupations des nouveaux adultes et mis à leur service l'essentiel de ses ressources et de son pouvoir, sa conscience même.

Mais une telle appropriation — car c'est bien de cela qu'il s'agit — n'aurait pu se produire si ne l'avait rendue possible l'idée que nous en sommes venus à nous faire aujourd'hui de la politique et de l'État, c'est-à-dire du rapport entre nos existences privées et l'existence d'une sphère publique manifestée par des institutions, des appareils, une logique et des fins qui lui sont propres. Or cette idée, je veux dire la signification moderne de cette idée, avait beau être présente et infléchir sourdement l'évolution de la pensée et des structures politiques depuis le dix-neuvième siècle, et encore plus depuis la Deuxième Guerre mondiale, elle n'a triomphé véritablement au Québec que depuis le tournant des années soixante-dix environ, au moment où la définition et l'exercice de l'activité politique sont devenus de plus en plus l'affaire des enfants de l'après-guerre. Là encore, par conséquent, le rôle de la génération lyrique aura été non pas d'innover ou de rompre à proprement parler, mais de collaborer au parachèvement de l'innovation et de la rupture, et de le faire d'autant plus facilement que ce processus allait dans le sens de ses aspirations et de ses besoins.

Ce changement, un mot le résumerait assez bien: la «désacralisation» du politique et plus particulièrement de l'État.

Au Québec, on le sait, ce dernier a mis du temps à prendre conscience de son statut et de son rôle dans la vie publique. Jusqu'aux années cinquante ou soixante (sauf peut-être pendant l'intermède de la guerre), on peut dire que c'est à l'Église d'abord qu'a appartenu le droit d'être considérée et d'agir comme dépositaire de l'identité et du «vouloir-vivre» communs des Canadiens français. Mais du fait qu'elle tenait son pouvoir d'en haut et ne rendait de comptes qu'en haut, l'Église incarnait moins cette identité et ce vouloir-vivre qu'elle ne les imposait à ses fidèles, au nom d'une autorité qu'ils lui reconnaissaient, certes, mais dont ils savaient qu'ils ne l'avaient pas eux-mêmes investie. Si bien qu'ils se trouvaient devant elle sans pouvoir et qu'elle était devant eux sans responsabilité véritable. Hors de la Cité où elle avait déjà tout fixé, leur cité n'avait pour ainsi dire ni lieu ni existence. L'État, confiné dans l'espace qui lui était consenti par l'Église, ne pouvait donc être, face à celle-ci, qu'une institution dérivée, secondaire, le «bras séculier» de la seule représentation tout à fait légitime de la collectivité. Certes, les formes du parlementarisme et du gouvernement responsable existaient depuis longtemps au Québec, mais leur usage restait le plus souvent celui d'une société pré-parlementaire, qui n'éprouvait guère le besoin de projeter une vision globale d'elle-même ni d'exercer quelque action collective dans un autre domaine public que celui de la religion, où les parlements ont peu à faire. La politique avait donc généralement la vue courte et ne présentait pas grand intérêt: l'éternité l'écrasait.

Ce sera une des principales significations de la Révolution tranquille, ou du moins de la phase initiale de la Révolution tranquille, ce sera même sa signification la plus «révolutionnaire» à vrai dire, que de permettre, que de *manifester* plutôt l'émergence de ce qu'on a appelé alors l'«État du Québec». Ce qui importe dans ce fait, ce n'est pas tant — ou ce n'est pas d'abord — sa dimension nationaliste, sur laquelle on a beaucoup brodé, que sa portée

politique. Le changement décisif, en effet, n'était pas que le
gouvernement québécois se conçoive et se mette à agir
comme le porte-parole et le défenseur des intérêts du
Québec; cela, tous les gouvernements antérieurs l'avaient
fait à leur manière, et l'Église aussi d'ailleurs. La véritable
nouveauté, c'était l'idée et la pratique mêmes de l'État, le
fait que la société québécoise s'ouvrait à la constitution en
son sein d'un espace laïc où seraient discutées librement,
entre les citoyens eux-mêmes, l'organisation et la conduite
de la nation. Un espace où les décisions seraient prises au
nom de tous, comme l'expression de leur volonté commune, de leur volonté *publique*, c'est-à-dire non pas
d'abord dans l'intérêt de chaque individu pris isolément
mais dans celui de la collectivité tout entière.

C'est là, en bonne partie, ce qui rend si mémorable
l'histoire de ces années. L'instance politique, libérée de son
ancienne dépendance, se voyait et était vue par tous
comme le lieu où agit et se fait entendre l'ensemble de la
nation et où s'exécutent ses intentions préalablement
délibérées. Quand l'«État du Québec» se lançait dans de
vastes entreprises comme la nationalisation de l'électricité,
l'aménagement de la Manicouagan, la réforme de l'éducation et de l'aide sociale, la mise sur pied de la Société
générale de financement, la création du ministère des
Affaires culturelles ou l'ouverture des délégations du Québec à l'étranger, ces «politiques de grandeur», comme on
disait alors, étaient grandes effectivement, non par leur
contenu, qui pourrait même paraître assez anodin, mais par
la signification que leur prêtait la collectivité en les inter-
prétant comme des actions qui la concernaient tout entière
et auxquelles elle avait le sentiment de prendre part tout
entière. La légitimité et l'autorité morale de l'État, en
d'autres mots, venaient du droit que lui accordait chaque
citoyen, même s'il avait voté contre le parti élu, de le

représenter, d'être le lieu de sa vie publique, c'est-à-dire de sa propre participation et de celle des autres à la construction de leur monde commun, en tant qu'il était le monde de tous.

On pourrait dire (on n'a pas manqué de dire) que cette «promotion de l'État» ne résultait que d'une sorte de «transfert mythologique»: ce qu'ils avaient accordé jusqu'alors à l'Église — la faculté d'agir en leur nom et de les assujettir —, les Canadiens français n'auraient fait alors que le transporter vers le pouvoir civil, sans plus. Mais cette interprétation gomme une différence essentielle: l'État libéral qui s'affirmait au cours de ces années restait une institution strictement séculière, laïque. C'était même là, je l'ai dit, sa qualité la plus remarquable. Les citoyens ne lui abandonnaient ni leur âme ni leur salut individuel; ils ne faisaient que lui remettre une partie de leur puissance d'action, celle qui les liait à leurs concitoyens et qui ne pouvait pas se réaliser en dehors de cet espace solidaire d'échange et de participation que crée l'ordre politique, un espace large sans doute mais bien délimité. D'ailleurs, il n'y a eu à cette époque et dans ce contexte particulier aucune manifestation de «culte» ou de religion de l'État, ni dans la population ni parmi les élus. Assimiler la «foi» et les attitudes politiques de ce temps au fascisme ou au totalitarisme, comme le feront bientôt les néo-penseurs universitaires et les auteurs de manifestes syndicaux, qualifier allégrement cet État d'«exploiteur» et de vulgaire «patron», ce sera se payer de mots et refuser de voir la réalité pour préserver la pureté lyrique de l'idéologie.

Cela dit, quand on le compare à ce qu'il est devenu aujourd'hui, il est vrai que le sentiment politique avait alors quelque chose de «mystique», si l'on veut. Dans l'État, les citoyens ne voyaient pas d'abord l'instrument d'un pouvoir cherchant à empiéter sur le leur. Ils le considéraient plutôt comme un prolongement ou une image agrandie d'eux-mêmes et de leur propre pouvoir. C'était *leur* État, non pas seulement en ce qu'il leur appartenait et se devait à eux, mais surtout parce qu'il figurait leur responsabilité collective, dont ils ne se déchargeaient pas en la lui confiant mais qu'ils assumaient à travers lui, par les positions qu'il tenait et les actions qu'il entreprenait en leur nom et avec leur assentiment.

Je ne prétends pas, bien sûr, que tout était rose alors ni que cet État du Québec se montrait toujours digne du sentiment que j'évoque ici. Mais ce sentiment était là, celui de la gravité et de l'«humanité» du politique, la conviction que dans le politique se jouait un des sens profonds de la liberté: la liberté comme arrachement de l'individu aux déterminations de sa vie immédiate et de ses seuls intérêts privés. En ce sens-là, on peut dire que l'État, que le domaine public possédait bel et bien une sorte de «transcendance», une «hauteur», profane certes, et rigoureusement circonscrite, et toujours révocable, mais qui le faisait néanmoins un objet de considération et de ce qu'il faut bien appeler un dévouement. On ne peut guère comprendre sans cela un certain esprit «civique» qui a marqué, quoi qu'on en dise, les conduites et le discours politiques québécois de cette époque. On en trouverait des signes non seulement dans les programmes de partis, dans les déclarations et les actions de maints dirigeants ou dans les discussions de militants, de journalistes et d'électeurs, mais aussi chez nombre de fonctionnaires, d'enseignants et d'autres employés de l'État, à qui le «service public» apparaissait comme un engagement dont le sens dépassait — sans le faire disparaître pour autant— celui qu'ils accordaient à leur bien-être personnel et à leur «plan de carrière».

Qu'un tel état d'esprit nous soit devenu inconcevable aujourd'hui, qu'il aille jusqu'à susciter en nous la pitié ou l'ironie plutôt que la compréhension et le respect, montre bien à quel point notre vision de l'État et de la chose publique a changé, à quel point elle s'est «libérée» et «modernisée» depuis que la nouvelle génération a fait son entrée dans la vie politique. Cette entrée, je le répète, n'est pas nécessairement la cause de ce changement, mais elle est certainement un des facteurs qui l'ont précipité, qui l'ont facilité et qui en ont rendu l'accomplissement inévitable.

Car, entre la conception «mythique» de l'État telle que je viens de l'évoquer et l'esprit particulier de la génération lyrique, l'incompatibilité ne pouvait être plus tranchée. Ennemie de toute autorité comme de toute «hauteur», tenant pour illégitime tout ce qui prétend fixer le mouvement de l'existence et assigner des bornes au désir, comment cette génération aurait-elle accepté de transférer la moindre part d'elle-même à ce qui ne serait pas, à ce qui ne serait plus entièrement elle-même?

Telle était en effet la condition de l'État et de la vie politique qu'avaient conçus et mis en pratique les parents et les prédécesseurs de la génération lyrique au moment de la Révolution tranquille. C'étaient un État et une politique qu'on pourrait appeler «républicains» (pour reprendre le vocabulaire de Régis Debray), en ce sens qu'ils se voulaient une représentation idéale de l'ensemble de la société. Ils reposaient donc sur des principes et sur une conception du citoyen à la fois abstraits et généraux, universels si l'on veut, c'est-à-dire que leur rapport avec la vie privée et les besoins immédiats de chacun restait indirect, secondaire. Ces principes et cette conception faisaient plutôt appel dans l'individu à ce par quoi il échappe aux particularités de sa condition, qu'elles soient sociales, économiques, culturelles ou démographiques. C'est en ce sens qu'il n'y avait entre les citoyens aucune différence de valeur et que leur égalité — en dépit et même en deçà de leurs dissimilitudes — pouvait être à la fois postulée et visée.

Or, pour les enfants de la génération lyrique, convaincus qu'il est en leur pouvoir de régénérer la société pourvu qu'ils demeurent fidèles à eux-mêmes et différents de tous, un tel «désaisissement» paraît inadmissible. Se dévouer aux «intérêts supérieurs» de l'État, se projeter dans une image idéale de la collectivité, ce serait «plier» devant le monde, donc se trahir soi-même et trahir sa mission. Ce serait, en un mot, consentir à n'être qu'une génération parmi les autres puisque, au regard de l'État «abstrait», le citoyen est un être sans sexe, sans religion, sans race, à la limite sans fortune, et en tout cas sans âge. Dans de telles conditions, le jeune, en faisant son entrée dans la cité, devient le partenaire du vieux, son concitoyen, son égal. C'est là, très précisément, l'effet politique de l'«apprentissage», de l'accès au domaine public. Mais pour la génération lyrique, cette parité avec les groupes plus âgés, cette dissolution de soi dans la collectivité sans âge équivaudrait non seulement à la perte de son identité, mais aussi à l'abandon de son pouvoir et de cette position de «centralité» que lui confèrent sa visibilité et son poids numérique. En ce sens, il y va bel et bien de l'intérêt de cette génération, si elle ne veut pas disparaître dans l'unité plurielle de la cité, de récuser toute idée «transcendante» de l'État et la morale «aliénante» qui l'accompagne.

À cet instinct de conservation générationnelle, pourrait-on dire, s'ajoute la hantise de la jeunesse éternelle, qui interdit également à cette génération toute forme d'identification à l'État de type «républicain». En tant que représentant et mandataire de la volonté la plus haute de la collectivité, c'est-à-dire de sa responsabilité à l'égard de tous, y compris et surtout de ceux qui ont le moins d'autorité et de pouvoir, l'État ainsi compris était en effet une affaire d'adultes, de gens dont le sort est de se charger du sort des autres et d'agir au besoin contre leurs propres intérêts privés ou immédiats pour préserver leurs intérêts publics, qui coïncident toujours avec les intérêts de ceux dont ils ont la charge. Or c'est bien là ce dont la génération lyrique ne conçoit pas même la possibilité: s'appesantir, s'oublier, *vieillir*. Elle qui, mineure, a tant bénéficié des engagements de l'État et du «dévouement» des adultes qui en avaient alors la responsabilité, ne sait plus, une fois venu son tour d'assumer cette même responsabilité, que soupçonner l'État de menées oppressives tout en continuant d'en détourner sur elle-même les ressources et la puissance, pour finir par réclamer l'«allégement» du domaine public, c'est-à-dire l'effacement de ses propres dettes et l'annulation de ses obligations d'adulte à l'égard des «autres». Ainsi la jeunesse éternelle aurait le droit éternel de tout recevoir et de ne rien donner, le droit d'être dispensée à jamais de ce que Péguy appelait «le *devoir* d'aînesse».

Avant d'en arriver à cet aboutissement «postmoderne», qui sera d'enlever à l'État à peu près toute légitimité et d'en faire souhaiter la quasi-disparition, le processus moderne de «désacralisation» et de «désinvestissement» de la sphère publique passe par une phase qui donne lieu, paradoxalement, à une croissance sans précédent de l'appareil étatique et à un élargissement considérable des «responsabilités» qui lui sont dévolues, grâce à la transformation de l'État «républicain» en cet État de type «démocratique» (pour garder la terminologie de Régis Debray) appelé parfois État-Providence, parfois — et plus justement — État «gestionnaire».

C'est un peu trop légèrement à mon avis qu'on voit dans ce nouvel État, tel qu'il prend forme dans le Québec des années soixante-dix, la continuation ou le simple grossissement de l'«État du Québec» apparu au début de la décennie précédente. Ce n'est pas parce que les orientations du premier étaient déjà présentes dans certaines des préoccupations du second que ne se produit pas entre eux une coupure décisive, qui touche à leur définition même et à la rationalité dont chacun se réclame. Cette coupure, qui est loin de concerner seulement le Québec, a été bien décrite par Hannah Arendt. Elle consiste, d'une part, en un abandon de la «hauteur» qui faisait de l'État une projection de la conscience publique des individus, un lieu où leur étaient rendues visibles des fins qui, pour être plus larges et moins immédiates que leurs intérêts personnels, n'en étaient pas moins des fins *leurs*, émanées d'eux et réglant une partie de leur vie, en un mot des fins proprement politiques, et, d'autre part, en l'élévation au rang de responsabilités d'État de fins et de préoccupations définissant jusque-là la conscience «domestique» et le domaine du privé. Non seulement leur élévation, en fait, mais leur domination, leur établissement comme fins suprêmes de la politique et de la raison d'État. Si bien que la «désacralisation» de la volonté publique n'est au fond que la sacralisation de la volonté et de l'intérêt privés.

Cet État détrôné n'a plus pour rôle de représenter ce qui dans la volonté de chaque citoyen est volonté générale d'habiter un monde commun; sa fonction est plutôt de servir les individus qui composent la société afin qu'ils puissent atteindre aussi facilement que possible le bonheur personnel auquel ils ont droit. Ces individus, au regard du pouvoir ainsi compris, ne sont plus définis et ne se définissent plus d'abord comme des «citoyens», mais comme des «particuliers». Tantôt «contribuables», tantôt «bénéficiaires», ils forment une «clientèle» dont l'État doit combler les besoins divers, quotidiens et privés, en commençant (et en finissant le plus souvent) par les besoins économiques, qui sont par définition des besoins jamais satisfaits. Cet État «ultra-moderne» devient ainsi une gigantesque entreprise de services qui, pour répondre à la demande de bien-être que lui adressent ses protégés, doit constamment tenir compte de leur(s) condition(s) particulière(s). Ils sont tantôt consommateurs, tantôt propriétaires, tantôt automobilistes; ce sont tantôt des femmes, tantôt des jeunes, tantôt des salariés ou des patrons. De cette manière, l'instance politique, renonçant à apparaître comme un lieu «supérieur» figurant le rassemblement des citoyens sur la place publique et leurs débats au sujet des affaires de la cité, n'est plus que l'extension publique des affaires privées, une sorte de maisonnée élargie — «le ménage national», disait Hannah Arendt — dont les seuls soucis sont ceux de toute famille moyenne: le budget d'abord, la santé, l'alimentation, les meubles, l'occupation des temps libres. Sa raison d'être n'est plus de hausser les individus au-dessus d'eux-mêmes, d'offrir un espace à l'expression et à l'action de leur conscience «civique», mais plutôt de les conforter et de les «assister» dans l'oubli de cette conscience, qui menacerait la poursuite de leur bonheur privé.

Parce qu'il se voue à la «justice sociale» et au transfert d'une partie des richesses vers les plus démunis, on dit parfois de l'État-Providence que c'est un État «compatissant». En réalité, ce n'est pas tant la compassion qui l'inspire ni le respect du pauvre ou du chômeur que les impératifs de l'économie de marché, c'est-à-dire à la fois la volonté d'étendre sans cesse les circuits de l'échange et de la consommation, et la crainte que ne se constituent en marge de ces circuits des ghettos d'irréductibles qui en menaceraient l'ordre et le bon fonctionnement. C'est ce qui sera bientôt démontré par la célérité avec laquelle on s'emploiera, dès que la compassion paraîtra moins rentable ou moins nécessaire, à chercher les moyens de la «contrôler», de la «modérer», afin toujours de ne pas mettre en péril l'«équilibre» et la «compétitivité» de la nation, entendre: le bien-être économique de ses classes les mieux pourvues.

L'ancien État aussi se préoccupait de rendre justice aux infortunés: c'est sous la Révolution tranquille que sont nées véritablement les premières politiques dites sociales. Mais la compassion était alors une compassion *civique*. Son souci était de lever pour chaque individu les obstacles qui, l'empêchant de s'exprimer et d'agir en citoyen de plein droit, le coinçaient dans son univers privé et le tenaient ainsi à l'écart du domaine public. La démocratisation du bien-être, étroitement liée d'ailleurs à celle de l'éducation, n'était pas en elle-même le but de l'intervention sociale. C'était un moyen d'étendre la liberté, d'agrandir le monde commun, tout comme la prospérité économique n'était pas la fin de la politique, mais une des conditions de son exercice.

Ainsi, avec le triomphe de l'État apolitique, pure forme sans contenu, organe sans autre fonction que de refléter et de servir sa masse, *société* allégée de la *cité* qu'elle ne forme plus, qu'elle n'a plus ni le besoin ni la volonté de former, se trouve réalisée la prévision de Tocqueville qui, dès la naissance de l'État démocratique moderne, entrevoyait comme un de ses développements possibles cette éradication paradoxale du souci public par la constitution d'un État entièrement occupé du bien-être de ses commettants. «La vie privée est si active dans les temps démocratiques, écrivait-il à la fin de *La démocratie en Amérique*, si agitée, si remplie de désirs, de travaux, qu'il ne reste presque plus d'énergie ni de loisir à chaque homme pour la vie politique.» D'où il imaginait ce que nous avons aujourd'hui sous les yeux:

> *Je vois une foule innombrable d'hommes semblables et égaux qui tournent sans repos sur eux-mêmes pour se procurer de petits et vulgaires plaisirs, dont ils emplissent leur âme. Chacun d'eux, retiré à l'écart, est comme étranger à la destinée de tous les autres; ses enfants et ses amis*

particuliers forment pour lui toute l'espèce humaine;
quant au demeurant de ses concitoyens, il est à côté d'eux,
mais il ne les voit pas; il les touche et ne les sent point; il
n'existe qu'en lui-même et pour lui seul [...].

Au-dessus de ceux-là s'élève un pouvoir immense et
tutélaire, qui se charge seul d'assurer leur jouissance et de
veiller sur leur sort. Il est absolu, détaillé, régulier,
prévoyant et doux. Il ressemblerait à la puissance pater-
nelle si, comme elle, il avait pour objet de préparer les
hommes à l'âge viril; mais il ne cherche, au contraire,
qu'à les fixer irrévocablement dans l'enfance [...]. Il
travaille volontiers à leur bonheur, [...] il pourvoit à leur
sécurité, prévoit et assure leurs besoins, facilite leurs
plaisirs, conduit leurs principales affaires, dirige leur
industrie...

Il est vrai que Tocqueville, aristocrate vivant dans un siècle obscur, n'avait eu la chance de lire ni Lipovetsky ni Lyotard ni aucun des chantres de la félicité postmoderne. Pour lui, cette vision était donc celle d'un État despotique. «C'est ainsi, ajoutait-il, que tous les jours il rend moins utile ou plus rare l'emploi du libre arbitre; qu'il renferme l'action de la volonté dans un plus petit espace, et dérobe peu à peu à chaque citoyen jusqu'à l'usage de lui-même.» Nous savons, nous, que ce «despotisme» n'est pas la négation de la liberté individuelle par une autorité omniprésente et tentaculaire. Il serait plutôt le triomphe inconditionnel de la liberté des individus, c'est-à-dire l'obligation de n'être que cela: individus, «particuliers», contribuables, consommateurs, téléspectateurs, et de ne faire «usage» précisément que de cela. Quant à l'État, s'il conserve du pouvoir (si son pouvoir en réalité n'a fait que s'étendre et s'alourdir), il a bel et bien perdu tout semblant d'«autorité» comme toute velléité de «hauteur». Il ne domine pas la conscience des individus ni ne les aliène; c'est lui plutôt, c'est l'espace politique lui-même qui serait aliéné, dépouillé de toute finalité propre, devenu pur moyen de fins qu'il exécute sans les concevoir, colonisé, en somme, et tout entier domestiqué.

Ne subsistent dès lors que ses formes et ses qualités instrumentales: d'un côté, des élus de passage qui gèrent les budgets, travaillent sans relâche à leur réélection et sont tenus à l'impuissance politique la plus stricte; de l'autre, un appareil bureaucratique qui détient, lui, pouvoir et permanence et qui doit répondre aux demandes de services toujours plus nombreuses et pressantes venues du «public». Ainsi devient-il fatalement une machine énorme et d'autant plus pesante, d'autant plus étrangère et autocratique que rien de «transcendant» ne justifie plus son existence et ses actions. On n'attend plus de cet État «fonctionnel» ni de ses dirigeants qu'ils proposent ou représentent des valeurs, une histoire, un «projet», mais qu'ils soient simplement «à l'écoute» de leur marché, qu'ils suivent fidèlement les fluctuations de l'opinion (signifiées par les sondages) et qu'ils livrent la marchandise avec promptitude et efficacité. Y compris lorsque cette marchandise sera son propre «désengagement», sa propre disparition, assortie de l'urgence de «repenser», c'est-à-dire d'abandonner cela seul qui traînait depuis la vieille époque: la solidarité avec les faibles et le soulagement des infortunes matérielles.

On ne s'étonne pas que la politique, dans de telles conditions, (re)devienne petite et mesquine et qu'elle se distingue de moins en moins de l'administration et de la publicité. Écrasée autrefois sous le poids de l'éternel, la voici à présent dissoute, volatilisée, privée de substance et de raison par l'évanouissement du monde même où elle avait trouvé à s'établir. Aussi tous les partis, tous les mouvements politiques quels qu'ils soient, même les plus conservateurs sur le plan idéologique, n'ont-ils aujourd'hui d'autre choix, s'ils se veulent le moindrement crédibles, que de tenir compte de cet évanouissement et de faire preuve de «réalisme», c'est-à-dire d'en rajouter encore. En appeler au jugement et à la collaboration populaires, ce sera pour eux s'efforcer de séduire la masse des individus en se faisant aussi peu différents d'eux que possible et en ne leur proposant rien qu'ils ne sachent ou ne désirent déjà. D'où l'uniformité (la platitude) du paysage politique contemporain: tous les camps, toutes les formations, tous les «fabricants d'opinion» tiennent le même langage et défendent, à quelques nuances près, le même «programme», que sa dépendance à l'égard des moindres variations de l'humeur collective rend essentiellement instable, conjoncturel, autant dire inexistant. On comprend pourquoi, entre ce degré zéro de la pensée politique et le degré zéro de la télévision, l'accord est si parfait.

L'évolution de la vie politique vers l'insignifiance généralisée trouverait un autre exemple, au Québec, dans le sort qu'a subi depuis 1970 environ l'idée d'indépendance, qui est l'une des dernières idées un peu articulées à avoir eu cours sur la scène publique. Née avec la conscience politique québécoise elle-même, cette idée a pu, vers le début des années soixante, en se laïcisant, en faisant l'objet de vastes débats théoriques, offrir à la nation une représentation de son existence et de son action communes. Elle figurait pour ainsi dire le prolongement, la pleine réalisation de l'«État du Québec», au sens «républicain» que je signalais précédemment: une manière collective d'être libre, d'assumer le monde et de le perpétuer. En ce sens, l'indépendance constituait bel et bien un *programme*, une volonté d'humaniser le réel, un horizon de la vie publique. Aussi paraissait-elle lointaine, problématique et difficile: elle requérait un travail de persuasion, une réflexion, une évaluation constante des circonstances et des conséquences de l'action, une inquiétude et une hauteur de vues, en somme, qui étaient proprement de l'ordre du politique. Ce n'était pas encore une idée tout à fait moderne, une idée lyrique.

Cette «lyricisation» sera la grande affaire des années soixante-dix et du Parti québécois, grâce à qui, on le sait, l'indépendance est devenue un enjeu majeur de la lutte électorale. Mais ce succès, cet accroissement considérable de la «clientèle» indépendantiste était moins le fruit d'une véritable stratégie que celui des circonstances démographiques: refusant de se joindre aux «vieux» partis (aux partis de vieux), les électeurs fraîchement admis dans la communauté politique — ceux de la génération lyrique et du baby-boom — ont adhéré massivement, comme ils le font toujours, à l'indépendantisme. L'idée d'indépendance, alors, devenait forcément leur affaire, et son sort désormais était lié au leur.

Cela s'est traduit d'abord par une radicalisation du discours, aussitôt assimilé aux autres idéologies lyriques de l'époque, et par un vaste regain d'enthousiasme et de militantisme, que les dirigeants du P.Q. avaient d'ailleurs toutes les peines du monde à contenir ou du moins à canaliser vers une action politiquement rentable. C'est que l'impatience des nouveaux adultes était alors à son comble, comme l'était leur désir de s'emparer du pouvoir pour se débarrasser du vieux monde et en refaire un autre conforme à leurs aspirations. L'indépendance leur apparaissait comme une immense fête, semblable à celles de leur jeunesse, où le peuple unanime, délivré de toute contrainte, chantait la même chanson et tressaillait de la même joie: celle de se découvrir solidaire, semblable, unique et beau.

On est frappé, en effet, quand on se rappelle aujourd'hui ce qu'étaient les congrès du PQ ou les célébrations de la Saint-Jean vers le milieu des années soixante-dix, par leur ressemblance avec les festivals rock ou les rassemblements étudiants de la décennie précédente. C'est le même climat, le même bonheur né à la fois de la jubilation et de la sécurité que procure le simple fait de se trouver ensemble, confondus dans une foule unanime et toute pareille. C'est aussi le même sentiment de puissance nourri, décuplé par les décibels idéologiques que charrient discours et slogans à l'emporte-pièce, et surtout la même domination de la «base», la même conviction que toute légitimité commence, réside et finit dans le nombre. Car la morale démocratique lyricisée est simple: tout ce qui se sépare s'aliène et se pervertit; seule la fusion au groupe procure innocence et vérité.

De l'idée politique qu'il était, l'indépendantisme se transformait ainsi en émotion, en besoin viscéral: en ivresse «festive». Si bien que jamais la «fibre» nationaliste n'aura résonné aussi fortement qu'en ces années qui sont celles du «goût du Québec», du joual triomphant et de la vénération pour la «petite culture» qui avait nom «québécitude».

Mais jamais non plus l'indépendantisme n'aura été aussi vulnérable. Car en cessant d'être un appel à la construction d'un espace civique commun pour devenir plutôt une invite à rester soi-même, à préserver et célébrer sa «différence», il perdait l'essentiel de sa force mobilisatrice. En ce sens, son succès même était son piège. Il suffisait que les jeunes électeurs perdent un peu d'ardeur, que d'autres soucis les retiennent, qu'ils vieillissent tout simplement et rentrent dans leurs terres, ou que l'on comble symboliquement quelques-unes de leurs attentes (loi 101, zonage agricole, «déclubage» des territoires de chasse), pour que la fièvre retombe et, avec elle, la volonté politique de changement. Au fond, l'idée d'indépendance a subi alors le même sort que toute autre idée politique: se voulant séductrice et rassurante plutôt qu'exigeante, payante et familière plutôt que grave et lointaine, elle s'est peu à peu vidée de son contenu et n'est plus aujourd'hui, il faut bien l'admettre, qu'un slogan creux qui passe fort bien à la télévision et dont la «cote» fluctue de saison en saison, au gré des circonstances et des humeurs de l'opinion. La «fondation du territoire», l'habitation du «pays» s'est rétrécie en cette chose frileuse et tracassière: la «société distincte», qui ne se voit plus en effet que comme cela, une «société», et n'a plus que cela à réclamer, sa «distinction».

Il ne faut pas en accuser le Parti québécois, qui a fait ce qu'il a pu. La dévaluation de l'idée d'indépendance n'est en dernière analyse qu'une des manifestations de ce phénomène beaucoup plus vaste que j'ai essayé d'évoquer ici. Ultime étape, peut-être, du processus de sécularisation qui les travaille depuis longtemps, cette «désacralisation» générale du politique et de l'État ne fait pas que priver ceux-ci de leur autorité; elle les dépouille aussi, de plus en plus, de toute pertinence. Dans la mesure où il était encore une dernière figure du sacré — même laïcisé et «historicisé» —, on peut dire que l'État n'existe plus, ni le politique comme espace voué à l'expression et à la discussion de la volonté publique.

Le sujet postmoderne a *dépassé* le politique, il s'est affranchi de cet autre reste du passé, de cet autre signe de l'encombrante lourdeur du monde. Le voici à nouveau libre et nu. Le voici léger et heureux.

L'HYPOTHÈSE D'ENZENSBERGER

Comme la «fin des idéologies», la fin du politique n'est qu'une autre expression par laquelle on peut désigner le triomphe du moderne. De même que la «postmodernité» n'est pas le contraire de la modernité mais le parachèvement de son évolution, ainsi il n'y a rien de paradoxal à voir dans la dévaluation de l'État, comme dans celle des idéologies auxquelles s'était si fortement identifiée la génération lyrique, un autre signe, le signe peut-être le plus éclatant de son influence et du plein accomplissement de sa «mission». Car collaborer à la modernité, ce n'était pas seulement adhérer aux théories et aux valeurs les plus «pointues» de la philosophie et de l'art contemporains. C'était aussi, c'était surtout se faire l'instrument du procès moderne de désacralisation du monde et de désencombrement de l'existence.

C'est pourquoi les idéologies lyriques même les plus «dures» et les plus ouvertement contestataires, quand on les replace dans leur contexte général et qu'on voit leur effet ultime dans la vie et dans la pensée, apparaissent en réalité comme des idéologies de consentement et non d'opposition, d'obéissance plutôt que de révolte. Daniel Bell et Gerald Graff ont bien analysé cette logique à propos de l'avant-garde littéraire et artistique. À partir du moment où l'économie capitaliste, pour continuer à se développer, n'a plus besoin comme autrefois d'un milieu encadré par des valeurs et des traditions qui en assurent l'ordre et la stabilité, mais qu'il lui faut au contraire une société éminemment mobile, malléable, «ouverte» au changement continuel et prête sans cesse à rejeter ce qu'elle a en faveur de ce qu'on lui offre, toute idéologie prônant le renouveau incessant et l'abandon des modèles anciens, toute avant-garde fascinée par la subversion et l'«audace» cesse de la menacer et devient bel et bien son alliée. L'ancienne inimitié qui opposait le poète ou le révolutionnaire à l'univers des marchands et des «épiciers» le cède ainsi à une complicité fondée sur le même besoin de «transgression», le même refus des «limites», le même oubli du passé, c'est-à-dire la même vision d'un monde débarrassé de contraintes et infiniment léger.

Certes, avant-gardistes et idéologues lyriques continuent d'affecter un mépris copieux pour les barons de la finance et autres «salauds». Ce pli, qui leur vient de leurs devanciers, est une autre attitude typiquement néo. C'est également une façon commode de ne pas voir la collaboration qui les lie «objectivement», comme disaient les marxistes, au progrès de l'économie de marché, et donc, en faisant taire leur mauvaise conscience, d'y collaborer encore plus activement. Quant au mépris inverse, celui du marchand d'autrefois qui voyait dans l'artiste ou dans le «novateur» un réfractaire et un corrupteur de la jeunesse, il ne cesse de s'atténuer et fait place à une acceptation et même à une admiration qui seraient tout à fait réjouissantes si elles n'étaient les plus intéressés des sentiments.

Car le capitalisme avancé, ainsi qu'on se plaît à désigner notre modernité économique, a très bien compris tout le parti qu'il peut tirer de la fièvre avant-gardiste et de la perpétuelle remise en question des valeurs, tout comme il profite directement de la domestication de l'État et de la banalisation du politique. Que peut-il souhaiter de mieux que de trouver devant lui une société libérée des vieux tabous, déprise de toute fixation sur le passé, uniquement occupée de son bonheur et, selon le mot d'ordre rimbaldien, de la poursuite incessante «du *nouveau*»?

Génération de la rupture et du recommencement, la génération lyrique est ainsi parfaitement accordée à la société ultra-moderne dans laquelle elle vit. Les exemples de cette «convenance» sont légion. J'aborderai maintenant deux phénomènes qui, tout en étant parmi les plus caractéristiques de notre époque, me paraissent en même temps les plus conformes à l'esprit et au tempérament de la génération lyrique.

Il y a d'abord, bien sûr, ce qu'on appelle la communication de masse, et en particulier la télévision, phénomène «moderne» s'il en est et dont le développement coïncide pour l'essentiel avec l'histoire des premiers-nés du baby-boom.

À strictement parler, la naissance et l'expansion des mass-média ont largement précédé dans le temps l'arrivée de cette génération, puisqu'elles datent au moins des années trente, alors que le cinéma parlant faisait son apparition et que la radio entrait dans la majorité des foyers. On pourrait même remonter encore plus loin dans le passé si l'on tenait compte de l'édition populaire et de la presse à grand tirage, dont l'essor a commencé dès le dix-neuvième siècle. Mais quand on le compare à celui de la télévision, l'impact de ces premiers moyens de communication paraît dérisoire. La lourdeur de leur technologie, la lenteur avec laquelle ils évoluaient, le fait que leur public se concentrait dans les villes et excluait donc de larges couches de la population, le peu de loisir dont disposait ce public, leur contenu enfin, qui était souvent didactique ou «élitiste», c'est-à-dire destiné à transmettre vers les masses des connaissances et des valeurs forgées par les classes instruites, étaient autant de facteurs qui limitaient leur expansion et les empêchaient de prendre une place prépondérante dans la vie sociale et individuelle. C'était, si l'on veut, la préhistoire de l'âge médiatique.

Celui-ci ne commence vraiment qu'avec l'apparition de la télévision au lendemain de la Deuxième Guerre mondiale et sa généralisation au cours des années cinquante. Apparition et généralisation dont le mode et les effets ressemblent assez, d'ailleurs, à ceux qui accompagnent au même moment le déferlement de la génération lyrique dans la population. Là aussi, c'est une sorte d'invasion, aussi foudroyante qu'irrésistible. Non seulement la télévision se répand avec la rapidité et l'ampleur d'un raz-de-marée, mais elle est accueillie partout comme la «reine des média», comme l'annonciatrice d'un nouvel âge, comme le symbole et l'instrument par excellence de la modernité. Sa venue bouleverse aussitôt l'ensemble du paysage médiatique, obligeant les autres média à se redéfinir en fonction d'elle. Car ni la radio, ni les journaux, ni le cinéma ne sont de taille à lui résister. Ils n'auront d'autre choix, s'ils veulent survivre, que de s'adapter, c'est-à-dire de se faire à la fois les sujets et les alliés de la télévision — en se prosternant devant elle et en essayant tant bien que mal de profiter de ses «retombées». En devenant, en somme, ses parasites.

Au Québec (et au Canada), on peut diviser l'histoire de la télévision en deux phases bien distinctes. La première a été brève, allant de 1952 à 1960 environ, quand la production et la diffusion demeuraient un monopole d'État. C'est la phase qu'on pourrait appeler «idéaliste». Venus de la radio, de la presse écrite, du théâtre ou de la littérature où ils s'étaient formé d'avance une certaine vision de la communication de masse, les producteurs de ces temps héroïques concevaient la télévision avant tout comme un moyen d'éducation et d'information dont le premier rôle, leur semblait-il, était de répandre la culture et les lumières parmi le peuple. Quoique l'évasion et l'amusement fissent également partie de leurs préoccupations, la priorité allait aux téléthéâtres et aux grands concerts, aux émissions d'affaires publiques et aux programmes pédagogiques à l'intention des enfants. Tout cela, revisionné par le téléspectateur d'aujourd'hui, paraît touchant de maladresse et de naïveté.

Le changement survient quand l'État, pour répondre à une demande croissante que la chaîne publique ne peut plus satisfaire, décide de «libéraliser» les ondes en les ouvrant à la concurrence des producteurs privés. Alors commence une nouvelle phase au cours de laquelle la télévision, tout en ne cessant d'étendre son emprise, va se redéfinir entièrement et prendre peu à peu le visage qu'on lui connaît aujourd'hui. Les chaînes se multiplient, les heures de diffusion s'allongent, la couleur fait son apparition, puis le satellite, puis le câble, puis les programmes spécialisés, puis le magnétoscope, et ainsi de suite jusqu'à ce que la télévision, déjà maîtresse incontestée des média, devienne aussi celle de nos âmes et de nos vies, dont elle règle l'horaire et qu'elle dévore tout entière en l'enveloppant douillettement de son chant et de ses images.

Il est certain que ce développement phénoménal n'aurait pu se faire sans la collaboration active, indéfectible de la génération lyrique et du baby-boom, qui ont toujours entretenu avec la télévision des rapports privilégiés. C'est avant tout grâce à eux, grâce à leur masse immense et homogène, grâce à leur temps libre et à leur soif inextinguible de bien-être et de stimulations toujours nouvelles, que l'offre télévisuelle a pu croître à ce point et devenir beaucoup plus qu'une industrie gigantesque: le centre nerveux de toute la circulation symbolique animant la société moderne. L'empire de la télévision n'est ainsi qu'une des provinces de l'empire infiniment plus vaste que la génération lyrique exerce sur le monde. Mais c'est une province particulièrement chère à son cœur et en laquelle elle a mis toutes ses complaisances, car de toutes les provinces qui dépendent de son empire celle-ci est la plus dévouée, la plus aimante et celle qui lui renvoie l'image d'elle-même la plus fidèle et la plus heureuse.

La présence d'un public ouvert et fervent n'est toutefois pas le seul appui que la génération lyrique apporte à la télévision. S'y ajoute aussi le besoin viscéral qu'a cette génération d'éprouver constamment sa propre masse, de toujours se sentir unie, parcourue du même élan, de la même vibration, de n'avoir ou de n'être en somme qu'un seul corps, une seule âme gigantesque. Et c'est cela, très précisément, que lui offre d'abord la télévision: non pas tant des idées ou des émotions que le sentiment d'être ensemble, l'expérience quotidienne du «village global», l'enivrant «feeling» du partage et de la *communication*. Ce besoin, qui plus est, la télévision le comble de la manière la plus douce, elle qui n'exige ni engagement ni rencontre réelle avec les êtres. Tout en me rejoignant, tout en me permettant de me fondre en eux, ses visages et ses paroles sont incapables de m'atteindre, et je peux fermer le poste à tout moment.

Mais il y a encore plus. Comme l'explique Hans-Magnus Enzensberger dans *Médiocrité et Folie*, le propre de la télévision et la raison de sa supériorité sur les autres média consistent en ce qu'elle réussit infiniment mieux que l'écrit ou que la radio, par exemple, à s'approcher (sans le réaliser tout à fait encore, mais ce n'est qu'une question de temps) de ce «degré zéro du contenu» qui est l'idéal de toute communication de masse. Seule la télévision est capable d'instaurer avec son public une communication *pure*, c'est-à-dire d'occuper ses sens et son cerveau sans lui transmettre aucun message ni «programme» quelconque, donc sans le forcer à quelque «décodage» ni lui imposer quoi que ce soit de l'extérieur, si ce n'est une sorte de fascination ravie, qu'il est libre de prolonger ou d'interrompre à son gré. Par là, ajoute Enzensberger, l'état de téléspectateur est ce qu'un adulte peut trouver de plus semblable au bonheur de la petite enfance, quand l'organisme n'était que réceptivité brute, assimilation passive et euphorique de toutes les stimulations, pure ouverture sensorielle sur un univers de sons, de couleurs, de formes indistinctes et toujours changeantes auquel lui était épargnée la tâche d'attribuer ou de découvrir de la signification et, conséquemment, d'en prendre acte et de s'y ajuster.

Entre cet état du téléspectateur enzensbergerien et la psychologie de la génération lyrique telle que j'ai essayé de la décrire depuis le début de cet ouvrage, la correspondance ne laisse pas d'être frappante. Pour elle, le monde n'est pareillement qu'une sorte de fantasme ne possédant en soi aucune consistance ni aucune nécessité et que nul sens prédéterminé ne contraint. Il paraît au contraire toute disponibilité, toute soumission au désir et à la volonté, semblable là encore à ce flux de signaux audio-visuels sous l'aspect duquel la réalité environnante apparaît au nouveau-né: impermanente, liée constamment à ses actions et à ses perceptions, et donc modifiable ou supprimable à tout moment. «Buzzing, blooming confusion», disait William James. Ainsi cette réalité comme irréelle, cette présence ontologique minimale n'exige-t-elle de qui la confronte aucun décryptage, aucune étude, aucun «apprentissage», mais seulement la capacité de sentir, de voir, d'entendre et d'éprouver de la jouissance. Une jouissance d'autant plus grande qu'il ne sait si elle lui vient du monde ou si elle n'est pas la musique même de son être, ou les deux à la fois.

On comprend alors la connivence qui s'est établie dès le départ et n'a cessé de se renforcer par la suite entre la génération lyrique et l'univers télévisuel. Si le nouvel adulte se reconnaît à ce point dans la télévision et en fait à ce point l'accompagnement de toute sa vie sociale et privée, c'est qu'elle lui procure une manière concrète, quotidienne, de vérifier et de préserver sa «vision du monde» si particulière et si moderne. Devant son petit écran, sans cesse il peut revivre l'événement — ou le non-événement — fondateur: sa jeunesse sauvegardée, l'affrontement et la soumission à nouveau évités, le monde étalé à ses pieds comme un royaume qu'il n'a qu'à saisir, sans risques ni périls, et qu'il lui est loisible de transformer, voire de faire disparaître à tout instant. Ainsi la télévision est-elle ce qui se rapproche le plus de la perception lyrique du monde comme légèreté, comme pure et infinie «zappabilité».

Mais cette connivence n'est possible que si la télévision, de son côté, s'y prête. Or non seulement elle s'y est prêtée, mais elle en a fait très précisément sa nouvelle «vocation» et la base de son succès. On peut dire en effet que toute la seconde phase de son histoire (dans laquelle nous nous trouvons toujours) aura consisté pour la télévision à comprendre de mieux en mieux la «demande» de son public, à s'efforcer d'y répondre toujours plus efficacement et, ce faisant, à relancer constamment cette demande de manière à l'entraîner peu à peu vers ce point-limite défini par l'hypothèse d'Enzensberger. En d'autres mots, ce qu'apporte à la télévision la clientèle formée par la génération lyrique, c'est l'occasion de rompre tout à fait avec les vieux modèles qui entravaient jusqu'ici son épanouissement et, en s'abandonnant pour ainsi dire à sa pente naturelle, de devenir enfin et pleinement elle-même.

Cela s'observe dès les années soixante, et de plus en plus au cours des décennies suivantes, à travers le recul constant de l'information et de l'éducation et la nette priorité accordée désormais au *reflet* et au *divertissement*, c'est-à-dire l'amenuisement, voire la disparition pure et simple du contenu, du «message», au seul profit de l'intensité de la stimulation et du «bien-être» offerts au téléspectateur.

La règle d'or de la télévision n'est plus aujourd'hui de parler à l'auditoire, de lui transmettre tel ou tel renseignement, de lui montrer telle ou telle chose, mais de l'accrocher, tout simplement, puis de ne pas le perdre, donc de toujours se tenir proche de lui, de son univers familier et de ses attentes les moins réfléchies, sans jamais le troubler ni le dépayser de quelque manière que ce soit. À cette fin, on vise toujours plus bas, toujours plus facile, et surtout on évite comme la peste tout ce qui risquerait de fatiguer le spectateur ou requerrait de lui une réponse autre que l'abandon ou l'assentiment béat. Il s'agit, comme on le dit si justement, de faire entrer l'univers entier dans l'intimité de chaque foyer, dans la vie de chaque spectateur; l'y faire entrer, c'est-à-dire l'y réduire, l'y accommoder, privant ainsi l'univers de toute étrangeté, de toute altérité véritable, pour le mettre «à la portée» de chaque individu, à la mesure de sa petite vie et de ses grandes opinions.

La télévision, en ce sens, est non seulement réfractaire au contenu, mais essentiellement narcissique. Son but n'est pas de renseigner ou d'instruire le spectateur, mais de le séduire et de le conforter en lui répétant qu'il a raison d'être ce qu'il est, de penser ce qu'il pense et d'ignorer ce qu'il ignore. La «fenêtre sur le monde» est en réalité un miroir magique dans lequel le téléspectateur, à travers les images du monde, ne contemple sans cesse que son propre visage, sa propre vie, et les trouve infiniment justes et bons. Son petit écran lui procure le sentiment d'être partout, de tout voir, de tout connaître, de jouir de tout, de dominer le monde, en somme, sans que la moindre confrontation ni le moindre combat soit nécessaire.

Et tel est bien le rôle où excellent réalisateurs et animateurs: traiter le téléspectateur comme le roi qu'il ne demande qu'à être, et qu'il est effectivement dès l'instant où, ayant allumé l'appareil, bien calé dans son fauteuil, sa télécommande à la main telle un sceptre, il décide de ce que sera ce soir-là l'univers son royaume, juge, édicte, s'émeut ou admire, et jouit jusque tard dans la nuit de l'étendue de son pouvoir. Au bon plaisir du souverain, à la confirmation de sa puissance, à l'empire de sa loi, tout doit se soumettre docilement, au risque d'être banni des ondes ou relégué honteusement aux heures de basse écoute.

Certes, la télévision actuelle continue de passer (et de se prendre) officiellement pour un instrument d'éducation populaire. Sa programmation puise amplement dans les œuvres de la «grande» culture, opéras, romans, classiques du cinéma, histoire, sciences naturelles, etc. Elle trouve là une mine inépuisable où sustenter sa boulimie de «créations» et «diversifier» les «options» offertes à son public, tout en se donnant à elle-même bonne conscience. Mais le fait que la littérature, le cinéma, la musique ou même la philosophie passent ainsi à la télévision n'a pas pour seul résultat d'«élargir» ou de «démocratiser» leur public habituel. Il équivaut aussi à une forme de dépossession. Quittant l'univers qui leur était propre, où la fonction, la signification et la valeur d'une œuvre dépendaient des autres œuvres constituant avec elle cet univers, ils entrent dans un espace tout différent, dont les règles et la logique n'ont plus rien à voir avec celles qui étaient originellement les leurs, puisque ce sont maintenant les règles et la logique de la télévision. Le «contexte», en un mot, change complètement, et avec lui le sens même des œuvres ainsi exilées hors de leur territoire natal.

Ce détournement se manifeste de diverses manières. Par exemple, il est évident que le choix effectué par les réalisateurs et programmateurs parmi l'ensemble des «produits» que la littérature ou la musique mettent à leur «disposition» ne sera pas fondé d'abord sur des critères littéraires ou musicaux, mais bien sur le potentiel télévisuel des œuvres, c'est-à-dire sur leur aptitude à devenir un spectacle audio-visuel aussi captivant et aussi peu dérangeant que possible. On préférera toujours, dans ces conditions, les œuvres les plus faciles: *Les Filles de Caleb* plutôt que *Prochain Épisode*, Conan Doyle plutôt que Virginia Woolf, Puccini ou Tchaïkovsky plutôt que Berg ou Bach. Et même si d'aventure la télévision choisit d'«accueillir» des œuvres ou des pensées plus exigeantes pour en faire profiter le peuple, elle ne renoncera pas pour autant à son «mandat»: elle les «adaptera», elle les rendra «télégéniques», c'est-à-dire aussi attrayantes, aussi agréables pour les téléspectateurs que les autres divertissements qui passent à la même heure sur les chaînes concurrentes. Mozart sera rendu aussi «vivant» que la dernière vedette pop, les «opinions» que Platon a «émises» seront «confrontées» à celles d'un jeune essayiste à la mode, *L'Homme sans qualités* sera délesté de ses longueurs, mis en dialogues et converti en une série de douze «dramatiques» rétro à grand déploiement, tournées en décor naturel et en huit langues, avec happy-end à la clé. Et c'est de cette manière que, adoucie, allégée, recyclée et privée ainsi de tout pouvoir d'ébranlement, la «grande» culture pourra «rejoindre» le téléspectateur, lui procurant

ce que lui procurent toutes les images de son miroir catho-
dique: évasion, détente, confirmation inlassable de sa
propre excellence et de sa propre royauté.

Qu'il s'agisse de la politique, des arts et des lettres, de
la religion même, et bien sûr du commerce, tout ce qui
prétend aujourd'hui s'adresser à la masse n'a d'autre choix,
s'il veut être entendu, que d'emprunter ce canal ou, s'il n'y
parvient pas, d'en adopter du moins la logique et les
«méthodes». C'est-à-dire de se faire à son tour reflet et
divertissement, en se simplifiant, en minimisant son contenu et en maximisant son «image» autant que faire se peut.
C'est ce qu'ont parfaitement réussi — et nul ne s'en
étonnera — la publicité d'abord, par ses «spots» de plus en
plus courts et de moins en moins encombrés de texte, puis
le rock, en inventant le «vidéoclip», forme suprême de la
communication télévisuelle, où l'idéal décrit par Enzensberger semble enfin atteint. Aussi est-il aisé de prévoir —
on en observe déjà la tendance un peu partout — que
l'influence de la télévision non seulement croîtra, mais que
cette expansion se traduira par une «vidéoclipisation» galopante aussi bien de la télévision elle-même que de toutes les
autres formes de discours publics, qui ainsi se distingueront
de moins en moins du discours médiatique, norme et
modèle de la communication moderne.

En dehors de la télévision (mais un tel *en dehors* existe-
t-il encore?), le phénomène prend surtout la forme de ce
que j'appellerais la règle de l'«adaptabilité», qui est l'obligation faite à toute idée, à tout discours, d'être «télévisible»
au moins en puissance, non seulement en se prêtant à la
simplification mais en contenant suffisamment de «punch»
pour que, une fois son contenu banalisé, voire éliminé
purement et simplement, il reste encore une image, un
mot, un chiffre, un coup de feu, un stimulus quelconque
capable de passer à la télévision et d'arrêter la main du

téléspectateur tendue vers la télécommande. Les vedettes populaires, certains hommes politiques, le pape Jean-Paul II, les terroristes de tout acabit ainsi que quelques écrivains et intellectuels sont passés maîtres dans cet art de la «clipisation» infaillible.

Lors même qu'elle ne les sanctionne pas directement et ne leur apporte pas la consécration de ses ondes, la télévision tend ainsi à régir tous les discours par la pression qu'elle leur fait subir et la nécessité où elle les place de tenir compte d'elle et de s'efforcer tant bien que mal de lui faire concurrence, donc de lui ressembler d'une manière ou d'une autre. On le voit dans le journalisme écrit, dans le cinéma et le théâtre, et même dans la littérature, où le contenu minimal et l'esthétique de l'effet accomplissent chaque jour d'énormes progrès. On le voit jusque dans l'enseignement, où la modernisation des pratiques pédagogiques ne consiste la plupart du temps qu'à simplifier les matières, augmenter les «options» (le zapping intellectuel) et se tenir aussi près que possible de l'univers familier des enfants, c'est-à-dire à faire en sorte qu'il y ait de moins en moins de différence pour l'élève entre ses demi-journées à l'école et le reste de sa vie devant le téléviseur.

Tout cela est bien connu, et c'est un lieu commun aujourd'hui — donc peine perdue — que de dénoncer la télévision, son règne et ses pompes. Ce qui ne doit pas nous dispenser de les comprendre et, par là, de comprendre un peu mieux peut-être les particularités de notre époque. À cet égard, ce que je veux surtout faire ressortir ici, c'est que la relation n'est ni accidentelle ni contradictoire entre la «téléphagie» contemporaine, d'une part, c'est-à-dire l'augmentation galopante des auditoires, des heures d'écoute, du nombre de diffuseurs ainsi que de la quantité et de la qualité des équipements, et, d'autre part, la hausse non moins marquée du niveau d'insignifiance (dans le sens le plus précis du terme) et de bêtise (dans un sens non moins précis) qui caractérise et la production elle-même et l'aire d'influence sans cesse plus large de la télévision. Tout indique au contraire — comme le prévoit l'hypothèse d'Enzensberger — que plus la télévision étend son empire, et plus le sens, plus le *besoin* du sens diminue. Autre formulation possible: plus la présence de la télévision croît, plus celle du monde s'amenuise. Où est ici la cause, où l'effet, impossible de le dire. On est devant une de ces «boucles épistémologiques» chères à Edgar Morin: A est cause de B qui est cause de A qui est cause de B, et ainsi de suite jusqu'où, nul ne le sait.

Or dans cette boucle tourne aussi la génération lyrique, qui ne s'est reconnue à ce point dans la télévision que parce que celle-ci répond en elle à quelque chose de fondamental et exprime de la manière la plus juste certains de ses désirs les plus chers. Aussi l'assujettissement où la télévision est en passe de réduire toute autre forme de «communication», de pensée et de parole n'est-il pas pur accident de l'histoire, explicable uniquement par le développement de la technologie. On peut y voir aussi un autre signe — une autre répercussion — de la «lyricisation» du monde, passé corps et âme sous la coupe de ses nouveaux maîtres.

LA CONSUMATION DU MONDE

Entre l'essor de la télévision et l'économie de la consommation, autre phénomène caractéristique de notre modernité et donc éminemment révélateur, les rapports, on le sait, ne pourraient être plus directs, comme le montre à l'envi ce que Jacques Godbout appelle l'interminable «murmure marchand» de la télévision actuelle. Or, si les deux phénomènes sont à ce point associés, s'ils se conviennent si bien l'un à l'autre, c'est qu'il existe entre eux une parenté beaucoup plus étroite qu'on ne penserait à première vue. Tous deux s'enracinent dans la même attitude «métaphysique», dans la même manière d'habiter le monde et de transiger avec lui. Tous deux, d'ailleurs, ont été portés par la génération lyrique avec la même constance et le même enthousiasme, comme si cette génération avait trouvé dans l'un aussi bien que dans l'autre les façons les plus justes de réaliser son destin et de manifester sa présence dans le monde.

Déjà sur un plan purement quantitatif, on peut dire que l'explosion contemporaine des activités de consommation, tout comme la «téléphagie», s'explique presque entièrement par l'élargissement subit du public acheteur que provoque l'arrivée de la nouvelle génération, qui non seulement est nombreuse, mais a en outre l'habitude de la consommation intensive, qu'elle a contractée dès l'adolescence, pour ne pas dire dès l'enfance, même si ses moyens étaient alors limités. Parvenue à l'âge adulte, elle peut enfin donner libre cours à sa fureur et en imposer la logique à l'ensemble de la société.

C'est que cette génération, par les traits mêmes qui la singularisent, forme une clientèle idéale. Elle occupe de bons emplois, ce qui lui procure à la fois l'argent et le temps nécessaires à la dépense, et sa psychologie semble faite sur mesure pour soutenir et relancer sans cesse le marché de la consommation. Ses attentes et ses besoins sont considérables; elle déborde de désirs, qu'elle a l'habitude de voir comblés sans délai. En outre, sa passion du «progrès», de la «rupture», de la découverte la rend éminemment réceptive à toutes les inventions, à toutes les formes de nouveauté qu'on lui présente. Enfin, c'est une génération grégaire, dont les réactions prennent la forme de vastes courants collectifs et qui n'aime rien tant que d'éprouver la similitude de ses goûts et de ses expériences, d'où sa sensibilité aux effets de mode et aux «tendances» de toutes sortes. Tout cela, du reste, est bien connu des publicitaires et des marchands, qui savent exactement comment appâter le Narcisse multitudinaire et gagner ses faveurs.

Ainsi entre-t-on dans ce qu'on a appelé l'ère de la consommation de masse. Mais cette expression est trompeuse, car la consommation a toujours été un phénomène de masse, dans la mesure où elle consiste à se procurer ce qui est nécessaire pour se nourrir, se loger, se vêtir, c'est-à-dire pour répondre aux nécessités de la vie. Ce qui change, c'est plutôt la consommation de biens et de services naguère jugés superflus ou luxueux et qui n'étaient accessibles de ce fait qu'à une petite fraction de la population. Voyages, loisirs, spectacles, livres, gadgets de toutes sortes, thérapies et leçons de «croissance personnelle», voilà les secteurs où la «massification» de la demande est remarquable, tout comme elle l'est dans les secteurs de base pour les produits de fantaisie, qui ne font pas que satisfaire un besoin élémentaire mais procurent en même temps plaisir et distinction: friandises et mets fins, décoration intérieure, nouvelles religions, vêtements à la mode, etc. Ces objets et ces services, tout inutiles qu'ils soient objectivement, sont désormais considérés comme des «must» sans lesquels la vie ne vaut plus la peine d'être vécue. Ce qui, à l'époque de leurs parents, serait apparu comme un train somptueux devient pour les enfants de la génération lyrique le régime ordinaire de la vie, leur dû, tout simplement.

Mais l'essor de la consommation dans le monde moderne n'est pas seulement une question de chiffres de ventes et d'augmentation effrénée de l'offre et de la demande. Il se traduit aussi, et de manière plus significative encore, par un accroissement non moins marqué de la valeur accordée à l'activité consommante, si je puis dire, et de la place que celle-ci occupe dans la vie des individus comme dans celle de la société. Depuis longtemps, la consommation tendait à s'«autonomiser», pour employer un terme à la mode, c'est-à-dire à se détacher de sa fonction traditionnelle qui était de permettre la réalisation d'autres fins (le maintien de la vie et de la puissance de production), et à n'avoir plus d'autre justification, plus d'autre utilité qu'elle-même. Consommer pour la joie de consommer, pour le mouvement incessant, pour la circulation fiévreuse de désirs et de satisfactions que cela permet d'entretenir. De nos jours, cette autonomie ne suffit plus. En devenant elle-même le but et la règle de toute autre activité, c'est à la prééminence, à une sorte de *souveraineté* aussi bien morale qu'économique que la consommation a droit dans nos existences et dans nos sociétés.

Il y a quelque chose d'ironique dans cette évolution. On connaît le cercle vicieux dans lequel le capitalisme classique, le capitalisme à l'état sauvage, comme on dit, enfermait les travailleurs: tout le produit de leur travail auquel ils avaient droit allait à la dépense, qui était élimination immédiate de ce produit pour rendre possible, tout simplement, la poursuite de ce travail et, par le fait même, l'enrichissement de la bourgeoisie. Peu à peu cependant, et de plus en plus au cours des années fastes qui ont suivi la Deuxième Guerre mondiale, le capitalisme s'est assagi, en quelque sorte. Il a permis une certaine «libération» du travailleur, qualifiée parfois d'«embourgeoisement» parce qu'elle consistait surtout en la libération d'une part croissante de son revenu qu'il pouvait dès lors consacrer à d'autres fins, à des fins «bourgeoises», telles que l'immobilisation, l'investissement, l'épargne, la constitution d'un patrimoine et surtout l'éducation de ses enfants, toutes choses qui, contrairement à la consommation, étaient pari sur le temps, transformation du travail quotidien en durée.

Or voici que le capitalisme avancé, dans ses versions «néo-libérale» autant que «social-démocrate», nous ramène à la consommation *totale*. Non seulement le produit entier du travail est aussitôt transformé en marchandises faites pour être utilisées sur-le-champ, mais cette consommation redevient la principale, sinon l'unique raison d'être du travail. On peut même dire qu'elle le précède, dans le temps aussi bien qu'en principe: on acquiert avant de payer, puis on travaille pour payer ce qu'on a acquis et qui, une fois payé, sera déjà usé ou devenu inutile. C'est la logique de ce qu'on appelle le crédit à la consommation. Avant même qu'il soit gagné, rien ne demeure du revenu qui puisse aller à d'autres fins que des fins déjà accomplies.

Cette «régression» paraît d'autant plus paradoxale qu'elle se produit alors que les travailleurs (et je pense avant tout, bien sûr, aux adultes de la génération lyrique) n'ont jamais été aussi peu «asservis» que maintenant, c'est-à-dire n'ont jamais eu autant de revenu disponible une fois assurées les nécessités de leur vie quotidienne. Jamais, en un mot, nous n'avons été aussi riches ni aussi libres de ne pas consacrer tout notre avoir à la consommation. Et pourtant nous dépensons tout ce que nous gagnons, et même davantage, pour acheter des objets et des services qui non seulement ne durent pas, mais sont voués à une désuétude de plus en plus rapide. Tout se passe comme si nous ne savions rien faire d'autre que consommer, comme si nous ne concevions aucun autre usage possible du produit de notre travail que de le disperser aussitôt en bidules, en trucs à la mode, en plaisirs momentanés.

Aussi n'y a-t-il d'autre choix, pour garder la consommation vivante et pour qu'elle s'accroisse sans cesse, car il y va de la santé de toute l'économie, que de lui fournir des produits et des services qui soient à la fois toujours neufs et toujours éphémères, toujours plus «performants» que ceux de la précédente «génération» et toujours plus susceptibles d'être dépassés par la prochaine. C'est ce que les spécialistes appellent l'obsolescence programmée. Symbolisé il y a peu par le commerce des automobiles et par les modes vestimentaires, ce phénomène l'est également aujourd'hui par le marché des nouvelles technologies, électronique, informatique, télécommunications, qui se veulent «en évolution constante» et commandent à l'«usager» de se tenir «à la fine pointe du progrès», toujours prêt à se débarrasser de ce qu'il possède et à améliorer son «système» grâce au nouveau jouet qu'on lui offre.

Mais ce qu'on oublie souvent, c'est que cette loi de la décrépitude systématique n'est pas quelque chose d'accidentel ni de neuf. Au contraire, il est dans la nature même de la consommation de dévorer les choses, de les brûler, de les réduire à néant par l'usage et l'usure, et donc de les destiner à être continuellement éliminées et remplacées par d'autres. La consommation la plus élémentaire, celle de la nourriture, objet obsolescent s'il en est, en donne le meilleur exemple. Consommer, le mot le dit, c'est achever, c'est consumer.

Ce qui est nouveau aujourd'hui, ce qui est «moderne», c'est l'étendue de cette consumation, le fait que tout ou presque tout lui soit un aliment, y compris des biens jadis considérés comme «durables», c'est-à-dire comme échappant au processus néantisant de la consommation. On pense notamment à l'habitation, aux équipements usuels, et même au savoir et à la culture. Toute chose, toute idée, à la limite tout être est fait pour être acquis puis rejeté dès qu'une autre chose meilleure ou plus nouvelle, qu'une autre idée plus moderne, qu'un autre être plus attrayant viendront les remplacer et les précipiter dans la désuétude.

Ainsi la «fin des idéologies» n'est-elle peut-être, en dernière analyse, qu'un cas particulier de cette loi générale qui veut que rien ne demeure de ce qui a été une fois utilisé, c'est-à-dire vidé de sa valeur première par la possession et l'emploi. Tout, pour le sujet consommant, semble «à disposition» et jetable après usage. Il ne s'asservit pas aux objets, il ne les idolâtre pas, comme on le dit souvent. Ce qu'il vénère, ce qui en fait à ses yeux tout le prix, c'est leur nouveauté et le plaisir de leur découverte. Le consommateur est essentiellement un être du «coup de foudre». Une fois le nouveau émoussé, il jette. Il jette les objets, devenus pures choses, il jette les idéologies, devenues cadavres de discours, idées et paroles périmées. Sur le marché de la consommation intellectuelle, pensées, théories, paradigmes et autres «modèles» explicatifs font à peu près ce que font tous les autres modèles, de voitures, de mobilier ou de vêtements: ils règnent le temps de se répandre puis vont rejoindre la grande décharge où rouillent pêle-mêle les vieux modèles oubliés.

L'extension du «consommable» n'est donc pas seulement un fait économique. C'est aussi, et peut-être surtout, le signe ou le résultat d'un changement moral et philosophique majeur, produit direct de la «révolution moderne»: en l'absence des modes anciens reposant sur la contemplation et le respect, figures de l'«apprentissage» et de la soumission de l'être, la consommation-consumation devient la manière normale, unique, de «traiter» le monde et d'entrer en relation avec lui. Quand l'être se sent investi de la mission et du droit de tout rompre et de recommencer, quand il ne se doit qu'à ses désirs et que rien devant lui n'a de poids, comment se soucierait-il de la durée du monde, comment ne serait-il pas dans le monde comme dans un immense marché où il peut tout explorer, tout acquérir, tout *user* pour, ensuite, tout mettre au rebut dès que le cœur lui en dit?

Le rapport avec les objets de consommation procure ainsi le même genre d'extase que l'expérience télévisuelle, le même ravissement semblable à l'état bienheureux du nouveau-né pour qui l'univers n'offre encore ni contrainte ni résistance. Comme la télévision, la consommation déréalise et *désémantise*. Elle dépouille l'objet de son altérité, le prive de la solidité et de l'étrangeté qui lui étaient propres et lui conféraient son existence dans le monde, pour le réduire à l'état de chose vierge et disponible, tout comme la télévision le dissout en pur spectacle euphorique de sons et de lumières. Dans un cas comme dans l'autre, le sujet ne trouve devant lui rien qui se refuse à son désir de l'instant, rien qui demande une adaptation, une déférence ou une douleur, ne serait-ce que la douleur

de compatir. L'univers est devenu parfaitement léger; il est
là, tout simplement, silencieux et offert. C'est devenu un
univers de *plastique*, comme le disait Roland Barthes, un
univers dont le «frégolisme», dont la malléabilité est totale.

On trouverait ainsi dans la frénésie consommatrice une
autre illustration de l'hypothèse enzensbergerienne du
«contenu zéro». Hypothèse qu'il serait possible d'étendre,
me semble-t-il, pour en faire une théorie plus générale du
comportement et des attitudes de la génération lyrique: la
théorie du *monde au degré zéro*.

J'ai beaucoup employé depuis le début de cet ouvrage,
un peu trop peut-être, ce mot de «monde», dans lequel
j'espère que mes lecteurs auront reconnu l'influence de
Hannah Arendt. Ce mot, chez elle, désigne «la maison
humaine édifiée sur terre», c'est-à-dire le véritable, le seul
milieu proprement humain de la condition humaine.
Distinct à la fois de la nature, qui est le cadre de la «vie»,
et de l'«éternité», qui est le lieu des essences intemporelles,
le «monde» est l'unique «patrie» des hommes, que ceux-ci
construisent de leurs propres mains, à même leur propre
liberté, pour échapper à l'éternité qui les écrase et à
l'instabilité du processus vital qui les asservit et les tue. Le
propre du «monde» est d'appartenir au temps, contrairement à l'éternité, mais d'instaurer en marge du temps de
la nature, cycle interminable de fins et de commencements,
un temps des hommes, qui les héberge tout en dépendant
d'eux et qui inscrit leur existence passagère dans une *durée*
à la fois fragile et immortelle.

Le monde, en ce sens, n'est pas d'abord ce qui nous
domine ou nous dépasse. Au contraire, il repose tout entier
sur nous, sur le besoin que nous avons de lui et sur la
présence que nous lui accordons. Il ne se conserve que dans
la mesure où nos vies et nos pensées, toutes brèves, toutes
périssables qu'elles soient, le rendent impérissable. Fait de

paroles, de pensées, d'objets qui ne sont pas donnés par la nature ou les dieux mais fabriqués par les hommes afin d'édifier et de préserver leur humanité même, il est ce que chaque être nouveau reçoit en faisant son entrée parmi ses semblables et qu'il protège et augmente par ses propres actions avant de le transmettre à son tour à ceux qui le suivent. Ainsi le monde est à la fois un don et une œuvre, il est à la fois accordé à chacun et édifié par chacun. Il est ce qui abrite, ce qui entoure l'action de chacun et en même temps la rend possible. Ce qui la limite et la libère. Ce qui l'humanise.

Pour Hannah Arendt, l'habitation de l'être dans le monde se distingue donc radicalement du rapport qu'implique l'activité de consommation, qui n'est pour elle que l'autre visage du «travail», c'est-à-dire utilisation et destruction de la nature à seule fin d'exercer et de garder intactes les fonctions nécessaires au maintien de la «vie». Or si celle-ci est le fondement indispensable de l'action et de l'œuvre humaines, elle ne suffit pas à la construction et à la transmission du monde. C'est au contraire en s'émancipant du processus vital et de la logique «consumante» qui règle les gestes et les pensées de l'«animal laborans» que l'être échappe aux déterminations immédiates de sa propre mortalité et manifeste son «appartenance-au-monde».

C'est pourquoi rien ne paraît plus terrible à l'auteur de *Condition de l'homme moderne* que ce que nous appelons la société de consommation, où la seule signification que nous donnons à nos actes est de concourir à ces fins «biologiques» que sont la satisfaction de nos besoins immédiats, l'exercice de notre «vitalité», la possession et l'accroissement de notre confort et de notre «bonheur». La vie consumante, en ce sens, ne peut que découler d'un *refus du monde*, c'est-à-dire d'une forme de désertion. Et de fait, quelle idée du «monde», de la permanence et de la fragilité du monde peuvent bien avoir le Consommateur et son frère siamois le Téléspectateur? Tout ce qui est, à leurs yeux, est fait pour les nourrir et les divertir, pour être désiré et dévoré sur le champ. On dirait d'eux ce que Alain Finkielkraut dit du sujet postmoderne: «C'est en *touriste* qu'il visionne le monde et qu'il déambule dans le grand magasin de l'humanité». En touriste, c'est-à-dire avec gourmandise et ennui, comme quelqu'un pour qui la «patrie» est devenue une immense «attraction», un réservoir d'objets amusants, provisoires et bon marché.

D'être livré à cette consumation est donc ce qui peut arriver de pire au «monde» arendtien. C'est comme si tout à coup il perdait sa raison d'être et n'avait plus de poids, plus de réalité, plus de «durabilité», faute d'être assumé par l'attachement et les actions des hommes et sauvé ainsi de sa propre précarité. Là où s'élevait la maison commune, la jungle reprend alors, comme on dit, tous ses droits. Ce qui est bien l'image même de la ruine et de l'abandon du monde.

Le consommateur, le téléspectateur d'aujourd'hui a-t-il la nostalgie du monde perdu? On le croirait parfois à observer la montée récente de l'écologisme, qui est comme une expression du remords ou du dégoût de tant consommer.

Mais la pensée écologique est une pensée ambiguë. Dans ses formes les plus lucides — qui sont souvent les plus cyniques ou les plus pessimistes —, on peut dire que c'est bel et bien une pensée du «monde» au sens arendtien, dans la mesure où, prenant acte de la dévastation de la nature, elle y voit l'ultime effet de l'autre dévastation, plus fondamentale encore, celle du monde lui-même, c'est-à-dire du sentiment qu'ont les hommes de leur relation avec ce qui les entoure. Ce n'est pas le conservationnisme qui inspire alors cette pensée, ni la peur de ne plus pouvoir consommer. C'est au contraire l'attachement à la nature, à sa beauté et à ce que j'appellerais son «humanité», parce que cette beauté et cette humanité se trouvent délaissées, fragilisées par l'absence du monde qui à la fois logeait dans la nature et se portait garant de son sort. Ainsi entendue, la conscience écologiste est avant tout celle d'une perte. Elle ne peut donc être qu'une conscience tragique.

Aussi ne faut-il pas la confondre avec cette autre version de l'écologisme, la version édénique, si l'on veut, qui est devenue ces dernières années l'une des expressions privilégiées de l'idéologie lyrique et donc un des grands leitmotiv du murmure médiatique. Bruyamment contestataire, cet écologisme triomphant, s'il avait quelque notion du «monde» ou de la culture, verrait ceux-ci non comme les alliés mais comme les pires ennemis de la nature, que d'ailleurs il baptise de noms nouveaux, plus «modernes», afin d'éviter tout biais humaniste ou anthropomorphique: «environnement», «planète», «biosphère», etc. Car la nature, ici, n'est plus considérée autrement que comme une matière, un «stock» de ressources qu'il s'agit de «gérer» et de «conserver» non pour sa beauté ou sa valeur propre, mais par crainte de son épuisement éventuel et de l'impact qu'un tel épuisement aurait sur la vie et le bonheur des individus.

Aussi n'y a-t-il rien d'étonnant à ce que la grande industrie et le commerce, après s'être momentanément sentis menacés par la morale conservationniste, en aient bientôt utilisé les thèmes comme des instruments de leur propre croissance. C'est qu'il y a, entre le consumérisme et cet écologisme axé sur la dénonciation du «monde» et des œuvres humaines, une parenté profonde, qui fait de celui-ci l'envers plutôt que l'ennemi de celui-là. Tous deux sont liés à la même logique, à la même vision d'une nature qui, tout en cessant de paraître indéfiniment renouvelable, n'en reste pas moins «à disposition», composée de choses à utiliser et à dévorer pour le bénéfice de l'économie et le plaisir des consommateurs. En fait, on peut voir dans cet écologisme lyrique une sorte de réflexe par lequel le consommateur repu, craignant soudain de manquer d'aliments, choisit de modérer ou de différer la satisfaction de ses désirs pour ne pas risquer d'en être complètement privé. C'est donc une conduite qui appartient toujours, qui appartient éminemment à l'ordre de la «vie» et du «bien-être».

Quant au «monde», quant au milieu né de l'«artifice humain», ce n'est pas une chose que l'on peut «dépolluer», comme l'air de nos villes ou l'eau de nos rivières; le «nettoyer», le «désencombrer» équivaut au contraire à le détruire. Ce n'est pas non plus une chose que l'on peut «conserver», comme les forêts tropicales ou les «espaces verts». La seule sauvegarde possible, ici, reste l'habitation par notre mémoire, notre admiration et nos œuvres.

LA VIE JEUNE

«L'humanité est de plus en plus jeune.»

Milan Kundera
L'art du roman

Et l'existence? Qu'arrive-t-il à l'existence quand le monde perd toute pesanteur et que s'instaure enfin ce que Lipovetsky a appelé «l'ère du vide»? Qu'est-ce qu'exister peut bien signifier alors, qu'est-ce qui motive et ordonne la vie?

Il arrive ce qui arrive aux enfants de la génération lyrique parvenus à l'âge adulte: une ivresse, une euphorie, un sentiment de délivrance, de pureté, d'innocence si absolues qu'il semble que l'univers et la vie recommencent à neuf, que le paradis redevient soudain accessible et que réapparaissent, au delà ou en deçà de tout ce qui les dénaturait, l'authenticité et la plénitude premières de l'être, enfouies jusque-là sous la présence encombrante du monde.

Rien n'évoque mieux ce climat que les dernières pages du *Livre du rire et de l'oubli* de Milan Kundera, quand

Edwige et ses amis, rassemblés sur une île au large du continent, en dehors du monde en quelque sorte, éprouvent le sentiment, une fois dépouillés de leurs vêtements, de retourner à l'âge de Daphnis. «De l'autre côté de cette geôle de notre civilisation», «là où l'homme n'a pas encore été mutilé par le christianisme», là où n'ont plus cours «les traditions qui pèsent sur [lui] comme un fardeau», dans cette *vacance*, dans cette absence du (vieux) monde, résident le vrai bonheur, la liberté totale, la pure légèreté de l'être, c'est-à-dire le plein accomplissement existentiel de la libération moderne.

Ce qu'apporte l'effacement du monde, c'est donc la joie d'échapper à l'âge et au temps. Car le monde, le souci de la continuité mais aussi de la précarité du monde, est le signe et l'apanage du vieillissement. Si on dit que l'adulte est celui ou celle qui a renoncé à soi, qui a «plié», c'est parce que la conscience lui est venue de sa responsabilité à l'égard du monde et que cette conscience, en plus de l'alourdir, contraint forcément ce qui s'appelait jusque-là sa liberté. Mais dans un monde au degré zéro, l'adulte et le vieux ne sont plus nécessaires. Leur conscience et leur «gravité» feraient tache, elles les déclasseraient et les condamneraient à se voir et à être vus comme des étrangers. C'est ce qui fait qu'Edwige et ses amis, qui ont peut-être quarante ans, peuvent se sentir tout proches de Daphnis et Chloé, qui en ont éternellement quinze ou seize et qui jamais ne deviendront des adultes. Comme Adam et Ève avant la faute, c'est-à-dire avant qu'ils ne «tombent» dans le monde, ils jouissent de la jeunesse éternelle.

Et tel est bien, me semble-t-il, le privilège accordé à ceux et celles que j'ai appelés les *nouveaux* adultes de la génération lyrique. Contrairement aux adultes qui les ont précédés et que la responsabilité du monde éloignait à jamais de leur propre jeunesse, ceux-ci offrent le spectacle singulier d'adultes qui n'ont pas vieilli, d'adultes à qui le poids de la conscience adulte a été épargné. Ils auront beau dépasser la trentaine, puis la quarantaine, aborder bientôt le cap du demi-siècle, leurs désirs, leur âme et parfois même leur corps auront gardé l'ardeur et la beauté de l'adolescence. Car ils n'ont pas eu à céder ni à se compromettre. Jusqu'à des âges où l'homme et la femme, il n'y a pas si longtemps, étaient considérés (et se considéraient eux-mêmes) comme des vieillards, eux auront continué de mener leur existence de jeunes, déliée, mouvante, toute de spontanéité et de désir, fiévreuse et livrée sans réserve au changement, au progrès, à la découverte incessante du nouveau et du meilleur, bref, une existence infiniment disponible et légère comme aux jours de leurs vingt ans.

De cette *vie jeune* qui serait à la génération lyrique ce qu'était la «vie bonne» aux Anciens, j'ai donné déjà plusieurs exemples, à commencer par ceux de la télévision et de la consommation comme rapports essentiellement infantiles avec le monde. Il y en aurait beaucoup d'autres, dont regorgent les ouvrages de sociologie et les chroniques mondaines. Ainsi, l'habitude contractée dès l'enfance et l'adolescence de toujours être ensemble entre gens du même âge, de faire et de goûter les mêmes choses au même moment, de se sentir entouré, porté, rassuré par une «vague», cette habitude se maintient et même s'accuse au cours de l'âge mûr. Mais les exemples les plus évidents concernent, bien sûr, les mœurs amoureuses de ces nouveaux adultes. Leur liberté sexuelle, leur foi inentamable dans le coup de foudre, leur art de la drague et du slalom sentimental, leur refus de s'attacher, comme ils disent, parce qu'il ne faut pas enlever ses chances à la passion, leur fidélité conjugale même, toujours sujette à des «renégociations», le goût enfin qui les porte à l'étude et au partage obsessionnel de leur «vécu», de leurs «expériences», de leurs «émotions» inlassablement triturées, étalées, comparées, toutes ces conduites en somme par lesquelles ils «réinventent» quotidiennement l'amour font d'eux des sortes d'adolescents perpétuels, fascinés autant qu'à l'âge de la puberté par les tourments illimités du cœur et des sens.

Et il en irait de même pour le culte de la forme physique, les habitudes sportives, le vêtement, l'allure, les goûts littéraires ou musicaux, les retours aux études à quarante ans passés ou même, dans l'activité intellectuelle, pour l'obsession de la «fine pointe» et de l'avant-garde à tout prix, toutes choses grâce auxquelles les quadragénaires et les quinquagénaires d'aujourd'hui, si on pouvait mesurer ces choses, paraîtraient par le corps autant que par l'esprit incomparablement moins lourds, moins «straight» et moins «dépassés» que ceux d'hier. Placés à côté des adultes d'autrefois, ceux-ci auraient l'air en fait de leurs fils et de leurs filles *encore jeunes* plutôt que de leurs contemporains.

On a vu déjà comment cette génération, à la différence de toutes les autres avant elle, avait été dispensée de renoncer à la jeunesse pour entrer dans la société et s'y tailler une place, qui a tout de suite été la première et la plus large. N'ayant pas eu à «apprendre» le monde, à s'assagir, à modérer ses attentes, elle n'a pu dès lors, en son âme et conscience, se concevoir autrement que jeune, désirante, tenue d'«avancer» sans cesse, de rester toujours disponible et de refuser toute forme d'apaisement. Vieillir était l'impensable, vieillir aurait été une démission.

Ce miracle, pourtant, cette perpétuation du miracle de la jeunesse éternelle ne tient pas seulement à la faiblesse des générations qui précédaient la génération lyrique lorsque celle-ci a fait son entrée dans l'âge adulte. Il s'explique également par une autre circonstance tout aussi décisive: la faiblesse de la génération qui vient *après*.

La jeunesse, en effet, est un attribut essentiellement relatif. Si nos parents ont vieilli, c'est que nous étions là, derrière eux, pour occuper ce territoire ou cette période de la vie qu'eux-mêmes quittaient. Mais quand il n'y a personne derrière, quand le jeune, en prenant de l'âge, n'a plus à céder sa place, quand il n'est plus chassé, poussé hors de la jeunesse par les jeunes qui le suivent, pourquoi donc vieillirait-il, pourquoi donc cesserait-il, même quand des rides lui viennent au visage, de se considérer comme le détenteur naturel de la jeunesse?

En termes plus prosaïques, quand l'âge moyen d'une population augmente, le «plafond» de la jeunesse s'élève forcément en conséquence, c'est-à-dire la proportion de ceux et celles qui appartiennent aux groupes les moins âgés. Et c'est pourquoi le fameux vieillissement de la population qui préoccupe tant les démographes et les politiciens équivaut aussi, en un sens, à un rajeunissement. C'est en tout cas ce que nous enseigne l'exemple de la génération lyrique: ce n'est pas parce qu'il naît moins d'enfants, ce n'est pas parce que la proportion des moins de vingt ans diminue, ce n'est pas, en un mot, parce que la pyramide des âges se transforme en losange, que «l'esprit de la jeunesse», sa fougue, son audace, son lyrisme impénitent, disparaissent de nos sociétés. Au contraire, cet esprit ne fait que s'étendre, que s'allonger, que devenir éternel. Le fait nouveau, c'est que les jeunes aujourd'hui ont quarante, quarante-cinq, cinquante ans. Mais jeunes, mais dépositaires des belles vertus de la jeunesse, ils le sont tout autant.

Entre ces deux facteurs ayant permis à la génération lyrique de conserver sa jeunesse, il y a une différence considérable, bien sûr. Si le premier (la faiblesse des prédécesseurs) était dû à une conjoncture qui ne dépendait pas d'elle et dont elle s'est contentée de profiter, le second par contre (la faiblesse des successeurs) est entièrement et uniquement son œuvre, notre œuvre d'adultes. C'est nous qui, libérés de nos aînés par la grâce de l'histoire, avons fait en sorte de rester libres aussi à l'égard de ceux qui venaient, qui auraient pu venir à notre suite. Ayant vu nos parents s'effacer devant nous, nous avons choisi, nous, de ne pas nous effacer devant ceux qui nous suivent.

De ne pas nous effacer, c'est-à-dire de ne pas devenir *parents* à notre tour. Car il aurait fallu pour cela accepter l'inacceptable: renoncer à nous-mêmes, rejoindre le camp ennemi, vieillir. Le parent est toujours vieux. Il l'est d'abord parce que le monde a cessé de s'offrir à lui comme un champ de désir et de conquête. Le monde, c'est à présent le territoire qu'ils habitent, ses enfants et lui, et dont le sort lui incombe. Il n'a plus à lutter contre le monde, mais doit au contraire le défendre, le solidifier et en assurer la permanence pour ceux dont il a la charge. Aussi a-t-il pour rôle paradoxal de s'opposer aux jeunes tout en les accueillant, de leur mesurer la place et en même temps de la leur céder. Vieux, le parent l'est également parce qu'il est par définition celui qui passe, qui consent à passer. Qui *est* le passé. En transmettant sa vie, il l'a remise à ceux qui venaient, ce qui veut dire qu'il s'est d'avance départi de soi-même, de son propre pouvoir et de ses propres désirs. Il a quitté sa jeunesse à tout jamais.

Rejeter la condition de parent n'est donc qu'une autre façon pour la génération lyrique de rester fidèle à elle-même. Délivré, allégé du monde, comment le nouvel adulte saurait-il ou voudrait-il l'assumer et le transmettre? Lui qui s'est tout entier défini par la coupure, comment accepterait-il de se faire l'instrument de la continuité et, pour cela, de disparaître? Ainsi se crée, entre la jeunesse éternelle et le refus d'être parent, un lien d'implication réciproque qui fait que l'une est à la fois la condition et la conséquence de l'autre. C'est parce que je tiens à ma jeunesse que je n'arrive pas à me voir parent, et c'est parce que je ne suis pas parent que je garde ma jeunesse.

Ce refus se traduit d'abord, bien sûr, par le fait de ne pas procréer, ou si peu. La chute de fertilité, comme disent les démographes, qui parlent même de la «stérilité» caractéristique de cette génération, s'explique certainement par une grande variété de facteurs, y compris par des «mégafacteurs» de type biologique liés à l'équilibre même de la population. Imaginons seulement ce qui serait arrivé si toutes les femmes de la génération lyrique et du baby-boom avaient eu autant d'enfants que leurs mères ou ne fût-ce qu'un ou deux de moins. Si, en d'autres mots, le «dérèglement» de la natalité, en se prolongeant sur une seule génération de plus, s'était encore amplifié, démultiplié d'une façon qu'on dit exponentielle... Le «retour à la normale» était inévitable. Peut-être aurait-il pu ne pas se produire de manière aussi rapide ni aussi drastique, peut-être a-t-il abouti à un autre «dérèglement», inverse du précédent, mais il reste qu'une décroissance de la natalité consécutive au baby-boom était tout ce qu'il y avait de «naturel» et de «prévisible».

Outre cet effet de balancier, divers éléments qu'on qualifie de culturels peuvent aussi expliquer l'infécondité de la génération lyrique: allongement des études, recul de la religion, modification des habitudes de vie et de travail, etc. Le contexte économique a dû également jouer un rôle, bien qu'il soit difficile de l'apprécier avec exactitude; après tout, la baisse du nombre de naissances coïncide cette fois, contrairement à ce qui a pu se produire pendant les années trente, avec une période de prospérité et de sécurité économique sans précédent. Quant à la généralisation des pratiques contraceptives, qui est souvent considérée comme une des causes du phénomène, elle n'est intervenue évidemment qu'à titre d'instrument ou de circonstance facilitante: ce n'est pas parce que les femmes prennent la pilule qu'elles n'ont plus d'enfants, c'est parce qu'elles ne veulent plus d'enfants qu'elles prennent la pilule.

Le changement de l'attitude des femmes à l'égard de la maternité est donc un facteur décisif. Mais ce phénomène s'enracine lui-même dans un changement encore plus fondamental touchant toute la définition de l'identité et des rôles sexuels non seulement dans le couple et dans l'ensemble de la société, mais dans la conscience et l'existence mêmes des individus. Quand des adultes, hommes aussi bien que femmes, cessent de considérer l'âge mûr comme le moment de renoncer à leurs attentes et de se vouer à celles des plus jeunes, quand la fin de la jeunesse apparaît comme une perte irréparable ou comme un reniement de soi, alors il s'ensuit forcément une dévaluation du mariage, de la famille et de toutes les conduites liées à la procréation. La première manifestation de la liberté de l'adulte «resté jeune», la condition même de cette liberté, ce sera toujours de ne pas avoir d'enfants.

Quelles que soient les *causes* de la dénatalité, causes si nombreuses, si indémêlables et si irrésistibles qu'elles rendent tout réquisitoire et toute nostalgie à la fois déplacés et inutiles, l'*effet* principal, lui, est on ne peut plus clair: son infécondité, ou du moins sa fécondité fortement réduite, épargne à la génération lyrique le «déclassement» qu'entraîne ordinairement pour les adultes l'arrivée de la jeunesse, c'est-à-dire la montée, derrière les parents, de leur propre progéniture. Encore une fois, il ne s'agit pas de voir là un complot qu'auraient fomenté d'avance les nouveaux adultes pour conserver leurs positions. Au contraire, c'est en toute spontanéité et avec le sentiment de faire pour le mieux qu'ils deviennent la première génération de «non-parents». Pour le mieux, c'est-à-dire pour leur bonheur et donc pour celui de tous, leur propre libération étant à leurs yeux celle de la condition humaine tout entière, asservie, écrasée depuis des millénaires par le fardeau de sa reproduction.

Mais si nobles que soient leurs intentions, tout ne se passe pas moins *comme si* les adultes de la génération lyrique, en ayant si peu d'enfants, agissaient bel et bien de manière à conserver leurs positions dans la société et à se protéger d'avance contre ceux et celles par qui ces positions pourraient un jour être menacées. Ne pas procréer, ou le faire si peu que sa progéniture restera toujours inférieure en nombre et donc en puissance, constitue certainement pour une génération le meilleur moyen de ne pas se trouver «débordée», contestée et obligée bientôt de céder sa place. Contrairement à ce que prétend la sagesse populaire, ce n'est pas la présence d'enfants et de jeunes autour des adultes qui empêche ceux-ci de vieillir, mais leur rareté. Car la jeunesse continue alors de leur appartenir en propre, et personne ne peut la leur ravir.

Cela dit, le déni de la procréation n'est pas la seule manière dont se manifeste le refus d'être parent. Ni la manière la plus efficace d'ailleurs, puisque des naissances, il en survient toujours malgré tout. Trois cas de figure se présentent le plus souvent à cet égard. (1) Soit le nouvel adulte a eu un enfant ou deux au tout début de son mariage, par mégarde ou par inconscience, avant de «se découvrir» et de prendre sa vie en main: c'est ce qui s'est beaucoup produit vers la fin des années soixante. (2) Soit le jour vient, peu avant la quarantaine, où le besoin de «s'accomplir pleinement en tant que femme ou qu'homme» l'entraîne à vivre l'«expérience» de la maternité ou de la paternité avant qu'il ne soit trop tard: c'est ce que les Américains ont appelé le *baby-boom echo*. (3) Soit enfin — c'est la tendance nouvelle, qui ne concerne forcément que les hommes — l'on épouse une jeune fille de vingt ans sa cadette à qui l'on offre généreusement son nom et sa semence, pour ne pas la frustrer de sa jeunesse et parce qu'elle adore les bébés. Si bien que géniteurs, la majorité des adultes de cette génération l'auront finalement été quoi qu'ils en aient.

Mais géniteur n'est pas nécessairement parent. Tout comme ils ont connu une enfance puis une jeunesse réinventées, dont la signification et le déroulement n'avaient que peu à voir avec l'enfance et la jeunesse des générations qui les avaient précédés, de même ces adultes vont réinventer, transformer de fond en comble la condition séculaire de parent. Ou plutôt, ils vont inventer ceci, qui est une pure merveille: l'art d'être parent tout en ne l'étant pas.

Cet art, tout à fait typique de la vie jeune, consiste à avoir un ou quelques enfants, les nourrir, les élever, les gâter même, mais sans être en aucune façon alourdi par eux ni privé de sa liberté. Je veux dire la liberté de désirer, de changer, de s'épanouir, en un mot: la jeunesse. Autrefois, le fait d'être parent signifiait avant tout la recherche de l'ordre et de la stabilité. Autour de la fragilité et de la mobilité de leurs enfants et de leurs adolescents, les parents s'efforçaient de dresser une sorte de rempart fait de continuité, de permanence, de solidité. Leur rôle, croyaient-ils, était de protéger l'existence provisoirement changeante, donc encore incertaine et vulnérable de leurs fils et de leurs filles, en tendant eux-mêmes vers une existence aussi paisible et «immobile» que possible.

Naturellement, une telle «résignation» représente aux yeux des nouveaux parents exactement le contraire de ce qu'ils attendent de la vie et de ce que la vie est censée attendre d'eux. Le contraire aussi de ce qu'ils attendent de leurs enfants et de ce qu'ils estiment que leurs enfants attendent ou devraient attendre de la vie. C'est-à-dire cette ivresse perpétuelle que peut seul apporter le rejet de toute structure «aliénante», de toute entrave au libre épanouissement de chacun des «partenaires».

Ainsi, pourquoi faudrait-il que le parent soit l'esclave de son rôle? Avant que d'être père ou mère, ne suis-je pas d'abord un individu? N'ai-je pas droit à la satisfaction de mes désirs, ne suis-je pas tenu(e) au développement complet de mes facultés, à la pleine réalisation de mon potentiel de bonheur? Pourquoi m'enfermerais-je? Pourquoi, en continuant de vivre dans ce couple, accepterais-je d'être frustré(e), de ne pas m'accomplir, de perdre ma vie? Pourquoi, en somme, les nouveaux parents continueraient-ils de faire ce que leurs parents ont fait parce qu'ils n'avaient pas d'autre choix: se contenter d'être parents, et vieillir?

Du reste, il n'est pas bon pour les enfants d'avoir une mère ou un père qui ne se sent pas bien dans sa peau. Et puis, le fait d'avoir deux parents, ou toujours la même mère, ou toujours le même père, ne les aide pas nécessairement. Ils risquent d'être surprotégés, apathiques, moins bien armés pour faire face aux adaptations que leur vie et leur carrière leur imposeront fatalement. Cela peut aller jusqu'à compromettre leur «sens de l'autonomie», qui est bien la qualité la plus précieuse qu'un bambin d'aujourd'hui peut offrir à ses parents, comme celui de jadis comblait les siens par sa «sagesse» ou sa docilité.

Ainsi le nouvel art d'être parent favorise-t-il la floraison d'une pluralité de «modèles» inédits qui vont de la famille «éclatée» à la famille «partagée» ou «reconstituée», en passant par divers types non moins nouveaux de «vécus enfantins» et de «contrats» parents-enfants tous plus intéressants et prometteurs les uns que les autres. Ces modèles, bien sûr, ne sont pas encore tout à fait rodés. Comme toute révolution, celle-ci doit passer d'abord par une phase de transition qui entraîne forcément des dégâts. On ne se libère pas sans souffrir. Pour l'instant, ce sont les hommes qui réussissent le mieux dans ce nouvel art, ils y réussissent même avec une aisance assez remarquable, si bien que le fardeau de la transition, qui a nom monoparentalité et «double tâche», incombe presque tout entier aux femmes.

Tandis que (et sans doute parce que) leurs compagnons savent concilier allégrement paternité et célibat, paternité et jeunesse éternelle, elles continuent d'être retenues, emprisonnées souvent, dans les liens de leur maternité, qui deviennent ainsi d'autant plus lourds et d'autant plus douloureux qu'elles sont seules à les assumer et donc à devoir abandonner, atténuer ou différer leur propre libération.

Les femmes cependant ne sont pas les seules victimes. Ni même les plus durement touchées, peut-être. Plus difficile encore paraît le sort de beaucoup d'enfants et d'adolescents engagés malgré eux dans cette révolution des mœurs familiales. C'est qu'en réalité, et moins paradoxalement qu'il ne semblerait à première vue, la société jeune — au sens où je l'entends ici — est une société où il n'y a plus de place pour l'enfance, tout comme il n'y en a plus pour la maturité et la vieillesse. Ces deux exclusions sont étroitement liées d'ailleurs, en ce qu'elles découlent l'une autant que l'autre de l'allégement, de l'effacement du monde comme horizon et limite de l'existence. Car si le vieux incarnait le consentement à la présence et au poids du monde, l'enfant en représentait quant à lui le besoin, l'appel, ainsi que les chances de renouvellement. Chez l'un la continuité du monde se montrait comme passé, chez l'autre comme attente, comme incertitude; par le premier la mortalité avait été vaincue momentanément, par le second elle renaissait et demandait à être affrontée de nouveau.

Mais quand il n'y a plus de monde à porter, quand rien ne doit demeurer de ce qui a précédé ma vie, pourquoi faudrait-il que quoi que ce soit me survive? Or, par sa seule présence, par la stabilité et l'«ancienneté» qu'il attend de moi, l'enfant me pousse inexorablement dans la vieillesse. Il m'éloigne de moi-même, me prive de la libre disposition de mon existence, me fossilise, me nie, me condamne à n'être plus devant lui qu'une des figures du monde, qu'un suppôt du passé. En ce sens, on pourrait dire que vis-à-vis des privilèges et des devoirs que le nouvel adulte associe à l'exercice de la vie jeune, l'enfant est toujours *de trop*.

Cela se voit bien dans les idéologies et les pratiques qui dominent aujourd'hui le domaine de l'éducation. Célébrés urbi et orbi par toute une légion d'administrateurs scolaires, thérapeutes familiaux, psychologues, docimologues et autres enfantologues spécialistes des «sciences» pédagogiques, ces nouveaux «modèles» éducatifs ne visent naturellement qu'un seul but: le bonheur et l'épanouissement des petits. Mais comme ces choses sont toujours définies par les adultes, elles recevront ici le sens que leur accordent les nouveaux adultes jeunes de la génération lyrique, un sens qui correspond très précisément à l'idéal de leur propre bonheur et de leur propre épanouissement à eux: adoucissement des exigences et des contraintes, méfiance à l'égard de toute forme imposée qui risquerait de «dévaloriser» ou de «refouler» le petit être, culte de ses «compétences» spontanées et de sa «créativité» naturelle, etc. Il s'agit pour cela de demander le moins possible à l'enfant, de se mettre à son «écoute», de le laisser se développer par lui-même, sans rien forcer, sans rien brimer et surtout sans attendre de lui qu'il se montre «plus vieux que son âge» ou qu'il comprenne ce qu'il n'a pas encore à comprendre. Qu'il joue, qu'il regarde la télévision, qu'il s'exprime, qu'il jouisse de son enfance, et la nature se chargera du reste. En un mot, qu'il demeure un enfant.

Qu'il demeure un enfant et nous fiche la paix. Car celui à qui profite d'abord cette «libération» de l'éducation, ce n'est pas l'enfant, bien sûr, qui n'a que faire d'être libéré — libéré de quoi, de quel esclavage? —, mais bien plutôt l'adulte, le parent, le maître, qui se trouve déchargé là encore de l'obligation de vieillir, c'est-à-dire de représenter et d'assumer le monde face aux nouveaux venus qui demandent à y entrer. Le monde comme présence déjà-là, comme espace préalablement structuré, et donc comme *autorité*, certes. Mais aussi le monde comme *demeure commune*, c'est-à-dire comme promesse et comme exigence. Le rôle traditionnel de l'éducation n'était pas seulement de plier les enfants et les adolescents aux usages et aux traditions des adultes. Il était aussi, il était d'abord de les accueillir et de leur remettre le monde afin qu'ils l'habitent et le transforment.

Or l'éducation dite libérée et toute centrée sur le prétendu «respect de l'enfant» équivaut en réalité à séquestrer l'enfant ou l'adolescent dans un univers à part, une sorte de camp de concentration ludique, d'où l'accès au monde commun lui est interdit. Ne rien lui imposer, le dispenser de rien *apprendre* et l'inviter à tout *découvrir* par lui-même sous prétexte de le préparer à un «monde nouveau», c'est en réalité le confiner à sa propre vie, à ses propres expériences, donc au conformisme et à l'ennui. C'est lui refuser les moyens d'innover, de s'opposer aux adultes, de contester leur autorité et donc, ultimement, de changer le monde. Sous couvert de le libérer, on l'isole et lui enlève ses chances d'accéder un jour au monde commun, de s'y mesurer et de le transformer.

C'est par la conscience de la vieillesse du monde, en d'autres mots, et donc en assurant la transmission du monde comme *passé*, que l'éducation peut offrir aux enfants et aux adolescents le monde comme *avenir*. Mais la transmission et l'endossement du passé m'obligeraient à prendre sur moi cette vieillesse et à confier à d'autres cet avenir. Ils m'obligeraient à laisser ma place, à me retirer, à abandonner aux plus jeunes la jeunesse éternelle qui m'a été accordée.

À perdre pour toujours l'île enchantée de Daphnis. À me perdre dans le monde.

ÉPILOGUE

«Nous étions nés pour ne jamais
vieillir, pour ne mourir jamais.»

Raoul Vaneigem
Traité de savoir-vivre à l'usage des jeunes générations

Si elle procure l'ivresse, la vie jeune ne va pas toutefois sans angoisse. Car il vient fatalement un moment où la jeunesse ne peut plus aller de soi et exige au contraire un effort, une tension de l'être pour surmonter ce qui menace de plus en plus chaque jour: la désagrégation du corps, la maladie, la mort prochaine. Narcisse, obstinément penché au-dessus de son étang, n'a pas vu le temps passer; un matin, il s'étonne de se découvrir mortel et tressaille.

Des signes de cette angoisse commencent à poindre en nous et autour de nous à mesure que nous entrons dans les dernières décennies de notre existence. Ils prennent la forme tantôt du regret, du désarroi, de la peur, tantôt d'une sorte de frénésie porteuse d'oubli, tantôt encore de notre jeunesse éternelle portée comme un fardeau. C'est tantôt pathétique, tantôt dérisoire. Mais quels qu'ils soient, on peut être sûr que ces signes deviendront de plus en plus clairs à mesure que l'angoisse s'approfondira.

Et elle ne peut que s'approfondir. Car notre disparition a beau être inévitable, elle est en même temps ce que nous sommes devenus incapables de concevoir. Seul l'adulte, seul le vieillard, seul celui qui a cédé devant le monde peut imaginer qu'il doit décliner et mourir. Mais la génération lyrique, mais le nouvel adulte, comment assumerait-il sa propre mortalité? Comment ferait-il, une fois acculé à cette dernière limite qu'il n'aura cessé d'ignorer, qu'il aura même réussi à repousser le plus loin possible mais qui n'en sera pas moins, cette fois, indépassable, comment ferait-il pour s'y *reconnaître*? Comment transgresser la mort?

Tout ce qu'on sait pour l'instant, mais on le sait avec certitude, c'est que le dépérissement et la mort de cette génération, comme tout le reste, se feront dans le nombre. Ce sera encore une fois un phénomène massif, rapide et concentré dans le temps. Il y aura une *vague* de maladies terminales et de décès, pendant laquelle le pouvoir appartiendra aux valétudinaires et aux mourants.

On peut prévoir aussi, comme le laissent deviner les progrès de l'euthanasie et du droit au suicide sans douleur, que les façons de mourir s'adouciront. Ainsi sera vaincue peut-être l'ultime servitude à l'égard du monde, qui était l'obligation d'assumer les pesanteurs de la souffrance physique et de l'agonie.

Mais la mort elle-même, mais le fait de l'immobilité et de la disparition, comment saurons-nous les réinventer? À quoi ressemblera la «mort lyrique»?

TABLE DES MATIÈRES

Troisième partie
L'ÂGE DU RÉEL

DANS LA COLLECTION «BORÉAL COMPACT»

Typographie et mise en pages:
Les Éditions du Boréal

Ce quatrième tirage a été achevé d'imprimer en décembre 1992
sur les presses de l'Imprimerie Gagné
à Louiseville, Québec.